글로벌 한국사

5

글로벌 시대와 한국 현대사

글로벌 한국사 5

제1판 1쇄 인쇄 2012년 9월 1일
제1판 1쇄 발행 2012년 9월 5일

지은이 강응천
기획 문사철
책임 편집 채희석
진행 이명희
디자인 여현미
마케팅 김명희·홍성우
펴낸이 홍석
펴낸곳 도서출판 풀빛
등록 1979년 3월 6일 제8-24호
주소 120-818 서울특별시 서대문구 북아현3동 177-5
전화 02-363-5995(영업), 02-362-8900(편집)
팩스 02-393-3858
홈페이지 www.pulbit.co.kr
전자우편 pulbitco@hanmail.net

ⓒ 글 강응천, 2012 | 기획 문사철, 2012

ISBN 978-89-7474-450-2 14900
      978-89-7474-445-8   (세 트)

책값은 뒤표지에 있습니다.

이 도서의 국립중앙도서관 출판시도서목록(CIP)은 e-CIP홈페이지(http://www.nl.go.kr/ecip)와
국가자료공동목록시스템(http://www.nl.go.kr/kolisnet)에서 이용하실 수 있습니다.(CIP제어번호: CIP2012003601)

글로벌 한국사

글로벌 시대와 한국 현대사 5

강응천 지음

새로운 역사의 입구에 서서

한국사가 본격적으로 세계사와 발을 맞추기 시작한 계기는 1945년 해방이었다. 개항기와 일제 강점기에도 세계사의 영향을 직접적으로 받기는 했다. 그러나 해방 이후 한국사에 직접적인 영향을 미친 미국과 소련은 세계사의 흐름을 앞장서서 주도해 가는 세력으로, 이전의 일본에 비할 바가 아니었다. 따라서 한국 현대사를 이해하려면 반드시 세계 현대사를 알아야 한다.

우리가 '해방'이라고 부르는 현대의 시작을 세계는 '전후'라고 부른다. 제2차 세계대전이 끝난 이후라는 뜻이다. 이러한 전후 세계사는 지금까지 크게 두 차례의 시기로 나눌 수 있다.

첫 번째는 제2차 세계 대전을 승리로 이끈 미국과 소련이 각각 자본주의 체제와 사회주의 체제를 이끌며 냉전을 벌이던 시기이다. 이 시기에 인류는 팽팽한 긴장 속에 역설적으로 많은 진보를 이루었다. 앞서 나간 것은 사회주의였다. 전후에 사회주의가 급격히 팽창하면서 1970년대에는 사회주의의 영토가 자본주의를 능가했다. 사회주의의 성장과 노동 운동의 성장은 맥을 같이 한다. 자본주의 국가들은 자기 나라의 노동 운동이 사회주의로 나아가는 것을 막기 위해 노동자들에게 대대적인 양보를 했다. 국가가 시장에 개입하여 경제를 조절하고 노동자 복지에 많은 신경을 기울였다. 그러는 가운데 자본주의 국가들도 역사상 최고의 호황을 누렸다.

이 시기에 한국도 국가가 시장에 개입하는 선진국 방식을 따랐다. 그러나 선진국들처럼 노동자에게 양보하지는 않았다. 반공의 최전선에 있다는 명분으로 노동 운동을 최대한 억누르며 자본의 힘과 크기를 늘리는 데 전력을 기울였다. 세계사의 큰 흐름은 한국에 들어와 가장 나쁜 방향으로 흘렀던 것이다.

두 번째는 1980년대 들어 시작된 신자유주의 시기였다. 이 시기의 특징은 사회주의와 노동 운동에 대한 자본주의의 총반격이다. 1970년대 들어 세계 경제가 급격히 나빠진 데 그러한 반격의 원인이 있었다. 자본주의 국가들은 경제 위기를 극복하기 위해 그동안 묶었던 자본의 고삐를 풀었다. 대기업과 금융 자본은 노동 운동을 억압하고 자본이 자유롭게 넘나들 수 있도록 세계 곳곳에서 장벽을 철거해 나갔다. 가장 큰 장벽이었던 사회주의는 1989년 베를린 장벽을 시작으로 와르르 무너졌다. 1990년대 초 소련이 멸망하자 미국은 유일 초강대국으로 군림하며 자본이 일방 통행할 수 있는 세계화를 강력히 추진했다.

이 시기에 용감한 한국 국민은 독재를 타도하고 민주화를 이룩했지만, 하필 그때 불어닥친 신자유주의의 바람 때문에 그 민주화는 평등보다는 자유에 치우치고 말았다. 1997년 말에 닥친 외환 위기는 '부익부 빈익빈'과 '양극화'만을 이 땅의 민중에게 선물했다.

2008년 세계 경제 위기 이후 한국과 세계는 이 두 번째 시기에서 막 빠져나오고 있다. 그러니까 우리는 전후에 한 번도 경험하지 못한 낯선 시대로 이제 막 진입한 셈이다. 어떤 시기가 닥쳐오고 있을까? 분명한 것은 역사란 절대 같은 모습으로 반복하지는 않는다는 점이다. 한국사와 세계사가 맞물려 돌아갔던 지난 두 시기를 신중하게 되돌아보며 앞으로 나아갈 길을 모색하는 것은 매우 어렵지만 해내야 하는 과제이다. 그런 과제를 함께 하려는 모든 분께 이 책을 조심스럽게 내민다.

2012년 8월
강응천

1 1945년~1979년 두 세계의 충돌과 남북한

시장의 질주와 남북한

1945년~1979년

1945년의 세계는 1917년과 1929년의 자식이었다. 1917년에 일어난 러시아 혁명은 세계를 자본주의와 사회주의 양대 진영으로 나눠 놓았다. 제2차 세계 대전이 끝나자 사회주의는 소련 한 나라를 넘어 전 세계로 확산됐다. 1929년 대공황과 함께 호된 시련을 맞은 자본주의는 미국을 중심으로 수정 자본주의 정책을 펼쳤다. 체제 수호를 위해 시장의 자유와 대자본의 이익은 때때로 유보되었고, 일부 자본주의 국가는 '사회주의적'이라 할 계획 경제도 과감히 밀어붙였다. 1970년대까지 '냉전'이라 불리는 체제 대결 속에서 자본주의는 불황 없는 황금시대를 누렸고, 사회주의는 지구의 절반을 차지하는 폭발적인 성장세를 보였다.

두 세계의 충돌과 남북한

그린란드
(덴마크령)
캐나다
미국
멕시코
쿠바
도미니카공화국
과테말라
엘살바도르
파나마
베네수엘라
수리남
콜롬비아
에콰도르
브라질
페루
볼리비아
파라과이
칠레
우루과이
아르헨티나
뉴질랜드

01

1945년~1953년

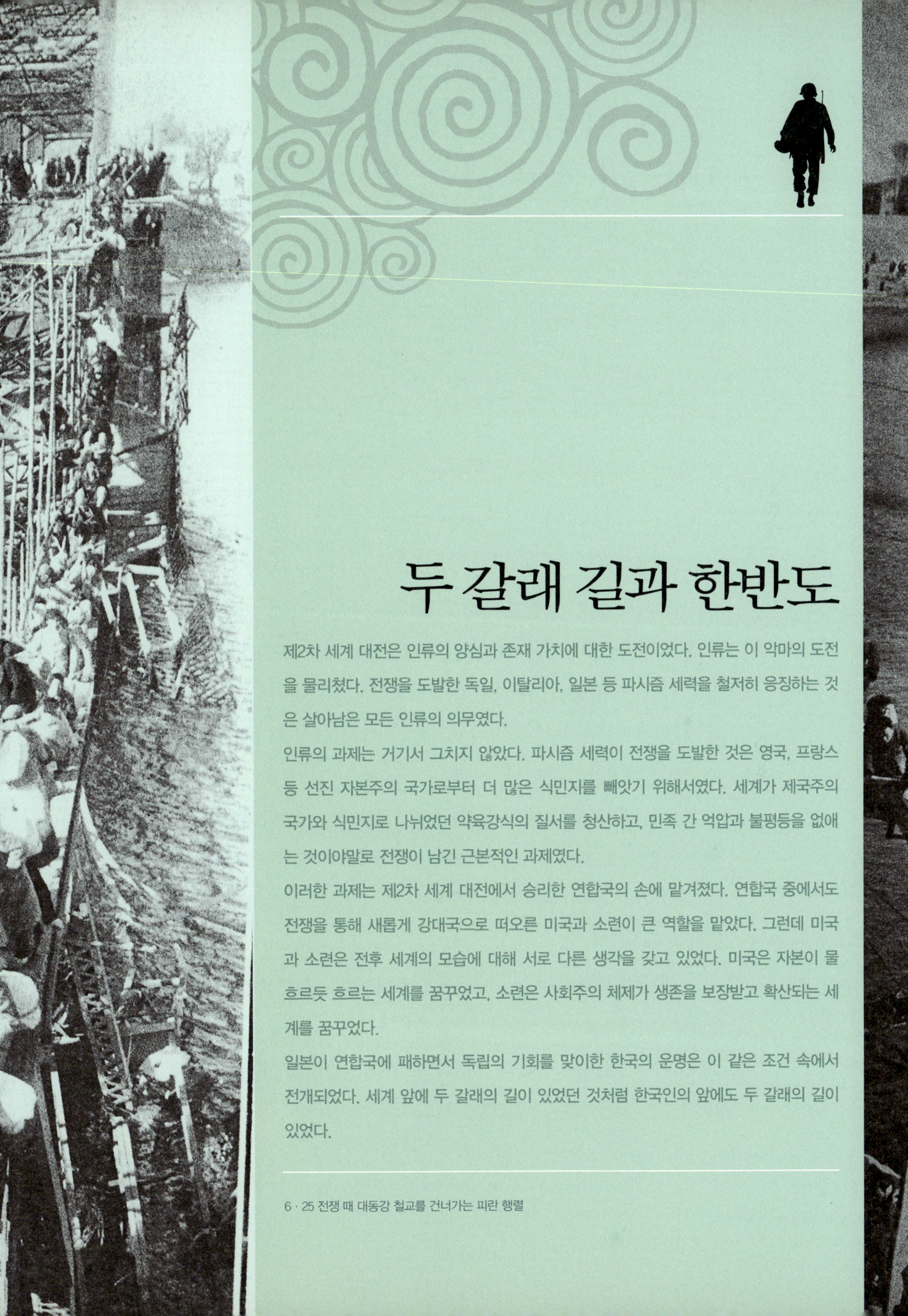

두 갈래 길과 한반도

제2차 세계 대전은 인류의 양심과 존재 가치에 대한 도전이었다. 인류는 이 악마의 도전을 물리쳤다. 전쟁을 도발한 독일, 이탈리아, 일본 등 파시즘 세력을 철저히 응징하는 것은 살아남은 모든 인류의 의무였다.

인류의 과제는 거기서 그치지 않았다. 파시즘 세력이 전쟁을 도발한 것은 영국, 프랑스 등 선진 자본주의 국가로부터 더 많은 식민지를 빼앗기 위해서였다. 세계가 제국주의 국가와 식민지로 나뉘었던 약육강식의 질서를 청산하고, 민족 간 억압과 불평등을 없애는 것이야말로 전쟁이 남긴 근본적인 과제였다.

이러한 과제는 제2차 세계 대전에서 승리한 연합국의 손에 맡겨졌다. 연합국 중에서도 전쟁을 통해 새롭게 강대국으로 떠오른 미국과 소련이 큰 역할을 맡았다. 그런데 미국과 소련은 전후 세계의 모습에 대해 서로 다른 생각을 갖고 있었다. 미국은 자본이 물 흐르듯 흐르는 세계를 꿈꾸었고, 소련은 사회주의 체제가 생존을 보장받고 확산되는 세계를 꿈꾸었다.

일본이 연합국에 패하면서 독립의 기회를 맞이한 한국의 운명은 이 같은 조건 속에서 전개되었다. 세계 앞에 두 갈래의 길이 있었던 것처럼 한국인의 앞에도 두 갈래의 길이 있었다.

6 · 25 전쟁 때 대동강 철교를 건너가는 피란 행렬

전후 처리가 시작되고
미군과 소련군이 들어오다

1945년 8월 15일, 조선 총독 아베 노부유키는 독립운동가 여운형을 만났다. 히로히토 일본 천황이 무조건 항복을 밝힌 마당에 살아남으려면 힘 있는 한국 정치인의 보호가 필요했기 때문이다. 여운형은 사회주의 노선에 가까운 좌익* 정치인이었다. 아베가 그런 정치인을 만나 한국에 있는 일본인의 생명과 재산을 보호해 달라고 한 것은 당시 소련의 붉은 군대가 맹렬히 남하하고 있었기 때문이다. 사회주의 국가 소련의 군대가 서울을 점령하면 그들에게 항복하고 운명을 맡겨야 했기에, 아베는 좌익 정치인인 여운형에게 보험을 들어 두었던 것이다. 여운형은 아베의 요청을 수락한 뒤 그날 즉시 조선 건국 준비 위원회의 간판을 내걸고 독자적인 정부를 세우기 위한 준비에 들어갔다.

그 무렵 서울역에는 수많은 군중이 모였다. 소련군이 들어온다는 소문을 듣고 일본으로부터 한국을 해방시켜 준 붉은 군대를 환영하기 위해 모인 인파였다. 서울 중심가에도 소련을 환영하는 플래카드가 내걸렸다. 그러나 이것은 뜬소문이었다. 8월 22일 북위 38도선 이남은 소련군이 아닌 미군이

점령한다는 방침이 아베 총독에게 전해졌다. 그러자 아베는 그동안 몸을 사리던 태도를 바꿔 다시 치안 유지에 나섰다. 일본 경찰이 총을 들고 거리로 나가 한국인을 단속했다. 8·15 해방 이전으로 돌아간 것 같았다.

9월 6일 여운형은 좌우 독립운동 단체가 모두 참가하는 조선 인민 공화국의 수립을 선포했다. 그러나 사흘 후 서울에 들어와 아베의 항복을 받은 미군은 38선 이남을 직접 통치하기 시작했다. 소련군은 38선 이북에 진주하여 그곳의 일본군을 무장 해제하고 독자적인 활동에 들어갔다. 9월 11일에는 남북을 잇는 경의선 철도의 운행이 중단되었다.

한국인이라면 누구나 일본이 물러간 자리에 한국의 독립 국가가 들어서리라는 것을 믿어 의심치 않았다. 그러나 돌아가는 상황은 여의치 않았다. 어떻게 해서 38선 이남과 이북에 미군과 소련군이 들어오게 된 것일까? 그들은 단지 일본군의 항복을 받기 위해 들어온 것일까, 아니면 그 이상의 목적이 있는 것일까? 한국인의 통일 독립 국가는 이루어질 것인가?

이 문제를 풀기 위해 우리는 눈을 크게 뜨고 1945년의 세계를 돌아보아야 한다.

제2차 세계 대전을 마무리할 때 가장 중요한 문제는 독일을 어떻게 처리할 것인가였다. 이 거대한 전쟁을 시작한 주범이 독일이었기 때문이다. 연합국들은 이 문제에 관해 이미 한 차례의 경험이 있었다. 제1차 세계 대전의 주범도 독일이었기 때문에 영국, 프랑스, 미국 등이 프랑스의 베르사유에 모여 독일을 응징하는 조치를 취한 바 있다. 그때 독일의 식민지를 모조리 빼앗고 가혹한 배상금을 물리는 바람에, 참지 못한 독일이 나치와 같은 광신도 집단을 앞세워 더 큰 전쟁을 일으킨 기억이 생생했다.

전후 처리를 논의하는 미국과 소련

1945년 5월 9일 독일이 연합국에 항복했을 때 승자인 연합국에는 제1차 세계 대전 때 없었던 강대국이 끼어 있었다. 독일과 전쟁을 벌여 가장 많은 희생을 치르며 유럽을 구한 '북국의 곰' 소련이었다. 제1차 세계 대전이 진행되던 1917년에 사회주의 혁명을 일으킨 뒤 전선에서 물러났던 소련은 제2차 세계 대전에서도 가능한 한 전쟁에 휘말리지 않으려고 했다. 1차 대전은 물론 2차 대전 역시 소련이 반대하고 언젠가는 타도해야 할 제국주의 세력의 패권 쟁탈전이라고 보았기 때문이다. 그래서 독일과 불가침 조약까지 맺었건만, 유럽을 제패할 꿈에 사로잡힌 히틀러가 가만히 내버려 두지 않았다. 불가침 조약을 깨고 전격적으로 국경을 넘은 독일군의 기습에 밀려 소련은 수도 모스크바가 거의 함락될 지경까지 갔다. 가까스로 모스크바를 사수하고 반격에 나선 소련은 2,000만 명의 목숨을 내준 뒤에야 독일의 수도 베를린까지 진격해 들어갈 수 있었다.

연합국 가운데에서는 미국이 가장 강력했다. 미국 역시 유럽의 전쟁에 끼어들지 않으려 했으나, 독일의 맹방인 일본이 하와이 진주만을 기습 공격하자 원치 않는 전쟁에 끌려 들어갔다. 그리고 소련이 동쪽에서 독일과 힘겨운 싸움을 벌이는 동안 대규모 병력을 동원하여 프랑스의 노르망디 해안에

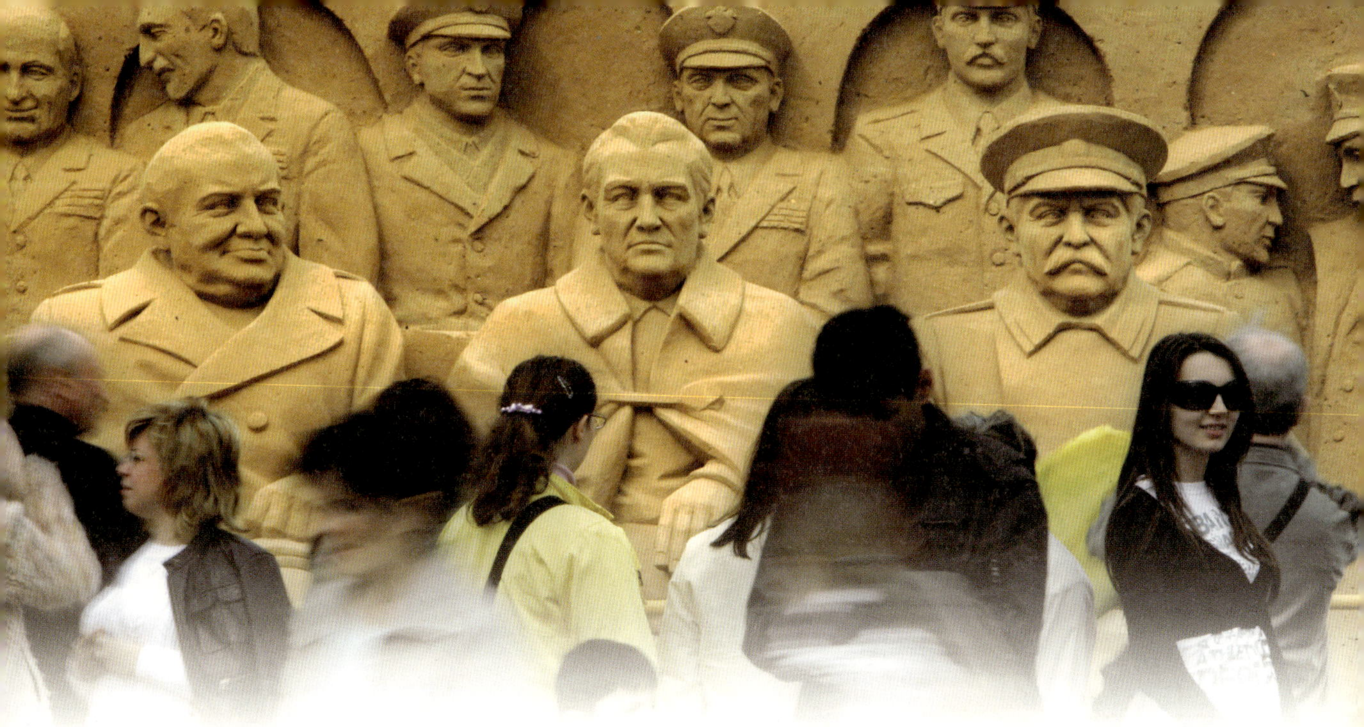

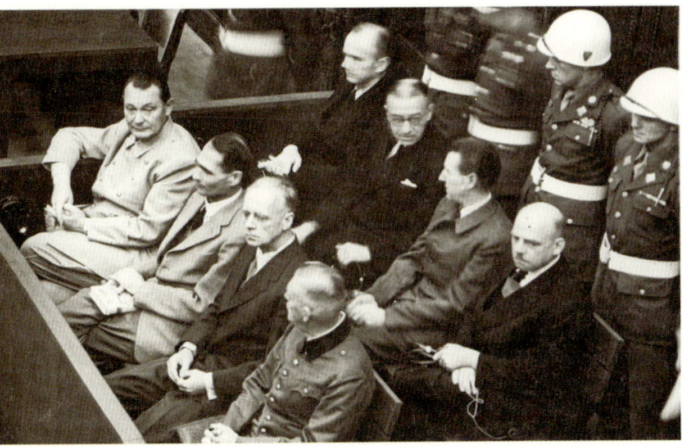

상륙한 뒤 서부 전선의 공세를 주도했다. 동과 서에서 진격한 끝에 독일의 엘베 강 연안에서 만난 미군과 소련군은 하이파이브를 나누며 짙은 전우애를 확인했고 이를 본 사람들은 전후 세계의 밝은 미래도 함께 확신했다.

미국과 소련은 독일이 항복하기 전인 1945년 2월 이미 소련 흑해 연안의 얄타에서 만나 전쟁이 끝난 뒤 독일을 처리하는 방식에 대해 원칙적인 합의를 해 놓고 있었다. 얄타에서 만난 연합국 정상은 미국의 루스벨트 대통령, 소련의 스탈린 최고 인민 위원 외에도 영국의 처칠 수상이 있었다. 이들은 그리스를 제외한 발칸 반도와 동유럽에 소련군이 진주하고, 독일과 오스트리아는 영국 · 미국 · 프랑스 · 소련이 나누어 점령한다는 데 합의했다. 독일의 군수 산업은 몰수하고 전쟁을 일으킨 범죄자들은 독일 뉘른베르크에서 열릴 국제 재판에 회부하기로 했다.

모래로 만든 얄타 회담의 정상들
이 모래 조각은 1945년 얄타 회담 당시 찍은 유명한 사진을 묘사한 것으로 왼쪽부터 윈스턴 처칠, 프랭클린 루스벨트, 이오시프 스탈린의 조각.

뉘른베르크 국제 재판
앞줄 왼쪽부터 헤르만 괴링, 루돌프 헤스, 요하임 폰 리벤트로프, 빌헬름 카이텔. 뒷줄 왼쪽부터 카를 되니츠, 에리히 레더, 발두어 폰 시라흐, 프리츠 자우켈.

전쟁 행위 자체를 범죄로 보고 전쟁을 일으킨 개인에게도 법의 책임을 묻기로 한 것은 인류 역사상 처음 있는 일이었다. 그 이전만 해도 전쟁에서 이기면 모든 것을 갖고 지면 모든 것을 잃었을 뿐, 전쟁을 일으킨 행위 자체를 범죄로 보고 처단하지는 않았다. 그러나 엄청난 살상과 파괴로 인류에게 절망을 안겨 준 제2차 세계 대전을 겪으면서 사람들은 전쟁을 단순한 정치 행위의 연장으로 보지 않게 되었다. 독일의 나치나 일본의 군국주의자들처럼 반인륜적 전쟁을 일으킨 자들은 인류의 이름으로 준엄하게 처단하기로 한 것이다.

연합국은 패전국 독일을 일시적으로 관리하기 위해 나눠 점령하는 것일 뿐, 궁극적으로 독일이 하나의 국가로 다시 태어나야 한다는 데에는 생각이 같았다. 그러나 그러한 통일 독일이 미국의 자본주의 체제로 가야 할 것인가, 소련의 사회주의 체제로 가야 할 것인가에 대해서는 속셈이 180도 달랐다. 여기에는 전후 세계의 주도권을 누가 잡느냐 하는 문제뿐 아니라 각자의 체제가 살아남을 수 있느냐 하는 문제까지 걸려 있었다. 이처럼 서로 다른 속셈을 가슴에 품은 채 독일을 분할 점령한 연합국들은 곧 갈등과 충돌을 빚게 된다.

한반도에 들어온 미군과 소련군

얄타 회담에서는 독일을 비롯한 유럽 문제뿐 아니라 미국이 고군분투하고 있던 아시아 태평양 전선의 문제도 비밀리에 논의되었다. 이 문제를 비밀리에 논의한 것은 당시 소련이 일본과 외교 관계를 맺고 있었기 때문이다. 당시 미군은 일본군과의 싸움에서 힘겨워하고 있었다. 그래서 루스벨트 대통령은 전쟁을 빨리 끝내기 위해 소련에게 아시아 전선에 들어와 일본과 싸워 달라고 요청했다. 독일과 싸우면서 만신창이가 되어 있던 소련의 처지에서 또 하나의 전선을 만든다는 것은 쉬운 일이 아니었다. 그래서 소련은 독일이 항복한 뒤 3개월 이내에 일본과의 전쟁에 참여하기로 약속하고, 그 대가로 러·일 전쟁 때 일본이 빼앗은 영토를 돌려받기로 했다.

일본에 대한 처리를 이야기하면서 일본이 점령 중인 한국 이야기를 빼놓을 수는 없었다. 한국에 관해서는 이미 1943년 카이로 회담과 테헤란 회담에서 '적당한 시기에(in due course)' 독립시킨다는 기본적인 합의가 마련되어 있었다. 문제는 '적당한 시기'가 언제이며 그때까지 무엇을 어떻게 하느냐였다. 이에 대해 루스벨트는 이미 테헤란 회담 때 한국이 '40년간의 수습 기간(apprenticeship)'이 필요하다는 의견을 내놓은 바 있었다. 40년 동안 독립을 준비하면서 강대국의 신탁 통치를 받는 게 좋겠다는 것이었다.

얄타 회담 때 이런 의견이 나오자 스탈린은 "한국인이 그들 자신의 만족할 만한 정부를 세울 수 있다면 신탁 통치가 필요하겠습니까?"라고 물었다. 루스벨트가 대답했다. "필리핀이 자치 정부를 준비하는 데 50년이 걸렸소. 한국은 그 기간이 20~30년일 수 있소." 스탈린이 다시 말했다. "짧으면 짧을수록 좋겠소."

루스벨트의 생각은 당시 미국이 한국을 어떻게 생각하고 있었는지를 정확히 알려 주고 있다. 미국은 한국뿐 아니라 제2차 세계 대전 이전의 식민지들이 즉각 독립할 능력이 없다고 판단하고 있었다. 이러한 판단은 국내에서 독립운동을 하고 있던 여운형, 박헌영 같은 사람들이나 중국 충칭에서 국내 진공을 준비하고 있던 대한민국 임시 정부의 김구 주석 같은 사람들의 생각과는 전혀 다른 것이었다. 앞에서 살펴본 것처럼 여운형은 아베 총독의 요청을 받자마자 즉각 건국 준비 위원회를 구성했고, 대한민국 임시 정부는 정규군인 광복군을 편성하여 당당한 연합군의 일원으로 국내에 진공할 계획을 세워 놓고 있었다. 그들은 일본의 패전과 동시에 바로 독립 국가를 세우고 정부를 운영해 나갈 마음의 준비가 되어 있었고, 그럴 자신도 있었다.

그런데 신탁 통치는 그렇다 치고 일본이 항복한 직후 한반도에 생길

힘의 공백 상태는 어떻게 처리할 것인가? 회담 직후에는 공개되지 않았지만 나중에 밝혀진 그들의 합의는 다음과 같았다.

"어느 한 나라의 군대가 한국을 점령하면 강렬한 정치적 반응을 불러일으킬 것이기 때문에 한국을 구분된 지역이 아니라 단일체로 취급해 중앙 집권제 행정 원칙에 따라 군정청을 조직한다."

그 후에 열린 연합국 참모장 공동 회의에서는 미국과 소련이 한반도를 나누어 점령한다는 데 합의한 것으로 알려졌다. 한 나라가 아닌 여러 나라가 점령하되 분단시키지 않고 단일체로 취급한다는 방침은 독일을 처리하는 방침과 같았다. 그런데 독일은 전범 국가이자 패전국이었지만 한국은 달랐다. 독일을 대하는 방식으로 처리해야 할 나라는 일본이었으나, 일본 본토를 점령하는 것은 그동안 태평양에서 일본과 싸워 온 미국의 몫으로 양해되어 있었다. 사할린 등 북방 도서는 소련에 반환하고 타이완은 중국에 돌려준다, 남은 한국은 어느 한 나라가 아닌 연합국이 공동 관리하다가 '적당한 시기에' 한국인에게 돌려준다는 시나리오가 작성된 것이다.

얄타 회담 뒤 미국은 일본을 제압하기 위해 태평양 전쟁에서 총력을 기울였지만 일본의 저항은 완강했다. 4월에 시작된 일본 남쪽 오키나와 섬의 전투는 3개월이나 걸렸다. 4월에 뇌출혈로 갑자기 죽은 루스벨트로부터 바통을 이어받은 트루먼 대통령은 일본 본토에 쳐들어가 많은 희생을 치르기보다는 단번에 전쟁을 끝내자고 마음먹었다. 7월 26일 독일의 포츠담에 모인 미국, 영국, 중국의 수뇌들은 일본에게 무조건 항복을 요구했다. 일본은 끝까지 망설였다. 일본은 항복을 하더라도 타이완과 한국을 놓치지 않으려 했다.

트루먼은 일본의 저항 의지를 꺾고 전쟁을 끝내기 위해 인류 역사상 두고두고 기억될 결단을 내렸다. 저 악명 높은 원자 폭탄 투하를 결정한 것이다. 8월 6일 일본 히로시마에 떨어진 원자 폭탄 '리틀 보이'는 그 즉시 7만 명을 죽이고 7만 명을 부상시켰다. 사흘 후에는 나가사키에도 원자 폭탄을 떨어뜨려

4만 명을 죽였다. 같은 날 소련이 얄타 회담에서 약속한 대로 독일 항복 3개월 만에 연해주에서 일본과 전투를 벌이기 시작했다.

더 이상 버틸 재간이 없었던 일본은 이튿날인 8월 10일 포츠담 선언을 수락하겠다는 의사를 밝혔다. 상황은 급박하게 돌아갔다. 그날 밤 미국의 수도 워싱턴에서는 국무성, 육군성, 해군성으로 이루어진 3성 조정 위원회가 열렸다. 한반도 북쪽에서 소련군이 맹렬히 남하하고 있는 상황에서 한반도를 어떻게 할 것인지 결정하는 회의였다. 이 자리에 보고서를 제출해야 하는 사람은 훗날 주한 미군 사령관이 되는 본 스틸 대령과 국무장관이 되는 딘 러스크 소령

히로시마 원자 폭탄 투하 장면

이었다. 이들에게 주어진 시간은 단 30분. 그들은 사무실에 걸려 있는 동아시아 지도를 보고 서울 바로 위에 있는 북위 38도선이 한반도를 거의 정확하게 반으로 가른다는 사실을 확인했다. 그리하여 38선을 경계로 북쪽은 소련군, 남쪽은 미군이 점령하는 방안이 제출되어 3성 조정 위원회를 통과했다. 미국은 즉시 이 방안을 소련 측에 제안했다. 미군이 한반도로부터 1,000킬로미터나 떨어진 오키나와에 있는 반면 소련군은 이미 한반도 깊숙이 진출하고 있었다. 이런 상황에서 소련이 미국의 제안을 받아들일지는 미지수였다. 워싱턴에는 긴장감이 감돌았으나 소련은 너무나도 쉽게 제안을 받아들였다. 이날의 합의가 한국 현대사의 운명을 결정하게 될지는 아무도 몰랐다.

미국과 소련의 수뇌부에서 이 같은 움직임이 있는 줄 몰랐던 아베 총독이 소련군에게 항복할 생각을 하고 여운형에게 목숨을 구걸한 것은 전혀 이상한 일이 아니었다. 여운형 또한 건국 준비 위원회를 설립하면서 그토록 염원했던 독립 국가의 건설이 코앞에 다가왔다고 생각했을 것이다. 그러나 단 일주일 만에 아베는 태도를 바꾸어 오만한 태도로 한국인을 단속하기 시작했으

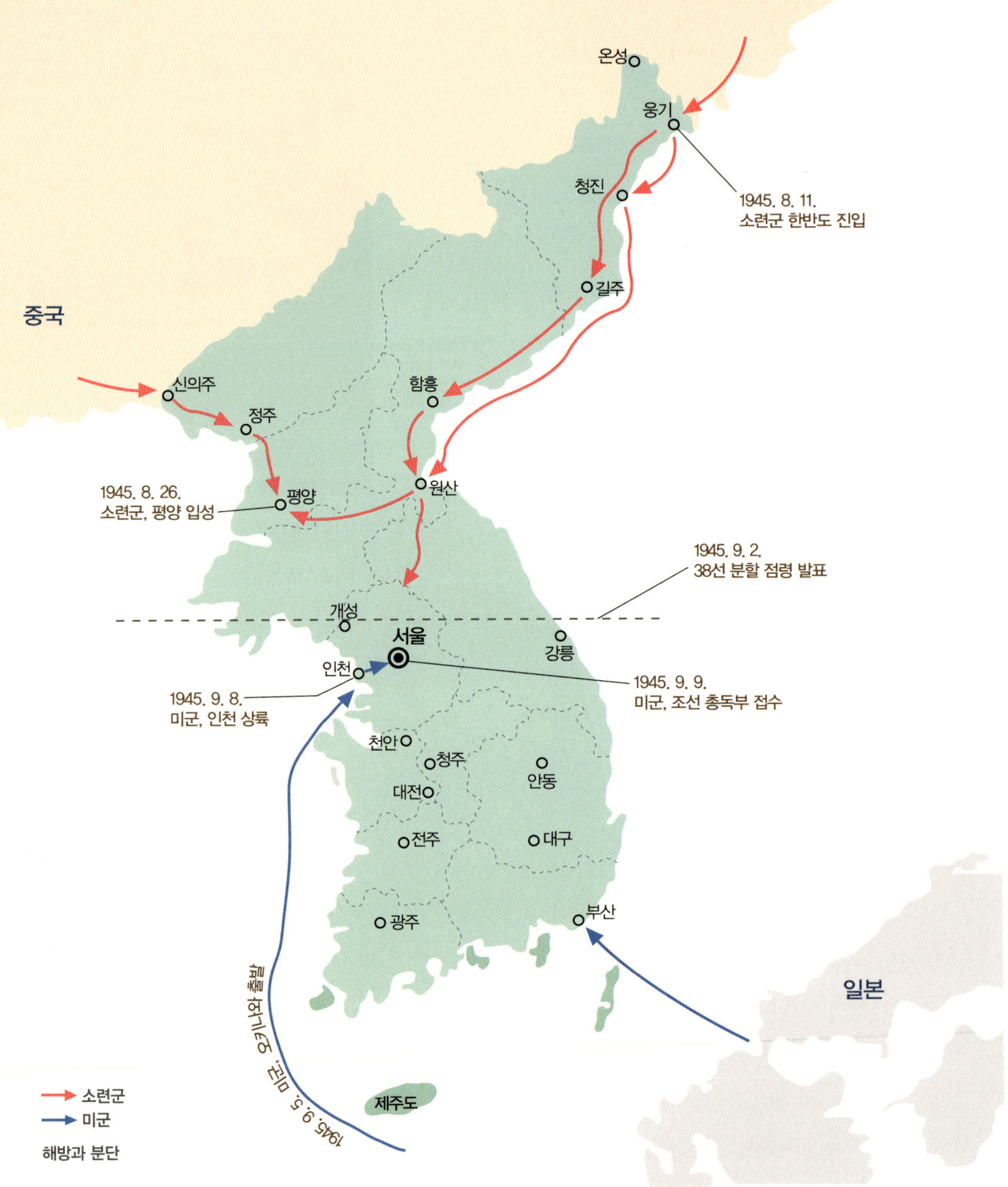

소련
중국
일본
온성
웅기
청진
길주
신의주
정주
함흥
평양
원산
개성
서울
인천
강릉
천안
청주
안동
대전
전주
대구
광주
부산
제주도
1945. 8. 11.
소련군 한반도 진입
1945. 8. 26.
소련군, 평양 입성
1945. 9. 2.
38선 분할 점령 발표
1945. 9. 9.
미군, 조선 총독부 접수
1945. 9. 8.
미군, 인천 상륙
1945. 9. 5. 미군, 오키나와 출발
소련군
미군
해방과 분단

며, 일본이 미주리 호 함상에서 미군에게
정식 항복하던 9월 2일에는 한반도를
미·소가 분할 점령한다는 연합국 최고
사령관의 '일반 명령 제1호'가 발표되었
다. 9월 7일 미 극동 사령부는 38선 이남에
군정을 실시하겠다고 선포했고, 다음 날
인천에 상륙한 미군은 9월 9일 서울에 들
어와 총독부 건물에 성조기를 게양했다.

북한 지역에도 소련군이 진주하고
김일성을 중심으로 독자적인 정치 활동이
시작되었다. 당황한 여운형은 미국에서
독립운동을 했던 이승만을 주석으로 하는
조선 인민 공화국 내각을 발표했다. 그러
나 10월 10일 미 군정은 조선 인민 공화
국을 인정하지 않겠다고 발표했다. 같은
날 38선 이북에서는 김일성이 조선 공산
당 북조선 분국을 창설하기로 결정했다.
김구를 중심으로 하는 충칭의 대한민국
임시 정부 요인들은 미 군정에 의해 임시

정부 각료 자격을 인정받지 못하고 개인 자격으로 쓸쓸히 귀국했다. 서울에서
기다리고 있는 것은 독립 국가의 희망찬 출발이 아니라 '수습 기간'을 요구하
는 미국의 구상과 '즉각 독립'을 요구하는 한국 국민 간의 공방전이었다.

이러한 상황을 가리켜 사상가 함석헌은 "해방은 도둑처럼 찾아왔다."
라고 했다. 민족 운동의 선두에 섰던 안재홍은 또 이렇게 말했다. "해방은 8
월 16일 하루뿐이었다."

소련군과 함께 북한에 들어온
김일성(위) 1945년 가을 '김일
성 환영 평양 시민 대회'에 참
석해 그 모습을 드러냈다.

**1945년 12월 19일 서울 운동장
에서 열린 임시 정부 요인 환국
기념회(아래)**
단상 첫줄 왼쪽 두 번째가 김규
식. 좌측은 김구.

동서 냉전이 시작되고
한반도가 분단되다

제2차 세계 대전이 일어날 때까지 세계에서 가장 강한 나라는 영국이었다. 영국은 '해가 지지 않는 제국'이란 말을 들을 만큼 세계 곳곳에 식민지를 거느리고 제국주의 시대를 이끌었다. 두 차례의 세계 대전은 모두 영국을 따라잡으려고 독일이 일으킨 전쟁이라고 해도 틀린 말이 아니었다.

식민지를 어떻게 처리할 것인가

제2차 세계 대전이 끝나면서 영국을 대신해 미국이 새로운 지도 국가로 떠올랐다. 미국도 제국주의 시대의 한 페이지를 장식한 열강이었지만, 영국처럼 식민지를 통째로 집어삼키는 것과는 다른 방식으로 패권을 추구했다. 예를 들어 1898년 에스파냐의 오랜 식민지였던 쿠바가 독립 전쟁을 일으키자 미국은 에스파냐와 싸워 쿠바의 독립을 도왔다. 그런 다음 정부 수립을 준비하는 쿠바에 군정을 펼쳐 미국식 정치·경제 제도를 수혈했다. 1902년 출범한 쿠바 정부는 철저히 미국의 이익을 대변하며 쿠바를 미국 부호들의 앞마당으로 제공했다. 이러한 상황은 1959년 쿠바 혁명이 일어나 친미 정권이 쫓겨날 때까지 계속되었다.

　이처럼 직접 통치를 하지 않으면서도 정치·경제·군사 등 모든 면에서 패권을 유지할 줄 알았던 미국에게 영국식 식민 지배는 촌스러운 것이었다. 제2차 세계 대전 이후 미국이 패전국의 식민지를 처리하는 방식은 신탁통치였다. 오랫동안 식민지 상태에 있던 민족에게 독립을 준비할 시간을 주고, 그동안 강대국이 신탁 통치를 하면서 그들에게 선진적인 자신들의 정치·경제 체제를 전해 준다는 구상이었다. 미국은 이미 아시아의 필리핀을 지배하면서 이런 방식을 실험했고, 1946년 독립한 필리핀은 쿠바와 마찬가지로 철저히 미국에 종속된 나라가 되었다. 일본의 식민지였던 한국에도 이러한 신탁 통치 구상이 적용되었다는 것은 앞에서 살펴본 바와 같다.

　그렇다면 패전국이 아닌 승전국의 식민지는 어떻게 할 것인가? 사실 이것이 문제였다. 구시대의 식민 통치 방식은 미국에게는 거치적거리는 일이었다. 영국, 프랑스 등의 식민지가 해방되어 미국이 이끄는 세계로 쏟아져 나온다면 그들을 모두 미국의 세력권으로 만들어 입지를 굳힐 자신이 미국에게는 있었다. 영국과 프랑스도 식민지를 풀어 줘야 할 때가 되었다는 것을 모르지는 않았다. 하지만 식민지로부터 빨아먹던 꿀맛을 어찌 그리 쉽게 떨쳐 버릴 수 있겠는가?

　특히 많은 식민지를 보유하고 있던 영국은 제2차 세계 대전 이전부터 형성되고 있던 영국 연방이라는 방식으로 이 문제를 풀어 나갔다. 영국의 식민 통치를 받던 수십 개의 나라들을 독립시킨 뒤 이 나라들을 영국 여왕을 수장으로 하는 연방 속에 집어넣은 것이다. 캐나다, 인도, 오스트레일리아, 남아프리카 공화국 등 오대양 육대주에 걸쳐 영어를 사용하는 수많은 나라들이 자발적으로 영연방의 일원으로 남았다. 50여 개 영연방 국가들은 캐나다처럼 영국 여왕을 국가 원수로 받들기도 하고 인도처럼 독자적인 국가 원수를 가지기도 하지만, 정치·경제적으로 완전한 독립 국가로 현대 세계에 참여하고 있다.

영국이 이처럼 순순히 식민지를 내놓은 반면 프랑스, 네덜란드 등은 식민지에 대한 미련을 쉽게 버리지 못했다. 1945년 8월 17일 일본의 지배를 받던 인도네시아가 독립을 선포하자 일본에게 인도네시아를 빼앗겼던 네덜란드는 옛 식민지를 되찾겠다며 군대를 보내 독립을 가로막았다. 9월 2일에는 베트남이 독립을 선포하자 역시 옛 주인이었던 프랑스가 군대를 보내 베트남뿐 아니라 인도차이나 반도 전역의 지배권을 되찾기 위해 전쟁을 벌였다. 1954년부터 프랑스의 지배를 벗어나기 위해 8년에 걸쳐 벌인 북아프리카의 알제리 독립 투쟁*은 현대 세계사에 프랑스의 악명을 널리 알리는 대혈투였다.

누가 신탁 통치를 말하는가

이처럼 전 세계가 제국주의 시대의 식민 지배를 청산하기 위해 진통을 앓는 시기에 한국도 예외일 수 없었다. 한국을 신탁 통치하려는 구상을 가지고 있던 미국은 소련과 협력하며 이 구상을 풀어 가려 했다. 1945년 12월 모스크바에서 열린 미국, 소련, 영국의 외무 장관 회담은 포츠담 회담에서 제2차 세계 대전 이후의 여러 가지 문제를 협의하기 위해 예정해 놓았던 국제 회의였다.

'모스크바 3상 회의'로 알려진 이 회의는 중국에서 벌어지고 있던 국민당과 공산당의 내전에 간섭하지 않기로 하면서 한국 문제를 가장 중요한 안건으로 다루었다. 세 나라 외무 장관은 한국의 모든 정치 세력을 망라하는 임시 정부를 구성하기 위해 미국과 소련이 공동 위원회를 설치해 논의한다는 데 합의했다. 일본의 항복을 받기 위해 한반도에 진수한 두 강대국이 한국인의 임시 정부를 구성하는 데 관여하는 것은 당시 상황에서 있을 수 있는 일이었다. 문제는 엉뚱한 곳에서 터졌다.

신탁 통치 지지 대회(왼쪽)
신탁 통치 반대 시위(오른쪽)

　　임시 정부가 언제까지 '임시'라는 꼬리표를 달고 있어야 하느냐, 그동안 강대국은 무얼 해야 하느냐에 관한 논의가 없을 수 없었다. 이에 대해 미국은 이미 신탁 통치라는 안을 가지고 있었다. 모스크바 3상 회의는 미국, 영국, 중국, 소련이 5년 이내의 기간 동안 한국을 신탁 통치하는 문제를 놓고 미·소 공동 위원회에서 논의하기로 결정했다. 그들은 이 결정이 한국에서 엄청난 폭발을 일으킬 뇌관이라는 것을 몰랐을까?

　　1946년 벽두에 한국의 주요 언론들은 "미국은 즉시 독립, 소련은 신탁 통치 주장"이라는 보도를 내보냈다. 오보였다. 신탁 통치는 미국의 전후 구상으로, 모스크바 3상 회의에서도 신탁 통치를 제안한 것은 미국이었다. 소련은 앞에서 살펴본 것처럼 신탁 통치가 필요하지 않거나 짧을수록 좋다는 견해를 가지고 있었다. 그런데 한국 언론들이 미국 측에서 흘러나온 말을 사실 확인도 하지 않고 그대로 전하면서 사태는 일파만파로 번졌다.

　　안 그래도 소련과 사회주의 세력을 경계하던 민족주의 진영은 일제히 소련을 비난하면서 신탁 통치 반대를 외쳤다. 모스크바 3상 회의의 결정 사항인 임시 정부 구성안은 온데간데없이 사라지고, 논의 사항으로 제시된 신탁 통치만이 여론의 도마 위에 올랐다. 민족주의 진영만이 아니었다. 해방 후 국민의 처분만 기다리며 숨죽이고 있던 친일파들도 목청껏 신탁 통치 반대를 외치며 들고 일어났다. 남과 북의 사회주의 세력은 모스크바 3상 회의의 결정을 지지한다고 밝혔다가 졸지에 반민족 세력으로 낙인 찍혔다.

해방 후 한국의 첫 번째 과제는 독립 국가 건설이었다. 그러기 위해서는 독립운동을 해 온 민족주의 세력과 사회주의 세력이 협력해서 친일파를 청산하고 자주 독립을 이룩해야 했다. 그런데 신탁 통치 문제가 불거지면서 우익인 민족주의 세력과 좌익인 사회주의 세력은 적이 되었다. 그들 사이에 이념적인 차이가 있으므로 언젠가는 적이 될 수도 있었다. 그러나 친일파를 청산하기도 전에 친일파가 우익 진영에 합류하여 좌익을 공격하는 선봉에 선 것은 한국 현대사의 비극이었다. 이것이 한국의 민족주의 진영에게도 독이라는 것은 머지않아 진실로 드러나게 된다. 언론의 오보에서 비롯한 신탁 통치 논란은 남과 북, 좌와 우 사이에 회복하기 어려운 불신의 장벽을 쌓고 말았다. 1946년 3월 20일부터 서울에서 미·소 공동 위원회가 열렸지만, 이미 등을 돌린 좌우 정치 세력이 임시 정부 구성에 힘을 모을 리 없었다.

게다가 소련은 모스크바 3상 회의의 결정에 반대하는 세력이 미·소 공동 위원회에 참여하는 것을 반대했다. 사실상 우익 세력의 참여를 막은 것이다. 뿔난 우익이 보이콧을 선언한 가운데 겉돌던 미·소 공동 위원회는 1947년 5월 두 번째 회의를 끝으로 결렬되고 말았다. 한국에 대한 미국의 신탁 통치 구상은 그들이 미처 몰랐던 한국인의 열화와 같은 독립 열기와 일부 언론의 계산된 오보가 촉발한 민족 감정에 막혀 좌초했다.

미·소 공동 위원회가 실패로 돌아가자 미국은 한국을 단일체로 취급한다는 얄타 회담의 주요한 원칙을 버렸다. 소련이 점령하고 있는 북쪽을 포기하고 남쪽에서만이라도 미국의 영향력이 통하는 정부를 수립하는 쪽으로 방향을 잡았다. 격렬한 정치적 저항이 있을 것을 알면서도 한국을 끝내 분단시키겠다는 이 대담한 생각은 어디에서 나온 것일까? 그것은 제2차 세계 대전이 한창일 때만 해도 충분히 예상하지 못했던 새로운 세계 질서의 탄생과 맥을 같이하는 것이었다.

냉전의 시작

제2차 세계 대전을 통해 동지 관계를 맺었던 미국과 소련은 전후 처리 과정에서 사사건건 충돌을 빚었다. 전쟁 기간에 스탈린과 협력했던 루스벨트만 해도 독일과 일본을 꺾기 위해 소련과는 최대한 우호적인 관계를 유지하려 했다. 그러나 전쟁이 끝나기 직전 루스벨트를 계승한 트루먼은 소련을 혐오하는 인물이었다. 대통령이 되기 전 그는 소련군과 독일군이 서로를 다 죽여 버릴 때까지 싸우기를 바랐다. 그러한 트루먼의 뒤에는 소련의 사회주의를 경계하는 미국의 자본가들이 있었다.

앞에서 살펴본 것처럼 소련은 독일을 제압하는 데 가장 큰 공을 세웠다. 그 대가로 동유럽을 세력권으로 편입시키고 독일의 분할 점령에 참여했다. 그러는 가운데 소련의 세력권에 편입되지 않은 발칸 반도의 그리스와

그 옆 나라인 터키에서도 사회주의 세력이 커졌다. 미국과 영국, 프랑스 등
은 자칫 사회주의의 물결이 서유럽으로 번질 수 있다는 위기감에 빠졌다.

1947년 3월 12일 트루먼은 그리스와 터키가 공산화되는 것을 막기 위
해 두 나라의 반공 정부에 4억 달러를 제공하겠다는 '트루먼 독트린'을 발표
했다. 6월 5일 미국 국무 장관 마셜은 서유럽으로 사회주의가 확산되는 것
을 막기 위해 이 지역의 경제 부흥을 돕는 유럽 부흥 계획을 실시하자고 제
안했다. 이 계획은 마셜의 이름을 따서 '마셜 플랜'으로 불린다. 1949년에는
소련의 위협에 맞서 미국과 서유럽이 집단으로 안전 보장을 꾀하는 북대서
양 조약 기구(NATO)도 결성되었다.

이에 앞선 1946년 3월 미국을 방문한 영국 수상 처칠은 "발트 해의 슈
체친부터 아드리아 해의 트리에스테에 이르기까지 대륙을 가로질러 '철의
장막'이 드리워져 있다."라고 동서로 나뉜 유럽의 현실을 묘사한 바 있다.
철의 장막을 사이에 두고 동서로 나뉜 양 진영 사이에 총성 없는 전쟁이 시
작된 것이다. 미국의 시사 평론가 리프먼은 이 전쟁을 가리켜 '냉전(Cold
War)'이라고 불렀고, 이 말은 1980년대까지의 세계를 가리키는 가장 보편적
인 용어로 널리 사용되었다.

냉전의 초점은 독일이었다. 독일은 4개국이 분할 점령하고 있었고,
소련이 점령한 지역에 자리 잡은 수도 베를린도 네 구역으로 분할 점령되어
있었다. 독일 때문에 너무나 많은 희생을 치른 소련은 독일에 대해 엄청난
배상을 요구했고, 서방 국가들이 이에 반대해 갈등이 증폭되고 있었다. 그
러던 1948년 3월 서방 3개국이 자신들의 점령 지역을 경제적으로 통합하려
했다. 소련은 이에 대한 반발로 3개국이 관할하는 서베를린 지역을 봉쇄했
다. 베를린이 소련 점령 지역으로 둘러싸여 있었기 때문에 서방으로부터 서
베를린 지역에 물자와 인력을 실어 나를 수 없게 되었다. 그리하여 비행기
를 통해 서베를린에 필요한 물자를 공급하는 사태가 벌어졌다. 베를린 봉쇄

마셜 플랜과 동·서 양 진영의 분열

는 1949년 5월에 풀리지만 동서 양 진영의 불신과 갈등은 더 이상 회복될 수 없는 상태에 이르렀다. 그 결과 독일을 분단시키지 않고 단일체로 취급한다는 다짐은 공염불이 되어 버렸다.

1949년 5월 24일 서방 3개국이 점령했던 서쪽 독일이 독일 연방 공화국으로 독립했다. 그러자 10월 7일 소련 점령 지역도 독일 민주 공화국으로

1948년 8월 15일 대한민국 정
부 수립 경축 대회를 거행하고
있는 모습(정남용 촬영).

분리 독립했다. 1946년부터 서서히 시작된 동서 냉전이 유럽에서 확실한 구도를 드러낸 것이다. 독일의 분단으로 구도가 완성된 동서 냉전은 1989년 서베를린과 동베를린을 나누었던 베를린 장벽이 무너지면서 막을 내릴 때까지 40여 년 동안 지속되었다.

　　한반도에서 미·소 공동 위원회가 결렬된 것은 동서 냉전의 직격탄이 이 땅에 날아든 꼴이었다. 이 과정에서 좌우 합작을 추진하던 여운형이 암살당했다. 미국은 자신이 최대의 영향력을 발휘하던 국제 연합(유엔)으로 한반도 문제를 가지고 갔다. 유엔은 남북 전 지역에서 총선거를 실시해 독립 정부를 구성할 것을 결의했지만, 미국의 뜻대로 움직일 소련이 아니었다. 소련 점령 아래에서 북쪽의 권력을 장악한 김일성도 유엔 결의에 응하지 않았다.

끝까지 남북 합의에 의한 통일 정부를 추구하던 김구는 38선을 넘어가서 김일성과 남북 협상을 시도했다. 그러나 "38선을 베고 쓰러질지언정 일신의 구차한 안일을 위해 단독 정부를 세우는 데는 협력하지 않겠다."라는 김구의 외침은 대답 없는 메아리로 그쳤다.

1948년 5월 10일 유엔 감시하에 남한 지역에서 총선거가 실시되고, 그해 8월 15일 남한만의 단독 정부인 대한민국 정부가 수립되었다. 초대 대통령은 이미 1946년 6월 전라북도 정읍에서 남한만의 단독 정부를 세울 수도 있다고 선견지명을 보인 이승만이었다. 얼마 뒤인 9월 9일 북한이 조선 민주주의 인민 공화국의 수립을 선포했다. 이처럼 한민족은 강대국의 신탁 통치 구상을 이겨 냈지만, 냉전의 도도한 흐름은 피하지 못하고 둘로 갈라졌다.

분단은 이미 시작 시점부터 전쟁의 공포를 자아냈다. 온 나라가 좌우로 갈라져 있는 상태에서는 통일 독립 국가가 출범했어도 심각한 갈등을 겪었을 가능성이 높다. 그러나 하나의 국가라는 틀 안에서는 서로 지지고 볶더라도 정치라는 행위를 통한 의사소통이 가능하다. 그런데 하나의 국가를 지향하는 두 개의 세력이 서로 적대적인 불완전 국가로 나뉘었을 때, 그 두 세력은 의사소통이 단절된 채 끊임없이 서로를 의심하고 서로 공격하려 들 수밖에 없다. 동서 냉전이 가져온 분단의 양쪽은 처음부터 전쟁의 그림자를 드리운 채 불안한 첫걸음을 내딛고 있었다.

좌익의 거두 박헌영과 여운형

우익의 거두
김성수와 송진우

해방 직후 서울은 '붉은 도시'였다. 해방 당일인 8월 15일 조선 건국 준비 위원회를 세운 여운형과 조선 공산당을 재건해 활동을 개시한 박헌영은 대표적인 좌익 정치인이었다. 그러나 9월 9일 미군이 서울에 진주하면서 상황이 달라졌다. 조선 건국 준비 위원회는 재빨리 좌우의 민족 지도자를 망라한 조선 인민 공화국을 수립한다고 선언했으나, 미 군정은 이를 승인하지 않겠다고 선언했다. 9월 16일 김성수, 송진우 등 보수 우파 정치인을 중심으로 하는 한국 민주당이 창립되었고, 10월 16일 미국에서 귀국한 우익 정치인 이승만은 200여 단체를 망라한 독립 촉성 중앙 협의회 총재로 화려하게 국내 정계에 복귀했다.

안으로 끓어오르던 좌익과 우익의 갈등은 1946년 초 모스크바 3상 회의를 계기로 폭발했다. 독립 촉성 중앙 협의회는 신탁 통치 반대를 외치는 우익의 집결지가 되고, 여운형과 박헌영 등이 새롭게 만든 민주주의 민족 전선은 3상 회의 결의에 찬성하는 좌익의 집결지가 되어 운명적인 대결을 벌였다. 미 군정은 공산당의 활동을 억제하고, 1946년 9월에 일어난 철도 노동자 총파업과 10월에 전국적으로 일어난 '10월 항쟁'을 진압하며 우익 진영을 지원했다.

　　모스크바 3상 회의의 결의에 따라 1946년 3월부터 이듬해 7월까지 두 차례 열린 미·소 공동 위원회는 좌우의 갈등을 회복할 수 없을 만큼 키워 놓았다. 1947년 8월 미·소 공동 위원회가 최종 결렬되자 9월 17일 미국은 한국 문제를 유엔으로 가져갔다. 이곳에서 미국은 선 정부 수립, 후 외국군 철수를 주장하고 소련은 그 반대로 주장해 팽팽하게 맞섰다. 그러나 유엔은 미국의 손아귀에 있었다. 9개국으로 이루어진 유엔 한국 위원회는 1948년 3월까지 한반도 전역에서 총선거를 실시할 과제를 안고 한국을 방문했으나 소련 측의 거절로 38선 이남에서만 활동해야 했다. 그해 4월 김구는 북한을 방문해 김일성과 남북 대표자 연석 회의를 열고 통일을 위한 마지막 안간힘을 썼으나 수포로 돌아갔다.

　　5월 10일 남한 지역에서만 총선거가 이루어지고, 7월 20일에는 이승만이 대한민국 초대 대통령으로 당선됐다. 그리고 해방 3주년인 1948년 8월 15일 대한민국 정부가 수립된 것이다. 그때 제주도에서는 미 군정에 항의하고 남한만의 단독 정부 수립에 반대하는 4·3 항쟁이 진행되고 있었다.

이승만 정부는 제주도의 4·3 항쟁을 대한민국의 정통성에 대한 도전으로 보고 1948년 10월부터 대대적인 진압 작전에 들어갔다. 이때 전라남도 여수·순천 지역의 군인들이 제주도민을 학살하는 작전에 출동하기를 거부하고 단독 정부에 항거하는 '여수·순천 사건'을 일으키기도 했다. 4·3 항쟁은 2만 5천~3만 명에 이르는 희생자를 내고 1954년 9월 21일까지 계속되었다.

중국이 공산화되고
6·25 전쟁이 일어나다

냉전의 시작으로 전후 세계에는 위험천만한 고압 전류가 흘렀다. 조금만 건드려도 불꽃을 튀기며 폭발해 버릴 수 있는 상황이었다. 유럽에서는 미국과 소련이 전류의 흐름을 통제하며 가까스로 대형 사고를 막아내고 있었다. 하지만 동아시아는 달랐다. 에너지가 충만한 이 지역은 냉전 메커니즘으로 통제할 수 있는 범위를 넘어서고 있었다.

한반도에서 끓어오르는 에너지는 미국이 유엔까지 동원하여 겨우 비등점 아래로 가라앉혔다. 충돌하는 두 세력은 38선을 사이에 두고 분리된 채 내연(內燃, 안으로 불타오름)했다. 그러나 중국은 달랐다. 중·일 전쟁을 승리로 이끈 이 나라의 에너지는 미국, 소련 같은 강대국이 조절할 수 있는 용량을 넘어서 있었다.

중국의 공산화

제2차 세계 대전 직후 중국에서는 앙숙인 두 세력이 팽팽히 맞서고 있었다. 1911년 신해혁명을 일으켜 청나라 왕조를 무너뜨리고 근대 중국을 이룩한 국민당이 한 축이고, 국민당보다 10년 뒤 상하이에서 탄생해 노동자 · 농민의 보호자 역할을 해 온 공산당이 다른 한 축이었다. 두 당은 1937년 중 · 일 전쟁이 발발한 이래 힘을 합쳐 일본과 싸웠고 마침내 일본의 항복을 받아 냈다. 그 과정에서 중국은 소련이 독일에게 당한 것 못지않은 희생을 치러야 했다.

중 · 일 전쟁의 승리가 눈앞에 보이던 1945년 8월 국민당의 장제스와 공산당의 마오쩌둥은 충칭에서 만나 화평 교섭을 벌였다. 그해 10월 10일 두 사람은 어떤 일이 있어도 내전을 피하고 부강한 중국을 건설한다는 합의를 이끌어 냈다. 10월 10일은 십이 두 개 있어서 이 합의를 '쌍십 협정'이라 한다.

그러나 미국의 지원을 받는 데다 군사력에서 4대1의 압도적 우위를 보이던 장제스는 공산당에게 국가 권력의 일부를 내주기 싫었다. 그는 국민당을 세운 쑨원과는 달리 공산당을 무척 싫어한 인물로, 이미 1927년에 공산당과 맺은 제1차 국공 합작을 깨고 공산당 토벌에 나선 적이 있었다. 중 · 일 전쟁이 일어나자 울며 겨자 먹기로 제2차 국공 합작에 합의했으나, 할 수만 있으면 중국에서 공산당을 쓸어버리고 싶은 것이 그의 솔직한 심경이었다.

1946년 6월 국민당이 먼저 쌍십 협정을 깨고 공산당을 공격하자 마오쩌둥이 이끄는 공산당도 물러나지 않고 맞섰다. 거대한 대륙 중국이 중 · 일 전쟁의 참화로부터 벗어나자마자 다시 내전에 돌입한 것이다. 1945년 12월에 열린 모스크바 3상 회의에서 미국, 영국, 소련의 외무 장관들이 "중국 내전에 간섭하지 않는다."라고 한 것은 바로 이 상황을 염두에 둔 합의였다. 거대 중국을 이끄는 두 공룡이 맞붙는데 미국, 영국, 소련 같은 세력이 간섭한다는 것은 또 다른 세계 대전을 의미할 뿐이었다.

압도적인 군사력의 우세를 앞세운 국민당 정규군(국부군)은 공산당 세력을 거세게 밀어붙였다. 공산당은 우리가 '만주'라고 부르는 동북 지역을 근거지로 삼아 버티면서 중국 곳곳의 농촌 지역을 점으로 연결하며 게릴라 방식으로 반격을 가했다. 공산당은 자신이 점령한 지역에서 토지 개혁을 실시하여 농민들에게 땅을 나누어 주었다. 그리고 '인민 민주 통일 전선'을 결성하여 폭넓은 대중과 연대하는 전략을 썼다. 이에 비해 국민당은 부정과 부패, 민중에 대한 수탈로 점차 인심을 잃어 갔다. 정규 병력에서는 국민당이 앞섰지만 대중의 지지와 전쟁의 명분에서는 공산당이 국민당을 압도해 나가고 있었다.

공산당의 군대인 인민 해방군의 주력이 있는 만주 지역에는 백만 명 넘는 조선족이 살고 있었다. 그들 가운데 상당수는 일제 강점기부터 중국과 연합하여 항일 전쟁을 치러 온 독립운동 세력이었다. 이들 조선족의 젊은이들은 인민 해방군 편에 서서 국공 내전에 적극적으로 참전했다. 오늘날 조선족 자치주가 들어서 있는 옌볜에서만 3만 5천여 명으로, 인민 해방군 옌볜 총참군의 85퍼센트에 이를 정도로 비중이 컸다. 조선족뿐 아니라 만주와 이웃해 있는 북한도 지원 병력을 파견해 인민 해방군을 돕고 북한 지역에 공산당의 후방 기지를 세워 훈련장과 병원 등을 제공했다. 이러한 북한의 후방 기지에 주둔한 인민 해방군은 많을 때 7만 5천 명에 달한 것으로 알려졌다. 자칫 국민당군에 포위당해 어려움을 겪을 수도 있었던 인민 해방군은 이처럼 만주의 조선족과 북한으로부터 큰 도움을 받았다.

1948년부터 전세는 역전되었다. 공세를 강화한 인민 해방군은 1949년 2월 베이징을 함락하고 5월에는 상하이까지 진출했다. 남쪽으로 밀려난 장제스는 도저히 공산당을 이길 수 없다는 것을 깨닫고 짐을 싸서 타이완으로 도망갔다. 10월 1일 마오쩌둥은 베이징의 톈안먼 광장에서 전 세계가 지켜보는 가운데 중화 인민 공화국의 수립을 선포했다. 수천 년간 동아시아의 강대국으로 군림해 온 중국에 붉은 기가 나부끼기 시작한 것이다.

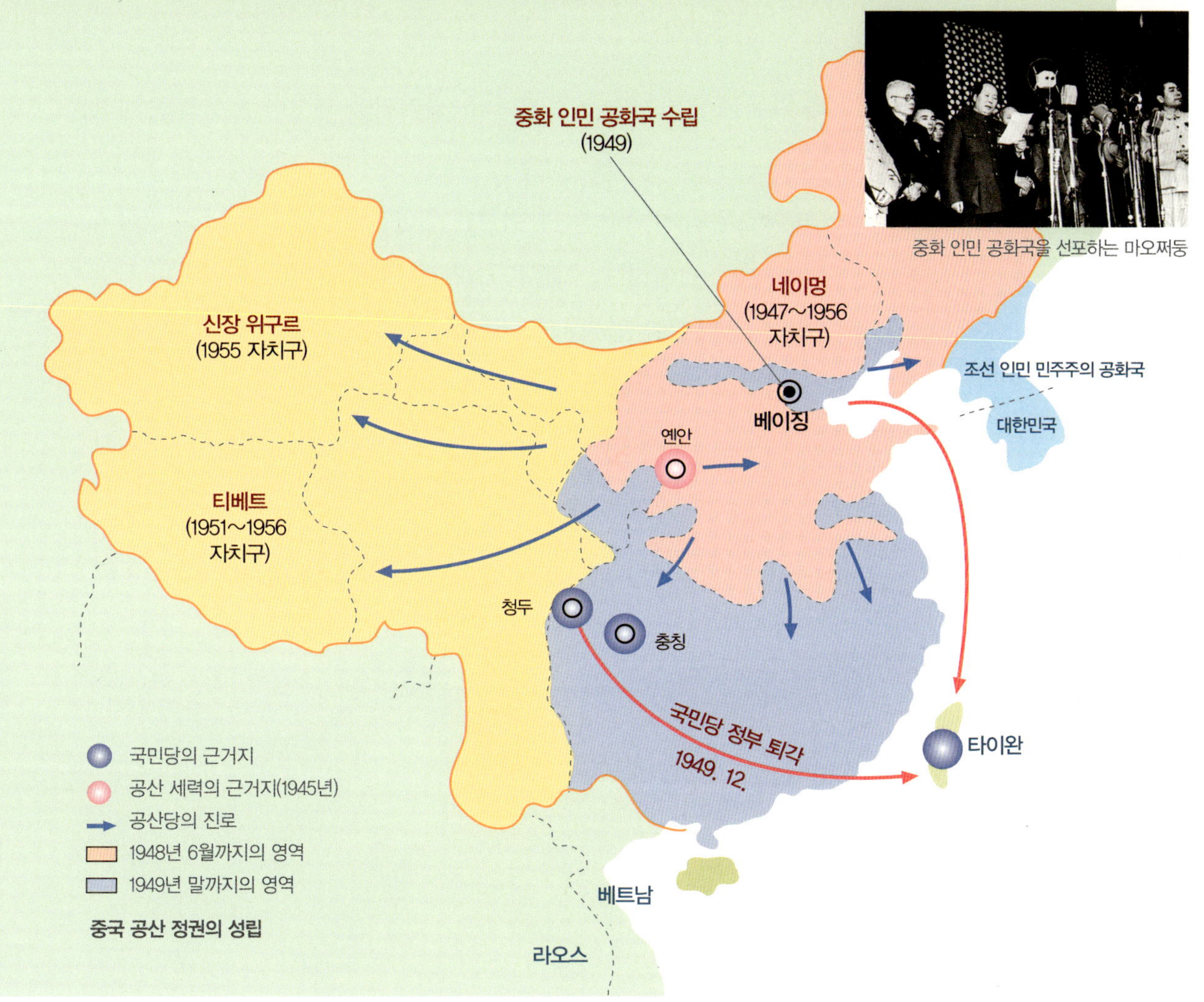

중화 인민 공화국을 선포하는 마오쩌둥

6 · 25 전쟁

중국이 공산화*되자 미국은 동아시아 지도를 다시 펼쳐 들었다. 중국이 우방에서 적으로 바뀐 것은 엄청난 충격이었다. 한반도는 물론이고 일본이 위태로워졌다. 소련의 위협에 맞서 서유럽을 지키기 위한 마셜 플랜을 가동한 것처럼 아시아에서도 일본을 지키기 위한 특별 조치가 필요했다. 1950년 1월 미국의 국무 장관 애치슨이 전 미국 신문 기자 협회에 나왔다. 그는 이 자리에서 '아시아의 위기'라는 제목의 강연을 하면서 다음과 같이 밝혔다.

"스탈린과 마오쩌둥의 영토적 야심을 저지하기 위해 태평양에서 미국

*공산화

사회주의 국가가 되는 것을 의미한다. 사회주의는 공산주의로 나가기 위한 전 단계라고 하는데, 현실에서는 두 단어를 구분하지 않고 같은 뜻으로 사용한다.

의 방위선을 알류샨 열도-일본-오키나와-필리핀을 연결하는 선으로 정하
겠습니다."

애치슨 라인으로 알려진 이 방위선은 일본만은 사수하겠다는 미국의
의지를 세계에 밝힌 것이었다. 이것은 소련과 중국의 비상한 관심을 끌었
다. 특히 주목을 받은 것은 타이완과 대한민국이었다. 두 나라가 애치슨 라
인에서 빠진 것이다. 중국을 차지한 공산당은 장제스가 도망가 있는 작은
섬 타이완을 언제라도 무력 공격할 태세였다. 한반도에서도 38선 주변에서
크고 작은 충돌이 계속 일어나고 있었으므로 언제 중국처럼 에너지가 폭발
할지 몰랐다. 그런데도 미국은 이 두 지역을 방위선 바깥에 내놓았다. 반드

애치슨 라인

시 지켜야 할 대상으로 일본을 설정하고, 타이완과 한반도는 소련과 중국의 의지를 시험하는 공간으로 여기는 것 같았다.

당시 북한의 지도자 김일성은 에너지가 넘치는 청년이었다. 그는 38선 이남을 미국과 유엔에게 강제로 빼앗겼다고 생각하고 있었고, 북한 지역의 충만한 에너지로 조국 전체를 해방해야 한다고 믿고 있었다. 국공 내전에 참전했던 조선족 부대들도 속속 북한으로 들어가 조국 해방에 기여할 기회를 기다리고 있었다. 조선족에게 큰 빚을 진 중국 공산당은 다른 소수 민족과 달리 조선족을 매우 특별하게 생각하고 있었다. 중국 공산당은 조선족의 조국은 조선이며 그들은 조국을 해방할 역사적 의무가 있다고 추켜세웠다.

중국 대륙에 이어 한반도가 공산화되는 것도 시간 문제처럼 보였다. 그러나 스탈린은 신중한 사람이었다. 그는 제2차 세계 대전 때에도 끝까지 독일과 전쟁을 하지 않으려고 초인적인 인내심을 발휘한 바 있었다. 그는 독일보다 훨씬 강한 초강대국 미국과 정면충돌을 벌일 생각이 없었다. 국공 내전을 지켜보면서 스탈린은 미국의 움직임을 예의 주시했다. 그런데 중국이 공산화된 뒤에도 미국은 특별한 움직임을 보이지 않더니 애치슨 라인을 선포하여 타이완조차 방위선에서 제외했다. 스탈린은 다소 안심했다. 중국 같은 큰 나라가 공산화되는 것도 받아들였는데 한국처럼 작은 나라쯤이야 어떻게 되든 무슨 상관이겠는가?

이 같은 상황에서 드디어 한반도가 폭발했다. 1950년 6월 25일 새벽, 북한군 21연대 병력이 38선 전 지역에서 남쪽으로 진격하기 시작했다. 인민군이라 불린 이 병력의 절반은 전투 경험이 그리 많지 않았다. 그러나 나머지 절반은 산전수전을 다 겪은 정예 병력이었다. 그들은 바로 국공 내전에서 인민 해방군의 승리에 결정적인 기여를 한 조선족 군대였다.

인민군은 파죽지세로 진격해 사흘 만에 서울을 점령했다. 국군은 한 달 만에 낙동강까지 밀려나 그곳을 최후 방어선으로 힘겨운 저항을 하고 있었다. 그러나 이때 미국은 예상을 깨고 신속한 반응을 보였다. 전쟁이 일어 난 그날, 바로 유엔 안전 보장 이사회를 소집하여 북한의 침략을 비난하고 38선 이북으로 병력을 철수시키라는 결의안을 통과시켰던 것이다. 인민군 의 진격이 계속되자 이틀 후인 6월 27일에는 남한에 필요한 원조를 제공한 다는 결의안을 통과시켰다.

당시 유엔 안전 보장 이사회는 미국, 영국, 프랑스, 소련, 중국의 5개 상임 이사국과 10개 비상임 이사국으로 구성되어 있었다. 6·25 전쟁에 대한 결의안처럼 중대한 사안은 5개 상임 이사국이 모두 찬성해야 통과될 수 있었 다. 그러니까 5대 상임 이사국은 각자 거부권을 가지고 있었던 셈이다. 이들 상임 이사국 가운데 중국은 1971년까지 장제스의 중화민국(타이완)을 의미했 으므로 당시 미국에 반대하는 나라는 소련뿐이었다. 그런데 소련은 왜 북한 을 비난하고 남한을 지원하는 결의안에 거부권을 행사하지 않았을까?

6월 25일과 6월 27일 두 차례 열린 안전 보장 이사회에 유엔 주재 소 련 대사 말리크는 출석하지 않았다. 6·25 전쟁이 일어나기 전 소련은 중국 (중화 인민 공화국)의 유엔 가입안을 안전 보장 이사회에 제출했으나 부결되 었다. 말리크는 분통을 터뜨리며 퇴장했고 뉴욕을 떠나 버렸다. 그 사이에 한반도에서 전쟁이 터졌고, 미국은 소련의 방해 없이 일사천리로 결의안을 통과시켜 전쟁에 개입할 명분을 얻었다. 뒤늦게 소련은 안전 보장 이사회에 결석한 것 자체가 거부권을 행사한 것이라고 주장했으나, 미국과 다른 이사 국들은 이를 받아들이지 않았다. 결국 6월 27일 결의에 따라 7월 7일 미국 을 중심으로 하는 통합 사령부를 세우기로 하고, 맥아더를 사령관으로 하는 유엔군이 조직되었다. 북한은 졸지에 세계 최강 국가 미국이 이끄는 16개국 반공 십자군과 맞서야 하는 처지가 되었다.

9월 15일 유엔군은 전격적으로 인천 상륙 작전을 감행하여 반격의 계기 를 잡았다. 인천에 들어간 유엔군과 국군은 9월 28일 서울을 되찾고, 이때부

터 파죽지세로 북진을 거듭했다. 38선을 넘어 10월에는 전선을 북쪽 끝 압록
강까지 밀어붙였다. 이제는 중국이 불안해졌다. 유엔군의 기세로 보아 압록강
을 건너 중국까지 밀고 들어오지 말라는 법이 없었다. 마오쩌둥은 고심 끝에
인민 지원군을 편성하여 북한을 돕기로 결심했다. 이때 중국은 '순망치한(脣亡
齒寒: 입술이 없으면 이가 시리다)'이라는 고사에 중국과 북한의 관계를 비유했다.

　　중국의 정규군은 인민 해방군이다. 그러나 6·25 전쟁에 투입된 군대
는 인민 지원군이라는 이름을 가졌다. 그것은 세계 최강 미국이 이끄는 유
엔군과 국가 대 국가로 맞서는 모양새를 피하기 위해서였다. 중국에서는 인
민 지원군의 북한 지원을 '항미원조(抗美援朝, 미국에 맞서 조선을 돕는다)'라고 표현
한다. 항미원조는 국공 내전 때 중국을 도와준 조선족과 북한에 빚을 갚는
다는 의미도 있었다.

　　중국의 인민 지원군이 전선에 뛰어들자 전세는 다시 역전되었다. 곳
곳에서 인민 지원군의 인해 전술에 밀린 국군과 유엔군은 곧 흥남에서 철수
하고 평양을 빼앗긴 뒤, 1951년 1월 4일에는 서울까지 다시 내주었다. 이것
이 '1·4후퇴'이다.

　　미국은 다시 유엔 안전 보장 이사회를 소집하여 중국을 비난하고 즉
각 철수를 요청했으나, 이번에는 소련 대사 말리크가 참석하여 반대표를 던
졌다. 유엔군 사령관 맥아더는 이참에 만주에다 원자 폭탄을 떨어뜨려 중국
공산당을 몰아내자고 주장했다. 제3차 세계 대전을 일으킬 수도 있는 위험
한 주장이라고 판단한 트루먼 대통령은 맥아더를 유엔군 사령관 자리에서
쫓아냈다.

　　전열을 정비한 국군과 유엔군은 경기도 평택과 충청북도 제천을 잇는
선에서 인민군과 중국 인민 지원군의 공세를 차단하고 반격에 나섰다. 서울
을 되찾은 국군과 유엔군은 38선 부근에서 엎치락뒤치락하며 상대방과 지
루한 공방전을 벌였다. 양측 모두 힘으로 상대방을 제압하기 어렵다는 것을

깨닫게 되면서 휴전에 관한 논의가 나오기 시작했다. 전쟁이 시작된 지 1년 만인 1951년 6월 유엔 주재 소련 대사 말리크가 휴전을 권했고, 극동 연합군 사령관 리지웨이는 이를 받아 북한과 중국에 휴전 협상을 제의했다.

휴전선을 정하는 문제, 포로를 처리하는 문제 등을 놓고 2년 동안 지루하게 이어지던 휴전 협상은 1953년 7월 27일에야 판문점에서 마무리된다. 이날 조인된 협정문은 전쟁을 완전히 끝내는 '종전 협정'이 아니라 일시 중단하는 '정전 협정'이었다. 이 협정에는 북한과 중국, 유엔군을 대표하는 미국 등이 도장을 찍었으나 대한민국은 제외되었다. 이승만 대통령이 강경한 북진 통일을 주장하며 정전 협정에 응하지 않았기 때문이다. 그리하여 대한민국은 정전 협정의 당사자가 되지 못했는데, 이는 향후 남북 관계에서 정전 상태의 변화가 거론될 때마다 한국의 처지를 곤란하게 만드는 조항으로 작용하게 된다.

6·25 전쟁은 유럽에서 시작된 냉전冷戰이 아시아에서 열전熱戰으로 번진 대규모 국제전이었다. 중국이 공산화된 이후 아시아에서 사회주의 세력과 자본주의 세력이 서로의 능력을 시험하며 극한에 이르기까지 힘겨루기를 한 셈이었다. 전쟁의 피해자는 통계마다 조금씩 다르기는 하지만 160만 명 이상의 군인이 죽고 남한의 민간인 피해자만 100만 명에 이른다.

남북이 분단되면서 가장 우려했던 전쟁의 공포는 이렇게 현실화되었다. 이 전쟁으로 남과 북 모두 세계에서 가장 가난한 나라로 굴러떨어졌고, 얼마 전까지만 해도 동족으로 여기던 상대방을 철천지원수로 미워하게 되었다. 양쪽 모두에서 반대편의 생각과 행동을 극단적으로 통제하는 반쪽 사회가 형성되었는데, 그런 기형적 사회를 만들어 낸 것은 다름 아닌 현대 세계 그 자신이었다.

휴전 협정이 진행되는 동안 양측에 잡힌 전쟁 포로들을 어떻게 처리해야 할 것인가 하는 문제가 제기되었다.

북한 측은 무조건 모두 교환하자는 자동 송환을 주장했고, 유엔군 및 미군 측은 포로 각 개인의 자유 의사에 따라 결정하자는 자유 송환을 주장하여, 양측의 입장은 팽팽하게 줄다리기를 했다.

마침내 1953년 6월 8일, 포로 송환 협정을 맺어 귀국을 원하는 포로는 휴전 후 60일 내에 송환하기로 했다. 1953년 8월 5일부터 9월 6일 사이에 우선 송환 희망자 9만 5천여 명이 판문점에서 송환되고, 송환 거부 포로 2만 2천여 명은 중립국 송환 위원회에 넘겨져 자유 의사에 따라 행선지를 결정하게 했다.

그런데 이승만 대통령은 "한미 방위 조약 체결 전에는 휴전할 수 없고, 반공 애국 동포를 북한으로 보낼 수 없다."라고 하면서 6월 18일 0시에 영천, 대구, 논산, 마산, 부산, 거제도 등 7개의 포로 수용소에 있던 반공 포로 3만 7천여 명을 한꺼번에 석방시켰다. 나아가 한국 측의 요구가 관철되지 않으면 휴전 교섭 파기를 위해 더욱 강력한 조치를 취하겠다는 태도를 보였다.

이 사건은 국제적으로 작지 않은 문제를 일으켰고, 북한 측에서는 포로들을 재수용하라고 요구했다. 이에 미국은 '한 · 미 상호 방위 조약'을 체결하고 경제 원조와 한국군 증강 등을 약속하는 조건으로 이승만에게 휴전에 대한 동의를 얻었다.

남한행을 선택한 반공 포로

6 · 25 전쟁의 전개

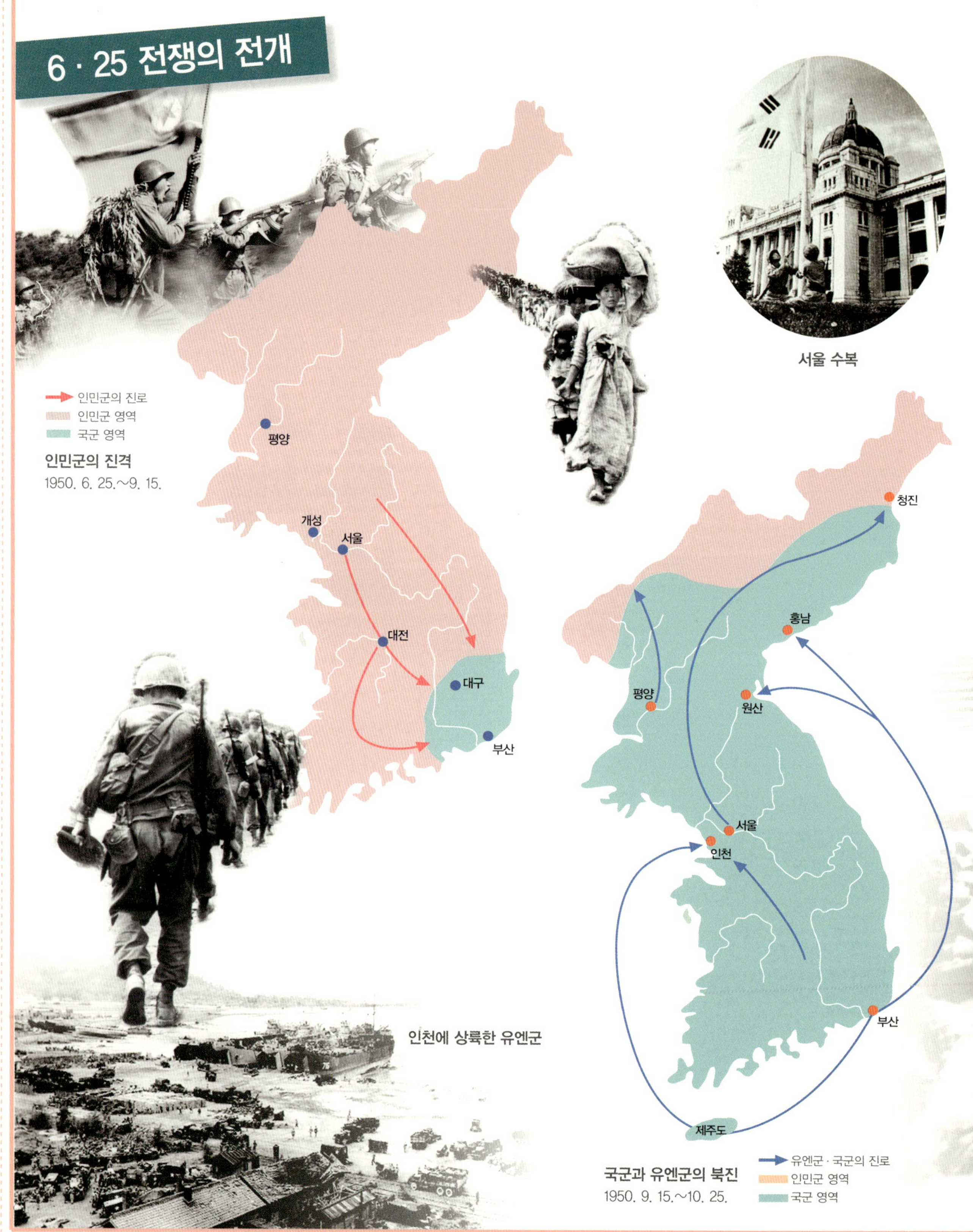

서울 수복

인천에 상륙한 유엔군

휴전 협정 조인
압록강을 넘어오는 중국 인민 지원군
중국의 개입과 1·4 후퇴
1950. 10. 25.~1953. 7. 27.
인민군·중국 인민 지원군 진로
유엔군·국군의 진로
인민군 영역
국군 영역
흥남
평양
원산
서울
부산
제주도

02

제3 세계의 등장과
4 · 19 혁명

세상에 거저 얻을 수 있는 것은 없다. 제2차 세계 대전에서 극악무도한 파시즘 세력을 물리친 연합국은 천사의 얼굴을 하고 평화로운 전후 세계에 대한 구상을 나누었다. 그러나 막상 전후 처리가 본격화되자 그들의 정신을 지배한 것은 냉정한 이해득실 계산과 철저한 편 가르기였다. 한국처럼 패전국의 식민지였던 나라들은 승전국의 전리품 취급을 받았다. 베트남과 인도네시아처럼 승전국의 식민지였던 나라들은 독립을 쟁취하기 위해 그 승전국과 피를 흘리며 싸워야 했다. 아프리카에서는 1950년대까지 새로 독립한 나라가 리비아 하나뿐이었다. 제국주의 시대에 식민지였던 나라들에게 제2차 세계 대전이 갖는 의미는 거의 없었다고 할 수 있다. 그들은 자신의 힘을 키워서 자신의 나라, 자신의 시대를 열어 가야 했다.

분단된 것도 모자라 동족상잔의 비극으로 초토화된 나라에서 한국인은 이러한 역사적 과제를 스스로 감당하기에는 너무나도 벅찬 처지였다. 휴전선의 양쪽에서 무수한 인재들이 정치적 이유로 희생당했고, 사람들을 먹여 살릴 산업 시설은 턱없이 부족했다. 그 틈에 분단된 양쪽의 지도자들은 권력 독점의 일방통행로를 달려 나갔다. 그러나 극한의 임계점에 도달하면 역사의 흐름에 부응하는 사람들은 이름 없는 민초들이기 마련이다. 그들의 장엄한 서사시를 우리는 1960년 4월에 감상할 수 있다.

아시아 · 아프리카 회의가
열렸으나 한국은 초대받지 못하다

6 · 25 전쟁의 포성이 멎은 1953년 7월 이후에도 인도차이나 반도의 열대 밀림에서는 콩 볶는 듯한 총소리가 이어지고 있었다. 이 지역을 계속해서 식민지로 지배하려는 프랑스와 독립하려는 베트남 독립군 사이에 10년 가까이 전쟁이 벌어지고 있었기 때문이다.

베트남은 조선에서 갑신정변이라는 근대화 운동이 일어나던 1884년 프랑스의 식민지가 되었다. 1920년 이후 베트남 사람들은 민족주의 세력과 사회주의 세력으로 나뉘어 독립운동을 벌였다. 그런데 제2차 세계 대전이 일어나자 일본이 침공하여 프랑스로부터 이 지역을 빼앗았다. 이때 베트남 의 사회주의 세력은 호치민의 지도 아래 베트남 독립 동맹(베트민)을 결성해 독립을 쟁취하기 위한 무장 투쟁을 벌였다.

제2차 세계 대전이 끝나고 일본이 패망하자 베트남 독립 동맹은 즉각 베트남 민주 공화국을 선포하고 전 세계에 독립을 알렸다. 그러나 약소 민 족이 자기 운명을 스스로 결정하는 것은 그리 쉬운 일이 아니었다. 일본에 게 쫓겨났던 프랑스가 옛 주인이랍시고 군대를 끌고 들어와 베트남을 다시 지배하려고 했다. 그리하여 1946년 말부터 프랑스와 베트남 민주 공화국 사이에 벌어진 전쟁을 인도차이나 전쟁이라고 한다.

베트남 사람들 사이에 '호 아저씨'라는 친근한 이름으로 불리는 호치민은 탁월한 지도자였다. 1954년 3월 13일 베트남 군은 베트남 북서부 산악 지대에 자리 잡은 프랑스 군 요새에 대해 총공세를 폈다. 디엔비엔푸라고 불리는 이 요새에 숨어 있던 1만 6천 명의 프랑스 군은 26만 명에 이르는 베트남 군의 집요한 공세로 5천 명이 죽고 나머지는 5월 7일 항복했다. 이로써 인도차이나 전쟁은 끝나고 프랑스 군은 베트남과 인도차이나 반도에서 철수했다. 1949년 인도네시아가 옛 지배권을 되찾으려는 네덜란드를 물리치고 독립을 쟁취한 데 이은 아시아 민중의 쾌거였다.

1952년 인도차이나 전쟁에서 정찰 중인 프랑스 군

호치민(1890~1969)
베트남의 독립운동가이자 베트남 민주 공화국(북베트남)의 초대 대통령. 1969년 미국과 베트남 전쟁이 진행되던 시기에 심장마비로 갑자기 사망.

그러나 베트남 민중 앞에는 산 너머 산이 기다리고 있었다. 제2차 세계 대전 이후 자본주의 세계의 맹주로 떠오른 미국이 가만있지 않았던 것이다. 문제는 프랑스를 물리친 베트남 민주 공화국이 사회주의 세력이라는 데 있었다. 네덜란드와 맞서 싸운 인도네시아의 수카르노는 사회주의자가 아니라 민족주의자였다. 그래서 미국은 네덜란드를 설득해 인도네시아에서 기득권을 양보하도록 했다. 하지만 사회주의자들에게 넘어간 베트남은 경우가 달랐다.

미국은 7월 21일 스위스 제네바에서 극동 평화 회의를 열고 북위 17도 선을 경계로 베트남을 분단시켰다. 호치민이 이끄는 베트남 민주 공화국(북베트남) 정부는 17도선 이북만 차지하도록 하고, 남부에는 미국의 지원을 받는 응오딘지엠의 베트남 공화국(남베트남) 정부가 들어섰다. 한국에 이은 아시아의 두 번째 분단 국가가 미국의 손에서 탄생한 것이다.

인도차이나 전쟁에 관한 한 제3자의 처지였던 미국이 이처럼 남의 나라 일에 간섭하고 나선 것은 동남아시아에서 사회주의 세력이 확산되는 것을 막기 위해서였다. 이미 중국이 공산화되는 것을 지켜봐야 했고, 한반도마저 완전히 적화＊되는 것을 저지하기 위해 피를 흘린 미국이었다. 미국은 즉시 행동에 나서 필리핀, 타이 등과 오스트레일리아 등을 묶는 동남아시아 조약 기구(SEATO)를 결성했다. 서유럽을 소련의 위협으로부터 지키기 위해 만든 북대서양 조약 기구(NATO)의 아시아 · 오세아니아 판 '복사품'이었다.

아시아 · 아프리카 회의

베트남을 예의 주시하고 있던 인도, 버마(지금의 미얀마), 인도네시아 등 아시아의 신흥 국가들은 미국의 행동에 분노를 느꼈다. 제2차 세계 대전 이후의 세계 정신은 제국주의 시대의 식민 질서를 청산하고 모든 민족과 나라가 서로 대등하게, 자신의 뜻에 따라 사는 것이라고 그들은 믿었다. 그 정신에 따라 인도와 버마는 영국으로부터 독립하고, 인도네시아는 네덜란드로부터 독립했다. 그리고 베트남이 프랑스 제국주의로부터 힘겹게 독립을 쟁취했다. 그런데 이러한 베트남 민중의 뜻을 존중하고 지켜 줘야 할 미국이 거꾸로 그 나라 일에 끼어들어 운명을 바꿔 놓았던 것이다.

분기탱천한 인도, 버마, 인도네시아 등의 지도자들은 스리랑카의 콜롬보에 모였다. 그리고 미국이 베트남에서 벌인 일을 '신식민주의'라고 규정하고 이를 강력히 비난했다. 그들은 제국주의 시대의 그릇된 유산을 극복하고 자신들이 주체가 되어 새로운 삶을 살아가려고 하는 아시아 · 아프리카의 신흥 국가들에게 외쳤다. 강대국의 억압과 간섭으로부터 벗어나기 위해서는 우리끼리 단결해야 한다고.

1955년 4월 18일 인도네시아의 반둥에서는 이러한 콜롬보 정신에 따라 29개의 아시아 · 아프리카 신흥국들이 모였다. 수백 년간 제국주의의 지배에 시달려온 나라들이 처음으로 한 자리에 모여 1차 아시아 · 아프리카 회의를 연 것이다. 반둥 회의라고도 불리는 이 역사적 회의의 개막 연설에서 인도네시아의 수카르노 대통령은 말했다.

"인류 역사상 최초로 유색인들이 대륙을 넘어 회합을 갖게 되었으며, 침묵하던 사람들이 목소리를 되찾았습니다."

반둥 회의에 참가한 나라들은 베트남에서 신식민주의의 정체를 드러낸 미국을 비난하는 데에서 그치지 않고, 미국과 경쟁하며 아시아 · 아프리카의 내부 문제에 개입하는 소련에 대해서도 경계의 목소리를 감추지 않았다. 그들은 미국과 소련이 주도하는 동서 냉전의 어느 진영에도 끼지 않고 중립을 지키겠다고 선언했다. 미국이 동남아시아에 냉

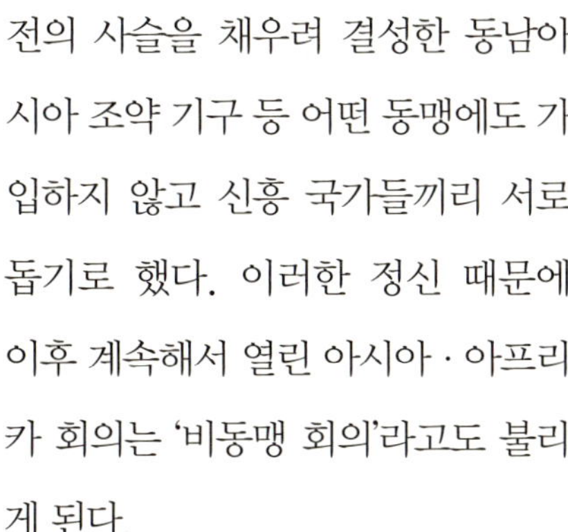

수카르노

전의 사슬을 채우려 결성한 동남아시아 조약 기구 등 어떤 동맹에도 가입하지 않고 신흥 국가들끼리 서로 돕기로 했다. 이러한 정신 때문에 이후 계속해서 열린 아시아 · 아프리카 회의는 '비동맹 회의'라고도 불리게 된다.

그러나 아시아의 신흥 독립 국가였던 남북한은 유감스럽게도 아시아 · 아프리카 회의에 똑같이 초대받지 못했다. 도리어 한반도를 식민 지배했던 일본은 신흥국의 일원으로 이 회의에 참가했다. 도대체 왜 이런 일이 일어난 것일까? 기가 찰 일이지만 6 · 25 전쟁을 치른

✝ 반둥 평화 10원칙

1954년 6월 중국의 저우언라이 총리와 인도의 네루 수상은 영토 · 주권의 상호 존중, 불침략, 내정 불간섭, 평등 · 호혜, 평화적 공존 등 평화 5원칙에 합의했다. 반둥 회의에 참가한 29개국은 이 원칙을 바탕으로 다음과 같은 평화 10원칙을 공표하여 국제 관계의 새로운 원칙으로 삼았다.

① 기본적 인권과 유엔 헌장의 목적 · 원칙을 존중한다.
② 주권과 영토 보전을 존중한다.
③ 인종 간, 큰 나라와 작은 나라 사이의 평등을 지킨다.
④ 서로 내정에 간섭하지 않는다.
⑤ 유엔 헌장에 입각하여 개별적 · 집단적 자위권을 존중한다.
⑥ 큰 나라의 이익을 위한 집단적 군사 동맹에 가담하지 않는다.
⑦ 서로 침략하지 않는다.
⑧ 국제 분쟁은 평화적 방법으로 해결한다.
⑨ 상호 협력을 촉진한다.
⑩ 정의와 국제 의무를 존중한다.

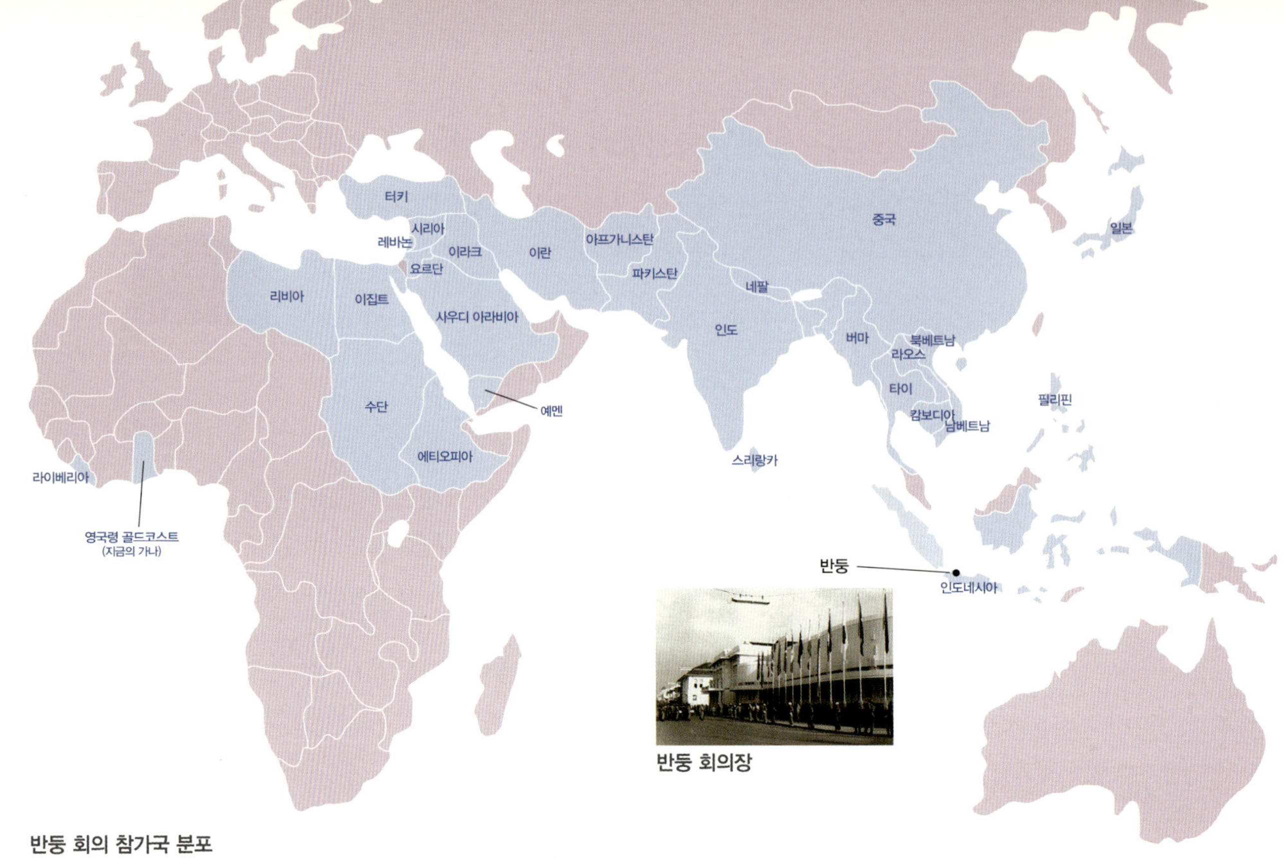

반둥 회의장

반둥 회의 참가국 분포

남북한은 미국과 소련이 주도하는 냉전의 양쪽 진영에 긴밀하게 엮여 있었기 때문에 주최 측이 '비동맹'의 정신에 따라 초청하지 않았던 것이다. 영국을 비롯한 서방 국가들의 강력한 지원을 받아 팔레스타인을 파고들었던 이스라엘과 미국의 강력한 지지를 받고 있던 중화민국(타이완)도 역시 초대받지 못했다.

독재의 나락으로 굴러떨어지는 한국

29개 신흥국을 반둥에 모이게 한 것은 베트남 사태만이 아니었다. 그들은 한반도가 미국과 소련에 의해 분할되었다가 겪은 6·25 전쟁의 참화를 똑똑히 지켜보았다. 남북한처럼 냉전에 끼어들었다가는 뼈도 추리지 못하겠다는 두려움이 그들을 엄습했다. 이것은 1950년대 한국인이 얼마나 끔찍하고 외로운 처지에 몰려 있었는지를 잘 보여 주는 사례가 아닐 수 없다.

전쟁의 폐허 더미 위에 선 한국은 세계에서 가장 가난한 나라, 세계에서 가장 후진적인 독재 국가로 굴러떨어졌다. 안 그래도 분단으로 인해 북쪽에 지어진 중요한 산업 시설을 사용할 수 없었던 데다가 전쟁 중의 폭격으로 공장들이 파괴되어 경제 전망은 암담하기 짝이 없었다. 살아남기 위해 미국의 원조 물자만 목이 빠져라 기다리는 나날이 계속되었다.

가난한 것은 참기 어려운 일이었다. 그러나 더욱 참기 어려운 것은 거의 모든 사람이 가난에 허덕이는 데에도 누군가는 호의호식하며 떵떵거리고 심지어 다른 사람들을 모욕하고 함부로 다루는 일이었다. 이 같은 현실을 초래하고 부추긴 것은 6·25 전쟁 덕분에 독재 권력을 다져 나간 이승만 정권이었다.

대한민국의 초대 대통령 이승만은 전쟁 이전부터 친일파의 도움을 받아 권력을 쥔 인물이었다. 친일파를 청산하기 위한 반민 특위를 그토록 못마땅해했고 결국 해체에 이르는 것을 방조했던 인물이기도 했다. 비록 나라가 분단되어 좌익 인사들은 북쪽으로 올라갔다고 해도 대한민국에는 이승만에 반대하는 진보적 인사, 민족주의적 인사가 많았다. 그러나 이념과 체

일제 강점기에 반민족 행위를 저지른 친일파를 처벌하기 위해 제헌 의회에 설치한 특별 기구였다. 1949년 1월 본격적인 활동에 들어가자, 이승만은 안보 상황이 위급한 시기에 경찰을 동요시켜서는 안 된다는 담화를 발표해 이들을 견제했다. 당시 경찰에는 친일파 출신이 많았다. 반민 특위는 이승만의 방해와 친일 세력의 공격을 받고

반민 특위로 끌려가는 친일파(1949년 2월)
경성 방직 사장을 지낸 김연수(앞)와 3·1 운동 당시 민족 대표 33인의 한 사람인 최린이 포승에 묶여 끌려가고 있다.

1949년 6월 와해되고 말았다. 특위는 총 682건의 친일 행위를 다뤄 221건을 기소했으나, 재판부의 판결에 이른 것은 40건이고 체형은 14명에 그쳤다. 사형 집행은 한 명도 없었다.

제를 달리하는 남과 북이 전쟁까지 벌이는 마당에 그들이 설 자리는 없었다. 그들 중 상당수는 전쟁 중에 자진 월북하거나 납북되었다.

6·25 전쟁이 한창이던 1950년대 영국 언론에는 다음과 같은 말이 나돌았다. "한국에서 민주주의를 기대하는 것은 쓰레기통에서 장미가 피기를 기다리는 것과 같다."

이 말은 1952년에 벌어진 부산 정치 파동을 겨냥한 것으로, 그 후로도 오랫동안 한국 민주주의에 대한 비관적인 견해의 상징으로 인구에 회자되었다. 도대체 그 해에 부산에서 무슨 일이 있었던 것일까?

당시 부산으로 피난 가 있던 국회는 2대 대통령을 선출하도록 되어 있었다. 이승만은 국회에서 신임을 잃고 있었기 때문에 당선되기 어려웠다. 그러자 이승만은 헌법을 바꿔 국민이 대통령을 직접 뽑는 직선제를 도입하려 했다. 전쟁에 시달리는 국민들에게 대통령을 뽑으라고 한다면 모두들 혼란과 변화가 두려워 이승만을 그대로 뽑을 거라고 생각한 것이다. 그리하여 국회에 직선제 개헌안을 제출했지만 야당 의원들의 반대로 부결되었다. 그러자 정부는 공비를 소탕한다며 부산에 계엄령을 선포하고 국회에 출근하던 야당 의원들을 체포했다. 그리고 정부 개헌안에 반대하던 의원 11명을 국제 공산당에 관련된 자들이라며 구속했다. 이처럼 공포 분위기를 만들어 놓고 개헌안을 다시 제출해 통과시켰다. 구속된 의원들은 그런 다음에야 슬그머니 풀려났다.

전쟁 통에 벌어진 이 어이없는 사태를 보고 우방인 미국조차 '자유 민주주의를 유린하는 사태'라면서 유감을 표했다. 여기서 더 나아가 서방 언론에 저 유명한 '쓰레기통의 장미'라는 말이 돌아다니기 시작한 것이다.

버스째 연행되는 국회 의원들 1952년, 이승만 대통령은 개헌에 반대하는 야당 의원 50여 명을 헌병대로 강제 연행했다.

전쟁이 끝나자 남과 북에서는 이승만과 김일성의 권력을 위협하는 세력이 대거 퇴출되었다. 사상과 이념이 다른 사람들이야 이미 전쟁을 전후해 모두 휴전선을 넘었지만, 그렇지 않은 사람들조차도 권력 장악에 장애가 되면 수단과 방법을 가리지 않고 제거해 나갔다. 이승만의 욕심은 여기서 끝나지 않았다. 부산 정치 파동을 통해 대통령 직선제로 헌법을 바꿔 한 번 더 대통령을 할 수 있었지만, 한 사람이 세 번 대통령을 할 수 없다는 헌법 규정은 살아 있었다. 그러나 이승만은 한 번 더 대통령을 하고 싶었다. 아니, 죽을 때까지 대통령으로 남고 싶었다.

사사오입 개헌
1954년 제1 공화국의 3대 국회에서 대통령 이승만에 대한 3선 제한 철폐를 핵심으로 해서 이루어진 제2차 헌법 개정.

1954년 11월 27일, '초대 대통령에 한해 3선 제한을 철폐한다.'라는 개헌안이 국회에 제출되었다. 이승만과 여당인 자유당은 무소속 의원들을 자기편으로 끌어들이는 등 만반의 준비를 하고 표결에 임했다. 그러나 표결 결과는 뜻밖이었다. 국회 의원 203명 중 135명이 찬성해서 개헌안이 부결된 것이다. 재적 의원의 3분의 2가 찬성해야 가결되는데 이를 위해 필요한 136명에서 한 명이 모자라는 결과였다. 야당 의원들이 "민주주의는 살아 있다."라며 축배를 들던 바로 다음 날, 정부는 상상을 뛰어넘는 발표를 했다. '사사오입四捨五入, 반올림'의 논리에 따라 개헌안이 통과되었다고 주장한 것이다.

국회 의원 203명의 3분의 2는 135.33……인데 사람 수에서 소수점 이하는 의미가 없으니 개헌에 필요한 최소 인원은 136명이 아니라 135명이라는 억지 주장이었다. 이 주장에 따라 자유당은 이미 부결된 개헌안을 다시 국회에 상정해 통과시켰다. 그래서 사람들은 이 웃지 못할 사태를 '사사오입 개헌'이라고 불렀다.

아시아와 아프리카의 신흥 국가들이 예속과 빈곤, 정치적 혼란이라는 제국주의 시대의 유산을 씻어 버리기 위해 애쓰고 있던 1950년대에 한국은 점점 더 이 역사의 흐름에서 벗어난 코미디 왕국이 되어 가고 있었다.

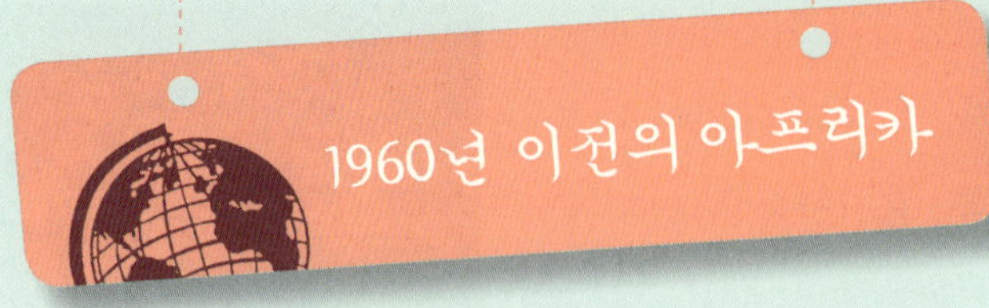

1차 아시아·아프리카 회의에는 모두 29개국이 참석했지만, 그 가운데 아프리카의 독립 국가는 리비아와 이집트 등 5개국이었다. 제2차 세계 대전 직후 반제국주의 여론이 높아지고 아시아에서 민족 해방 운동이 잇따라 성공했지만 아프리카의 민족 해방은 이제 시작일 뿐이었다.

아프리카의 독립운동은 1945년 영국 맨체스터에서 열린 범아프리카 회의의 영향을 받았다. 아프리카 전체 인민이 하나의 민족이라는 범아프리카주의의 기치 아래 독립운동이 벌어졌고, 그 중심에는 가나 출신 독립운동가 은크루마가 있었다.

1951년 유엔의 노력으로 리비아가 독립하고, 1952년에는 이집트의 청년 장교 나세르가 혁명을 일으켜 외세에 종속돼 있던 조국을 아시아·아프리카 회의의 일원으로 이끌었다. 제1회 아시아·아프리카 회의는 아프리카 여러 지역에 강렬한 독립의 기운을 불어넣어 1956년 모로코와 수단이 프랑스의 지배를 벗어나는 데 큰 영향을 미쳤다.

1957년 은크루마의 힘으로 가나가 독립하면서 서부 아프리카도 꿈틀거리기 시작했다. 1958년에는 기니가 프랑스의 지배를 벗어났다. 그해 말에는 가나의 수도 아크라에서 범아프리카 회의의 맥을 잇는 전 아프리카 민족 회의가 열렸다.

한국에서 4·19 혁명이 일어난 1960년은 '아프리카의 해'이기도 했다. 아프리카 대륙에서 무려 17개의 신생 독립국이 출현했기 때문이다. 그러나 1960년에 독립한 나라들은 대부분 민족 해방 운동의 힘보다는 옛 식민지 종주국의 양보로 정치적 독립을 인정받았다. 친서방적인 성향의 이들 신생국은 범아프리카 회의에 속한 나라들과 대립하게 된다. 두 세력의 대립은 1963년 에티오피아의 아디스아바바에서 아프리카의 모든 독립 국가들이 모여 '아프리카 통일 기구 헌장'에 조인하면서 일단락된다.

나세르
가난한 이집트 인들에게 일자리를 주기 위해 이야기를 나누고 있는 나세르.

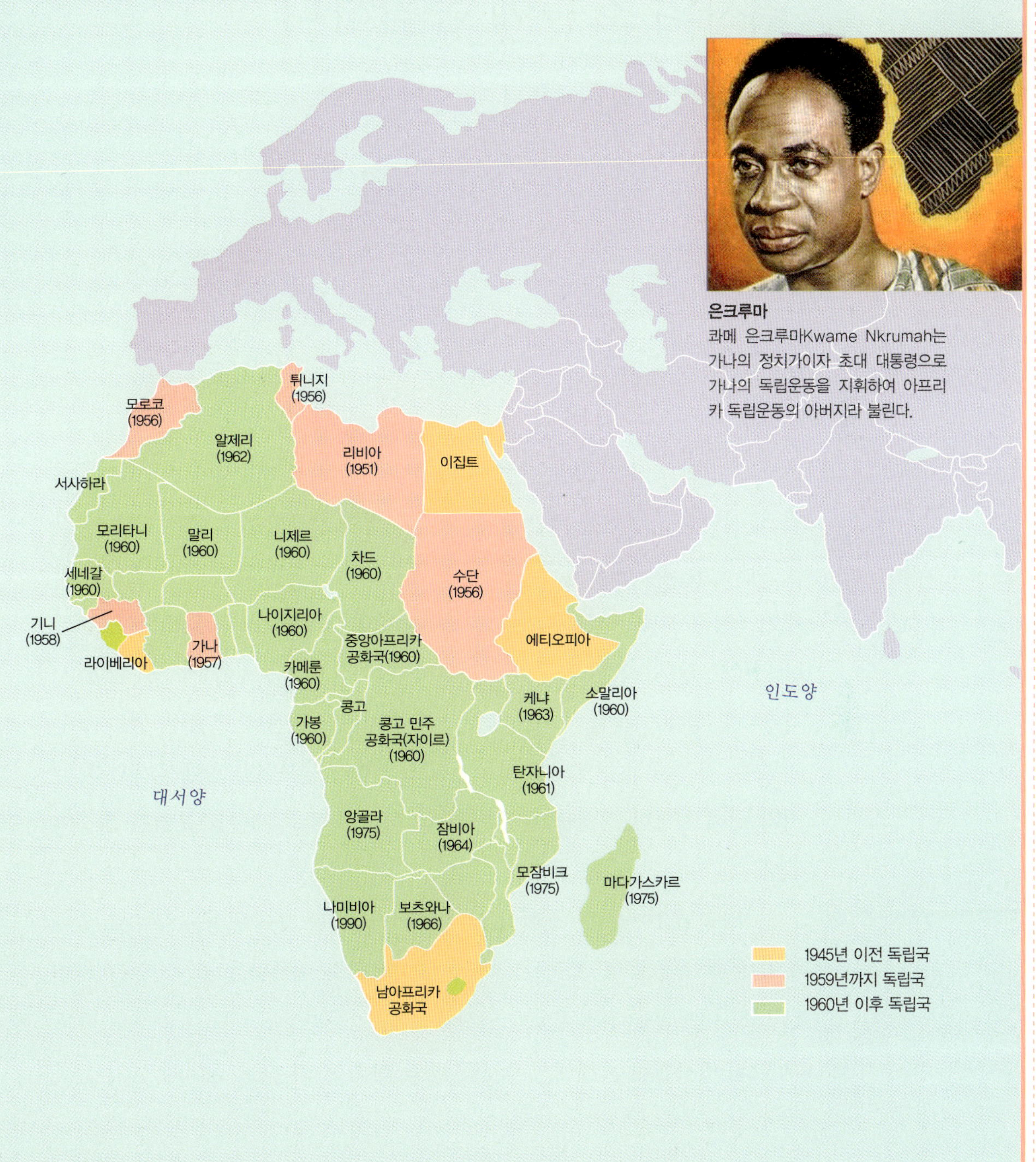

은크루마

콰메 은크루마Kwame Nkrumah는 가나의 정치가이자 초대 대통령으로 가나의 독립운동을 지휘하여 아프리카 독립운동의 아버지라 불린다.

4 · 19 혁명으로 한국이 역사의 흐름에 동참하다

1956년 소련 공산당 20차 당 대회가 열렸다. 여기서 제1 서기 흐루쇼프는 3년 전 사망한 스탈린을 비판*하고 미국과 평화 공존할 것을 주장했다. 평화 공존은 반둥 회의에서도 국제 관계의 원칙으로 제시된 것이지만, 냉전의 한 축인 소련이 이를 주장하고 나왔기 때문에 큰 반향을 불러 일으켰다. 그러나 미국은 흐루쇼프의 속뜻이 무엇인지 몰라 경계의 눈길을 거두지 않았다. 그렇다고 상대가 손을 내미는데 무조건 뿌리치고 싸움을 걸 수는 없는 노릇이었다. 두 강대국은 대화를 나누면서도 경제와 군사적인 면에서 상대를 앞서기 위해 치열한 경쟁을 펼쳤다. 그중 하나가 우주 개발을 둘러싼 경쟁이었다.

1957년 10월 4일 소련이 세계에서 처음으로 인공위성을 우주로 쏘아 올리는 데 성공했다. 소련은 그해 8월 미국으로 핵폭탄을 쏠 수 있는 대륙 간 탄도 미사일을 성공적으로 발사했는데, 인공위성 스푸트니크 호는 바로 그 탄도 미사일의 로켓에 실려 대기권을 탈출한 뒤 지구 궤도에 들어선 것이다.

러시아 어로 '동반자'라는 뜻을 가진 스푸
트니크 호는 채 100킬로그램도 안 되는 둥근 공
모양의 우주선이었다. 이 작은 공의 성공은 세계
를 떠들썩하게 했다. 전 세계 언론이 이 소식을 긴
급 타전하는 가운데 한국의 한 통신사에서는 재미있
는 사건이 있었다. 인공위성 발사에 성공하자 소련 서기장 흐루쇼프는 잔뜩
들뜬 얼굴로 이렇게 말했다.

"이제 지구는 좀 더 가벼워졌습니다."

스푸트니크 호 모형

100킬로그램짜리 우주선이 지구를 빠져나갔으니 그만큼 지구가 가벼
워졌다는 농담이었다. 이 말이 영어로 번역되어 세계로 퍼졌다. 이를 받은
국내 통신사 기자는 다음과 같이 번역해서 국내 언론에 뿌렸다.

"이제 지구는 좀 더 밝아졌습니다."

'가볍다'라는 뜻의 영어 'light'를 '밝다'로 잘못 해석한 것이다. 지구의
위성은 달뿐인데 인공위성 하나가 더 떴으니 그만큼 밝아졌다는 의미로 오
해한 것인지도 모른다.

사실을 말하자면 스푸트니크의 발사로 지구는 더 가벼워지지도 밝아
지지도 않았다. 소련과 치열한 우주 개발 경쟁을 벌이던 미국은 스푸트니크
의 성공에 충격을 받아 과학 교육을 강화하고 이듬해인 1958년 미 항공 우
주국(NASA)을 설립해 우주 개발에 박차를 가했다. 여기에는 천문학적 비용
이 들어갈 수밖에 없었다. 미국과 소련이 그런 비용을 감수하면서 우주 개
발 경쟁에 우선 순위를 둔 것은 이 경쟁이 바로 대륙간 탄도 미사일 같은 핵
무기 개발 경쟁과 직결되어 있었기 때문이다.

우주선이 대기권을 탈출하려면 초속 7.9킬로미터의 속도가 필요하다.
그런 속도로 날아가는 우주선에서 인공위성을 제거하고 핵탄두를 끼우면 그
것이 바로 대륙과 대륙을 자유롭게 오가는 대륙간 탄도 미사일이다. 인류의

영역을 확장하고 미래의 삶을 풍요롭게 해 줄 것 같은 우주 개발이 인류를 전멸시킬 수도 있는 핵무기 개발의 다른 이름이었던 것이다.

쿠바에서 일어난 반미 혁명

냉전에 의해 가속화된 우주 개발 경쟁은 전 세계를 무겁게, 그리고 어둡게 짓눌렀다. 특히 반둥 회의에서 모습을 드러낸 제3 세계 국가들에게 냉전은 공포와 혐오의 대상이었다. 핵무기와 인공위성을 개발하는 데 들어가는 천문학적 비용은 제국주의의 지배를 갓 벗어나 가난과 싸우고 있는 신생국들을 절망에 빠뜨릴 뿐이었다.

반둥 회의의 결의처럼 모든 민족과 나라의 평등한 관계를 위해서는 제아무리 강대국이라 해도 자기 뜻에 따라 약소민족을 움직이려 해서는 안 된다. 그런 점에서 강대국 중심의 줄 세우기를 거부한 반둥 회의의 정신은 매우 정당한 것이었다.

그러나 냉전은 인류 앞에 놓인 두 갈래 길이 빚어낸 현실이었다. 현대 세계의 일원으로 참여하는 나라들이 자본주의도 아니고 사회주의도 아닌 제3의 길을 선택한다는 것은 사실상 불가능했다. 두 가지 길 아니면 갈 수 있는 길은 없었다. 예컨대 인도는 정치적으로 서구식 의회 민주주의를 택하고 경제적으로는 사회주의적 통제 경제를 실시하는 '비자본주의 발전의 길'을 추구했다. 그러나 이 길은 사회주의도 자본주의도 아닌 제3의 길이 아니라 결국은 어느 한쪽으로 갈 수밖에 없는 과도기의 길이었다. 그 이후의 역사를 보고 인도가 자본주의 국가라는 것을 의심하는 사람은 거의 없을 것이다.

문제는 신생국 앞에 놓여 있는 두 가지 길 가운데 어느 한쪽을 선택하는 주체가 누구냐 하는 것이었다. 그 나라 국민의 자유의사가 아니라 미국이나 소련에 의해 강압적으로 냉전의 어느 한 축에 가담하게 된다면, 그것이야말로 반둥 회의가 경계해 마지않은 비극의 길이었다. 미국과 소련에 의해 각각의 진영으로 나뉘었다가 끔찍한 전쟁을 겪은 남북한이야말로 그러한 비극의 살아 있는 모델이었다.

6 · 25 전쟁 이후 한국이 얼마나 지독한 가난에 시달리고 얼마나 가혹한 독재에 고통 받았는지 앞에서 살펴보았다. 미국의 세력권 안에 있는 나라가 이처럼 독재와 가난에 찌들어 가는 또 하나의 사례가 지구 반대편 라틴 아메리카에 있었다. 카리브 해에 길게 누워 미국의 플로리다를 바라보고 있는 나라 쿠바였다. 1950년대의 쿠바는 민중의 고통 따윈 아랑곳하지 않고 미국의 종노릇을 하며 이권을 챙기는 독재 정권이 지배하고 있었다. 쿠바의 수도 아바나는 미국 부호들의 별장과 카지노로 가득 차 있었고, 드넓은 사탕수수 농장의 이윤은 고스란히 미국으로 새어 나갔다.

1959년 1월 1일, 이 같은 쿠바의 운명을 완전히 바꿔 놓은 사건이 일어났다. 바티스타 친미 독재 정권을 몰아내고 피델 카스트로를 지도자로 하는 반미 정권을 세운 것이다. 카스트로는 1953년 반군을 조직하여 쿠바 산티아고의 몬카다 병영을 습격하면서 혁명에 시동을 걸었다. 그는 이 사건으로 구속되었다가 풀려난 뒤 1956년 멕시코로 건너갔다. 그리고 그곳에서 체 게바라와 함께 유격대를 조직해 쿠바 동부의 시에라마에스트라 산맥을 타고 수도 아바나로 진격했다. 그들이 정부군과 유격전을 벌이는 동안 쿠바 곳곳에서 반정부 시위와 폭동이 거세게 일어나자 바티스타 정부는 더 이상 버티지 못하고 무너졌다.

카스트로는 처음부터 사회주의자가 아니었다. 그러나 미국의 뒷마당에서 미국에 등을 돌린 그가 미국이 원하는 자본주의 방식으로 쿠바를 운영해 나가기란 처음부터 불가능했

피델 카스트로(왼쪽).
체 게바라(오른쪽).

다. 카스트로는 혁명을 시작한 뒤 지속적으로 소련의 지원을 받았고 사회주의 사상을 바탕으로 새로운 정부를 구성했다. 미국은 쿠바를 잃지 않기 위해 반혁명을 꾀했으나 쿠바 국민의 전폭적인 지지를 받는 카스트로 정권을 뒤집을 방도는 없었다.

4·19 혁명

쿠바를 잃어버린 충격이 가시기도 전에 아시아의 반공 기지였던 한국에서 급박한 소식이 워싱턴으로 날아들었다. 미국이 피를 흘리며 도와준 이승만 정권이 미국의 우려를 살 정도로 반민주적 행패를 부리더니 국민의 광범위한 저항에 맞닥뜨리고 있었던 것이다. 1960년 4월이었다.

물론 한국에서 일어난 반정부 시위는 쿠바와는 달리 반미를 외치지는 않았다. 카스트로처럼 강력한 반미 혁명가도 없었다. 그럴 소지가 있는 사람은 이미 죽었거나 휴전선 이북으로 넘어갔기 때문이다. 그러나 같은 민족의 국가인 북한이 서울로부터 두 시간 거리에 버티고 있고, 한국 국민이 궁극적으로 통일을 원하는 한, 반독재 민주주의의 함성이 쿠바처럼 반미로 이어질 가능성은 언제나 있었다. 미국은 외교와 군사, 정보기관을 총동원하여 한국의 일거수일투족을 감시했다.

1960년은 한국에서 4대 대통령 선거가 있는 해였다. '사사오입' 개헌을 통해 1956년 세 번째로 대통령에 당선되었던 이승만이 또 한 번 출마했다. 이미 80세가 넘은 노정객은 아예 종신 대통령을 할 태세였다. 그에게는 운도 따르는 것 같았다. 야당인 민주당의 강력한 도전자 조병옥 후보가 선거를 불과 1개월 앞두고 미국에서 병으로 사망한 것이다. 3대 대통령 선거 때 민주당의 신익희 후보가 선거 직전 뇌일혈로 별세한 데 이은 비극이었다.

새로운 후보가 나설 시간이 없었기 때문에 이승만은 선거도 해 보기 전에 당선이 확정되었다. 그렇다고 승부가 끝난 것은 아니었다. 당시에는 부통령 제도가 있어서 대통령과 함께 부통령도 선거로 뽑았다. 여당인 자유당의 부통령 후보는 이승만의 오른팔로 자유당의 독재 정치를 앞장서서 이끌던 이기붕이었다. 그러나 이기붕은 민주당의 부통령 후보인 장면에게 밀리고 있었다. 이기붕이 당선되어야만 민주당의 간섭 없이 순조롭게 정권을 유지할 수 있었던 자유당에는 비상이 걸렸다.

그해 2월 28일은 일요일이었다. 그런데도 대구시는 제일 모직, 대한 방직 등에 근무하는 노동자들에게 출근할 것을 지시하고 각급 학교의 학생들도 등교하도록 했다. 그날 장면 민주당 부통령 후보가 대구에서 유세를 할 예정이었기 때문에 학생과 노동자들이 유세장에 모이는 것을 방해하기 위해 꾸민 짓이었다. 대구 시민과 학생들은 분노했고 정부와 여당에 반대하는 시위를 벌였다. 이승만 정권에 대한 국민들의 분노는 한계점에 이르고 있었던 것이다.

대통령과 부통령을 뽑는 선거는 3월 15일에 치러졌다. 그런데 부통령 선거에서도 이기붕 후보가 압도적인 표차로 당선되었다. 이 선거 결과를 믿는 국민은 아무도 없었다. 이미 선거 운동 과정에서 광범위한 부정 선거가 진행되어 이를 모르는 사람이 없었기 때문이다. 최인규 내무부 장관을 총사령관으로 하는 자유당 정권의 부정 선거 부대는 이기붕을 당선시키기 위해 선거인 명부를 조작해 없는 사람을 유권자로 등록하는가 하면, 40퍼센트에 이르는 투표용지에 여당 후보를 찍어 미리 투표함에 넣어 두기도 했다. 그러고도 안심할 수 없었는지 공무원을 총동원해 유권자를 협박하고 3~5인씩 조를 짜 서로 감시하며 투표를 하게 하는 사실상의 공개 투표를 자행했다. 투표장에서는 야당 참관인을 강제로 추방하는가 하면 개표장에서도 투표함을 바꿔치기하는 식으로 부정을 저질렀다.

국민의 분노는 투표 당일 마산에서 가장 먼저 폭발했다. 부정 선거에 항의하는 시민들의 시위가 걷잡을 수 없이 커져 가자 경찰은 실탄을 발사하여 8명이 사망했다. 온 국민이 부글부글 끓고 있던 4월 11일에는 다시 한 번 마산에서 끔찍한 소식이 들려왔다. 3월 15일 시위 당시 실종자로 발표되 었던 고등학생 김주열이 마산 앞바다에서 눈에 최루탄이 박힌 채 시체로 떠 오른 것이다.

6·25 전쟁이 끝난 지 7년밖에 되지 않아 가난과 독재가 운명처럼 온 나 라를 뒤덮고 있었지만, 김주열의 처참한 시신을 보고 가만있을 한국인은 아니 었다. 전국에서 김주열을 애도하고 부정 선거와 독재 정권을 규탄하는 시위의 물결이 거세게 일렁거렸다. 그런데도 이승만은 특별 성명을 발표하면서 마산 의 시위 사태는 공산주의자들이 고무하고 조종한 것이라고 주장했다.

4월 19일 대통령 집무실이 있는 경무대를 향해 나아가던 시위대는 경 찰이 쏜 총탄에 피를 흘리며 쓰러졌다. 사망자가 자그마치 104명에 이르렀 다. 서울 한복판에서 백주 대낮에 일어난 학살극이었다. 그날이 화요일이었 기 때문에 '피의 화요일'로 불렸다. 미국은 더 이상 가만히 앉아 있을 수 없 었다. 독재에 항거하는 시민을 공산주의자로 몰아붙이면 진짜 공산주의자 가 그들을 장악할 수도 있다는 것을 미국은 잘 알고 있었다. 아이젠하워 미 국 대통령은 이승만에게 보내는 강력한 항의 각서를 써서 주한 미국 대사 매카나기를 통해 경무대에 전달했다. 미국은 야당 지도자, 군부, 고위 관리 와 잇달아 접촉을 가졌다.

4월 25일 서울 시내 대학의 교수들까지도 거리로 나서 독재 타도를 외쳤고, 4월 26일에는 부통령 이기붕, 내무부 장관 최인규 등 부정 선거에 관련된 사람들의 집이 불탔다. 산전수전을 다 겪은 이승만도 더 이상 버틸 수 없었다. 4월 27일 이승만은 국회에 사직서를 제출하고 경무대를 나와 자 신의 집인 이화장으로 이사했다.

4·19 혁명은 기적이었다. 아무런 조직도 힘도 없는 일반 국민이 나는 새도 떨어뜨릴 것 같던 권력을 무너뜨렸기 때문이다. 그것도 반둥 회의에조차

초대받지 못하던 반공 독재 국가 한국의 국민들이 해낸 것이다. 이제 한국은 국민의 힘에 기대어 민주 정부를 구성하고 분단과 가난의 극복을 위해 진군할 태세를 갖추어 나갔다. 아시아·아프리카의 신생국들로 구성된 제3 세계의 과제가 구시대로부터 물려받은 가난과 후진 정치를 극복하는 것이라면, 한국은 제3 세계의 천덕꾸러기에서 일약 제3 세계의 기대주로 떠오른 것이다.

세계사에서 1960년은 '아프리카의 해'로 기억된다. 이 한해 동안 아프리카에서 17개국이 한꺼번에 독립했다. 아프리카 대륙은 대항해 시대가 시작된 15세기 이래 유럽 각국의 식민지가 되어 가혹한 수탈을 당해 왔다. 제2차 세계 대전이 일어나기 전까지 아프리카의 독립국은 고작 네 나라였다. 그러다가 1951년 리비아가 독립하고 1957년 가나가 범아프리카주의자 은크루마의 영도 아래 독립하더니 1960년 들어 폭포수처럼 독립의 열기가 분출한 것이다. 아프리카는 이제 아시아와 더불어 세계사의 거대한 흐름을 형성하게 되었다. 그해에 한국이 이 거대한 흐름의 한복판에서 또 하나의 주역으로 들어섰다는 것은 참으로 자랑스럽고 뿌듯한 일이 아닐 수 없었다.

4·19 학생 시위(위)
1960년 4월 18일 국회 앞 시위 장면.
1960년 4월 28일 경무대를 떠나고 있는 이승만(가운데).
4·19 혁명 후 질서 회복을 주장하는 시위대(아래)

03
1961년~1972년

자본주의 황금시대와 한국의 경제 성장

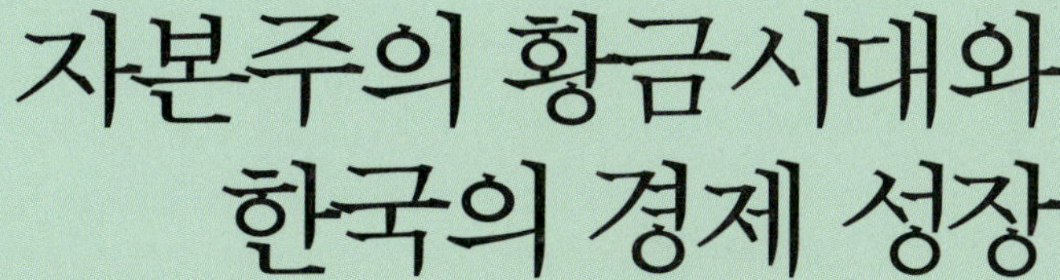

제2차 세계 대전 이후 사회주의 세력은 동유럽과 중국, 북한, 인도차이나, 쿠바 등으로 확산되었다. 스탈린 시대에 급격한 공업화를 이룩한 소련은 영국을 제치고 세계 2위의 경제 대국으로 떠올랐다. 다른 사회주의 국가들도 혁명 과정에서 얻은 자신감으로 겁 없는 질주를 계속했다.

이에 맞서 자본주의 세계 체제의 수호신으로 떠오른 미국은 자본주의적이지 않은 방식으로 자본주의를 지켜 냈다. 시장에 모든 것을 맡겨 두는 고전적 자본주의 이론을 버리고 국가가 시장에 개입하고 대자본을 억제하는 수정 자본주의 노선이 미국에 그리고 미국의 그늘 아래 있는 자본주의 국가들에 도입되었다. 그것은 효율적인 처방이었다. 세계 자본주의 또한 역사상 유례없는 호황을 누렸다. 전쟁이 끝난 이래 30년 가까이 제대로 된 불황 하나 없는 장기 호황이 이어졌다.

남북한은 이처럼 사회주의와 자본주의가 서로 경쟁하면서 성장하던 시기의 초반을 분단과 전쟁으로 허비했다. 1960년대 들어 가까스로 폐허에서 일어난 남북한은 서서히 각각의 방식대로 재기에 시동을 걸었다. 북한이 조금 빨랐고 남한이 맹렬하게 뒤를 쫓았다. 이 경쟁 또한 당연하게도 많은 부분의 희생을 필요로 하는 '압축 성장'의 질주일 수밖에 없었다. 그리고 그런 만큼 이 중단 없는 질주의 한복판에는 남북한 모두 독재의 어두운 그림자가 드리우고 있었다.

'프라하의 봄' 사건 당시 점령군과 시위대의 격돌로 100여 명이 희생당한 바츨라프 광장

체제 대결이 고조되는 가운데
5·16 반공 군사 정권이 등장하다

쿠바 미사일 위기

'뒷마당' 쿠바에 카스트로가 이끄는 반미 정권이 들어서자 미국의 신경은 극도로 날카로워졌다. 쿠바의 사탕수수 농장과 카지노가 미국의 부호들에게 안겨 주던 경제적 이익뿐 아니라 미국의 안보 자체가 위협받을 수 있다는 생각이 미국 정부를 괴롭혔다. 쿠바 혁명 직후 미국 대통령에 당선된 케네디는 취임하자마자 쿠바를 되찾기 위해 과감한 군사 작전을 벌였다. 1961년 4월 17일, B26 폭격기를 동원해 쿠바의 피그 만을 기습 공격한 것이다. 그러나 이 작전은 탱크로 방공망을 구축하고 있던 쿠바 군의 반격에 막혀 실패로 돌아가고 말았다.

미국에 평화 공존을 제안해 놓고 치열한 체제 경쟁을 펼치던 흐루쇼프에게 이 사건은 좋은 기회로 다가왔다. 흐루쇼프는 제2차 세계 대전 당시 스탈린그라드에서 독일군을 격퇴하는 데 공을 세운 전쟁 영웅 출신이었다. 그런 흐루쇼프에게 갓 대통령에 취임한 40대 초반의 케네디는 애송이에 불과했다. 흐루쇼프는 이미 피그 만 기습 실패로 타격을 입은 케네디의 의지를 실험해 보기로 했다. 그는 카스트로에게 경제적 지원을 아끼지 않으면서 쿠바를 소련 편으로 끌어들였다. 그리고 쿠바에 소련의 미사일 기지를 설치하는 데 합의했다. 미국의

호루쇼프와 케네디

코앞에 미국을 향한 핵미사일이 놓이게 된 것이다. 이 사실은 즉각 인공위성에 포착되어 워싱턴에 전해졌다.

케네디는 더 이상 물러날 데가 없다는 것을 직감했다. 그해 10월 22일 케네디는 전국에 생중계되는 텔레비전 방송을* 통해 다급한 소식을 전했다.

"소련은 서반구에 핵 공격을 가할 수 있는 미사일 기지를 쿠바에 건설하고 있습니다."

소스라치게 놀란 미국 국민을 향해 그는 결연한 목소리로 자신의 결심을 밝혔다.

*미남에다 달변인 케네디는 미국의 대통령 선거사상 처음으로 실시된 텔레비전 토론 덕분에 닉슨을 꺾고 당선되었다. 텔레비전은 케네디에게 약속의 마법 상자였다.

"미국은 쿠바의 해상을 봉쇄할 것입니다. 흐루쇼프 서기장에게 유엔의 감시 아래 공격용 무기를 철거할 것을 요청합니다."

쿠바 섬을 둘러싼 카리브 해에는 일촉즉발의 긴장감이 감돌았다. 핵무기를 싣고 쿠바로 향하는 16척의 소련 선단과 쿠바의 바다를 봉쇄하는 미국의 전함은 극적인 합의가 없는 한 충돌할 수밖에 없었다. 그것은 곧 핵무기를 동원한 제3차 세계 대전을 의미했다. 전 세계가 가슴을 졸이며 지켜보고 있는 가운데 10월 26일 흐루쇼프는 미국이 쿠바를 침공하지 않겠다고 약속하면 미사일을 철거하겠다고 제안했다. 27일에는 미국이 터키에 설치한 미사일 기지와 쿠바의 미사일 기지를 동시에 철거하자고 덧붙였다. 케네디는 쿠바를 침공하지 않겠다는 약속만 하고 터키의 미사일 기지에 대해서

쿠바 위기에서 드러나듯이 동서 냉전은 세계 곳곳에서 긴장 상태를 조성하고 있었다. 그중의 하나가 베를린 장벽이었다. 1961년 8월 동독 정부는 인민군을 동원하여 동베를린과 서베를린 사이에 콘크리트 담장을 쌓기 시작했다. 베를린은 동독 영토 안에 있었지만, 제2차 세계 대전 직후 미국·영국·프랑스가 관리하던 이 도시의 서쪽은 분단 뒤에도 서독 관할로 들어갔다. 그런데 동독 주민들이 자꾸만 서베를린 쪽으로 넘어가자 동독 정부가 이를 막기 위해 40여 킬로미터에 이르는 거대한 장벽을 쌓은 것이다. 그 후로는 브란덴부르크 문을 통해서만 허가를 받고 왕래할 수 있었다. 동서 냉전의 상징이 된 베를린 장벽은 28년 만인 1989년 11월 9일 헐리면서 냉전 종식의 상징으로 바뀌었다.

1961년 11월 20일, 동독 노동자들이 장벽을 건설하고 있는 모습.

동독에서 탈출하려는 수백 명에게 국경 경비대가 조준 사격을 가한 울타리에 새겨진 '죽음의 띠(death strip)'

는 침묵했다. 28일 흐루쇼프는 미사일 철거를 명령하고 소련 선단은 방향을 돌렸다. 이 쿠바 미사일 위기는 냉전 발생 이래 미국과 소련이 직접적인 핵 충돌에 가장 가까이 간 사건으로 기록되어 있다.

5 · 16 군사 쿠데타

미국의 체면이 땅에 떨어진 그 시기에 지구 반대편에 있는 한국에서는 새로운 정변 소식이 워싱턴 정가에 날아들었다. 4 · 19 혁명이 일어난 지 1년 남짓한 1961년 5월 16일 새벽에 또 다른 '혁명'을 주장하는 군인들이 대한민국 정부를 장악한 것이다.

박정희 소장이 이끄는 젊은 지휘관들은 5월 15일 밤 10시 영등포 제6 관구 사령부에 모여 행동을 개시했다. 그들은 육군 2개 사단의 협조를 받을 예정이었으나 이들이 병력을 출동시키지 않자, 박정희가 직접 지휘하는 해병여단과 공수단 약 2천 명만으로 한강 인도교를 건넜다. 새벽 4시경 육군 본부를 장악한 '혁명군'은 대열을 나누어 내각의 주요 인사를 체포하고 정부 기관을 접수했다.

4 · 19 혁명으로 민주화를 이룩한 나라에서 왜 군인들이 다시 혁명을 일으키겠다고 일어났을까? 지난 1년 동안 한국에서 무슨 일이 일어나고 있었던 것일까?

이미 살펴본 것처럼 4 · 19 혁명은 국민의 힘으로 독재 정권을 몰아낸 쾌거였다. 그 직후부터 한국 사회는 혁명 정신에 걸맞은 민주주의 국가를 건설하기 위해 착착 앞으로 나아갔다. 혁명 두 달 만인 6월 15일 이승만 독재를 낳은 헌법의 대통령 중심제 조항을 내각 책임제*로 바꾼 뒤, 7월 29일 총선거를 치러 야당이었던 민주당이 혁명 과업의 총대를 멨다.

그러나 장면을 총리로 하는 민주당 정권은 4 · 19 혁명 이후 쏟아져 나온 각계각층의 요구와 행동을 감당하기에는 너무나도 무능력했다. 보수적인

장면

초대 주미 대사를 거쳐, 1951년 국무총리가 되었으나 이후 자유당에 맞서 야당 정치인으로 부통령에 당선되기도 했다. 4 · 19 이후 의원 내각제인 2공화국의 총리를 역임했다.

＊내각 책임제

국민이 뽑은 국회 의원이 내각을 구성해 책임지고 정부를 운영하는 방식. 보통 국회 의원을 가장 많이 배출한 다수당의 당수가 총리(수상)를 맡아 내각에 들어올 장관을 임명한다.

정치인들이 모여 있는 민주당은 4·19 이전에도 자유당 독재와 타협하는 모습을 보였거니와, 총선거로 국민의 지지를 얻은 뒤에도 신파와 구파로 나뉘어 싸움을 벌였다. 정치 개혁을 시작하고 경제 개발 계획을 세웠으나 되는 일도 없고 안 되는 일도 없는 느슨한 운영으로 국민의 속을 박박 긁었다.

무능하고 느려 터진 민주당에 비해 국민은 과감하고 민첩했다. 6·25 전쟁 중에 국군과 미군이 민간인을 학살한 일이 있었다며 그 진상을 밝혀내고 피해자에게 보상하라는 요구가 터져 나왔다. 1951년 경상남도 거창에서 국군 11사단이 719명의 선량한 국민을 '공비'로 몰아붙여 학살한 사건이 가장 먼저 도마 위에 올랐다.

분단 상황과 독재 정권 아래에서 학생들을 제대로 가르칠 수 없었던 선생님들도 노동조합을 결성하고 학원 민주화의 깃발을 높이 들었다. 노동자들이 자신들의 권리를 주장하며 일으킨 노동 쟁의도 급격히 늘어났다.

여기에 더해 이승만 정권 아래에서 금기로 여겨졌던 통일 운동도 학생들을 중심으로 터져 나왔다. 1960년 11월 서울 대학교에서 민족 통일 연맹을 결성한 학생들은 비극의 씨앗인 분단을 극복하기 위해 남과 북이 즉시 협상을 벌여야 한다며 행동에 나섰다.

1960년에 쏟아져 나온 이 같은 요구들이 21세기 들어서도 아직 이루어지지 않았거나 논쟁 중인 것을 보면, 4·19 혁명이 한국 현대사에서 얼마나 중요한 사건이었는지 확인할 수 있다.

그러나 민주당 정권이 이러한 요구들을 제대로 수렴하지 못하고 그로 인해 빚어진 혼란 상황을 제대로 통제하지 못하면서 국민들 사이에 불안감이 조금씩 생겨났다. 이러다가 다시 독재자가 등장하는 것 아닐까, 북한과 다시 전쟁이 벌어지는 것 아닐까……

1961년의 군사 정변은 바로 이러한 혼란을 틈타 정치적 야심을 가진 군인들이 일으킨 사건이었다. 정변을 이끈 박정희는 1952년 이집트에서 군

5월 20일, 중앙청 광장에 선 장도영과 박정희

5 · 16 조리 돌림
5 · 16 군사 정변 이후 구악 일소라는 명분으로 조리 돌림을 당하고 있는 이정재 등의 조직폭력배들.

장준하
독립운동가이자 언론인, 정치가. 1953년 《사상계》를 창간해 자유당 정권을 신랄하게 규탄했다. 4·19 혁명 후 장면 내각의 국토 건설단장 등을 지냈다. 박정희 정권에 저항하다 1975년 경기도 포천 약사봉에서 추락사했다. 당시 정부는 실족사로 발표했으나, 의문사 논란이 끊이지 않는다.

사 정변을 일으켜 권력을 잡은 나세르를 모델로 삼았다. 박정희의 심복이었던 김종필은 나세르의 집권 과정을 연구해 군사 정변의 계획을 세웠다.

나세르와 박정희는 군인으로서 정변을 일으켜 권력을 장악한 것은 똑같다. 그러나 나세르는 국왕을 추방해 왕정을 폐지하고 공화정을 실시했으며 봉건 지주제를 무너뜨리는 농지 개혁을 실시했다. 이처럼 낡은 사회를 뒤집고 전혀 다른 새로운 사회로 바꾸어 놓았기 때문에 나세르의 정변은 '혁명'이라는 이름에 부끄럽지 않았다. 5·16 군사 정변도 그런 것이었을까?

박정희도 4·19 혁명을 계승하겠다고 선언하며 자신이 일으킨 정변을 '혁명'이라고 불렀다. 무능하고 부패한 민주당 정권에 질렸던 국민 중에는 이 군사 정변을 반기는 이들도 있었다. 4·19 혁명을 주도한 서울대 학생회가 그랬고, 진보적 지식인인 〈사상계〉 편집인 장준하와 〈민족일보〉 사장 조용수가 그랬다. 그들은 젊고 정의로운 군인들이 낡은 정치판을 쓸어버리고 새바람을 불어넣은 뒤 군대로 돌아가 주기를 기대했다.

박정희도 처음에는 그렇게 하겠다고 약속했다. 그러나 그는 서서히 말을 바꾸며 아예 정치인으로 변신할 준비를 해 나갔다. 군복을 벗고 민주공화당이라는 자신의 정당을 세우고 정치 자금을 마련하기 위해 온갖 비리를 저질렀다. 1963년 대통령 선거에 출마한 박정희는 민주당 출신 윤보선과 맞붙어 근소한 표차로 승리를 거두었다. 그리고 4·19 혁명을 계승하겠다던 약속을 차례차례 뒤집어 나갔다.

이러한 5·16 이후의 전개 과정과 진행 상황을 미국은 예의 주시하고 있었다. 군사 정변이 일어날 것이라는 정보는 이미 여러 경로를 통해 민주당 정권과 미국에 보고되고 있었다. 이때 미국이 보인 관심은 한 가지로 요약된다. 어떤 사태가 일어나든 한국이 쿠바처럼 되어서는 안 된다는 것이었다. 그래서 미국 정부는 박정희와 그의 추종자들이 혹시라도 반미 성향이나 좌익 성향이 있는지 촉각을 곤두세웠다. 케네디 대통령은 직접 박정희를 미국으로 불러들여 그의 태도를 살피기까지 했다.

5·16 군사 정변의 주도 세력은 이 같은 미국의 세심한 검증 과정에 합격했다. 박정희는 1948년 여순 반란 사건*이 일어났을 때 반란에 가담한 일이 있는 요주의 인물이었다. 그러나 일제 강점기에 일본군 장교를 지낸 박정희는 미국의 세력권인 한국에서 좌익 성향을 가지고 출세할 수 없다는 사실을 잘 알고 있었다. 그는 정변이 성공하자마자 '국시國是는 반공'이라고 못을 박았다. 북한에 맞서 대한민국을 자본주의 국가로 지켜 내는 데 최선을 다하겠다는 선서였다. 미국 보고 들으라고 하는 소리나 마찬가지였다.

미국으로서는 한국이 4·19 혁명의 정신을 실현해 미국과 유럽 수준의 민주주의를 뽐낸다면 더 바랄 것이 없을 것이다. 그러나 현실적으로는 쉽지 않은 일이니까 설령 독재 국가라 해도 소련–중국–북한으로 이어지는 강력한 사회주의 세력에 맞서 최전선의 반공 국가로 남아 주기만 하면 일단 안심이었다.

박정희는 미국의 차선책에 부합하는 인물이었다. 그는 이후 4·19 혁명 세력의 요구를 하나하나 무력화시키면서 이 나라를 이승만 시절보다도 못한 독재 국가로 만들어 나갔다. 정치인의 지휘를 받아야 하는 군인들이 국민에 의해 선출된 정부를 몰아내고 권력을 훔치는 것, 그리고 낡은 질서를 온존시키는 것, 이것을 정치학 용어로 '쿠데타'라고 한다. 5·16 쿠데타는 군인들이 일으켰다는 점에서 '군사 쿠데타', 4·19 혁명의 역사적 의의를 수포로 돌아가게 했다는 점에서 '반혁명 쿠데타'였다.

4·19 혁명으로 제3 세계의 민주주의 선진국이 될 수 있었던 한국은 이로써 냉전의 최전선에 서 있는 독재 국가로 다시 후퇴하고 말았다.

＊ 1948년 4월 3일 제주도에서 남한 단독 정부 수립에 반대하는 민중 항쟁이 일어나자 이를 진압하라는 명령을 받은 여수·순천 국방 경비대의 일부 군인들이 이 명령을 거부하고 일으킨 반란 사건.

유례없는 장기 호황 속에
한국이 경제 개발에 나서다

1959년 7월 닉슨 미국 부통령이 소련의 모스크바를 방문했다. 그곳에서 열린 무역 박람회에 참가하기 위해서였다. 토스터, 식기 세척기 등 미국의 최신 가전 제품이 진열되어 있는 한 부스에서 닉슨은 흐루쇼프 소련 공산당 서기장과 만났다. 흐루쇼프가 물었다.

"미국의 가난한 노동자들에게 저런 사치품은 그림의 떡이죠?"

닉슨이 대답했다.

"미국의 철강 회사에서 일하는 노동자들이 임금 인상을 요구하며 파업 중이라는 것은 아실 겁니다. 지금 이 노동자들은 시간당 3달러의 급여를 받고 있어요. 이 친구들도 매달 100달러씩 25~30년만 모으면 저런 것을 다 갖춘 집을 살 수 있지요."

그러자 흐루쇼프가 씩 웃으며 맞받아쳤다.

"그래요? 앞으로 소련에서는 태어나기만 하면 누구나 그런 집에서 살 수 있을 겁니다."

사회주의의 도전

닉슨과 흐루쇼프의 대화는 50, 60년대 세계 경제의 분위기를 반영하고 있다. 스탈린 시대에 미국에 이은 세계 2위의 경제 대국으로 떠오른 소련은 머지않아 미국을 따라잡을 수 있다는 자신감에 넘쳐 있었다. 낙관론자였던 흐루쇼프는 "지구상에서 소련을 위협할 수 있는 세력은 어디에도 없다."라고 호언장담하곤 했다. 게다가 소련은 사회주의 국가였다. 노동자의 이익을 대변하는 공산당이 권력을 쥐고 노동자 중심의 경제 정책을 펴는 나라였다. 따라서 자본가들이 경제를 주도하는 미국 같은 자본주의 국가보다는 노동자들이 훨씬 더 잘살 수 있는 여건을 갖추었다고 흐루쇼프는 자신했던 것이다.

흐루쇼프는 노동자의 삶의 질뿐 아니라 국가 전체의 경제 규모에서도 세계 1위 미국을 15년 안에 따라잡겠다고 호언장담했다. 그러자 소련 못지않은 사회주의 대국 중국도 자극을 받아 15년 내에 자본주의 2위의 경제 대국인 영국을 따라잡겠다고 선언했다. 소련이 짧은 시간에 급속한 경제 성장을 이룰 수 있었던 것은 모든 공장을 국영화하고 모든 농토를 집단화해 국가 중심의 계획 경제를 집중적으로 밀어붙인 덕분이었다. 이 과정에서 농업 국가였던 소련은 단시일 내에 공업 국가로 전환할 수 있었다. 그런데 중국은 1950년대에도 농민이 인구의 대다수를 차지하는 농업 국가였다.

중국의 제2차 5개년 계획이 시작된 1958년, 마오쩌둥은 '사회주의 건설의 총노선'을 내걸고 농촌 경제의 급속한 발전에 바탕을 둔 경제 성장을 추진했다. 농민의 의욕을 북돋고 협동 생산을 늘리기 위해 마오쩌둥이 생각한 것은 '인민 공사'라는 사회 조직이었다. 인민 공사는 정치·경제·군사 등 모든 면에서 농민들의 삶을 하나로 모아 움직이는 '사회적 기업'이라고 할 수 있었다. 중국 정부는 생산성 향상을 위해 모든 농민을 인민 공사에 소속시켜 함께 노동하고, 함께 밥을 먹고, 함께 생활하게 했다. 또한 마을마다 소규모 제철소를 만들

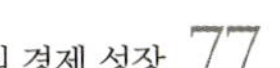

고 식기와 농기구 등 철로 된 모든 물건을 녹여 철강을 만들어 냈다.

그러나 '대약진 운동'이라고 불리는 이 거대한 중국 농촌 경제 프로젝트는 성공하지 못했다. 경제 성장은 자신감과 의욕만으로 이루어지는 것이 아니었다. 중앙에서 의욕적으로 경제 성장 목표를 세워 밀어붙이자 각 인민 공사는 할당된 목표를 달성하지 못하고도 거짓으로 성과를 조작해 목표를 이룬 것처럼 보고하는 사례가 많았다. 그러면 다음 목표는 더욱 높은 수치로 매겨지게 되고 인민 공사는 그 목표를 달성하기 위해 더욱 무리하는 수밖에 없었다. 그러다 보니 인민 공사에 속한 농민들만 과도한 목표를 달성하기 위해 뼈 빠지게 일해야 했다. 게다가 중앙에 보고된 성과와 실제 성과가 다르다 보니 배급받는 식량과 물자가 턱없이 적은 일도 자주 벌어졌다. 결국 생산은 줄어들고 적어도 2천만 명의 농민이 굶어 죽는 대참사가 일어났다. 대약진 운동은 실패로 돌아가고, 마오쩌둥은 이 사태에 대한 책임을 지고 국가 주석에서 물러났다. 이후 중국은 대중의 자발적 참여를 유도하는 쪽으로 경제 정책의 방향을 틀게 된다.

소련이나 중국은 모두 미국이나 서유럽의 선진 자본주의 국가들에 비하면 한참 뒤떨어진 상태에서 사회주의 국가로 출범했다. 자본주의가 고도로 발달된 산업 사회 대신 봉건적 요소가 남아 있는 농업 사회를 물려받았기 때문에 처음부터 이들 나라가 사회주의 경제를 발전시키는 데에는 숱한 장애가 있을 수밖에 없었다. 그런 상황에서 대약진 운동과 같은 시행착오는 어쩌면 처음부터 예정되어 있었던 것인지도 모른다.

농업 대약진 운동 가운데
참새 잡기 권장 포스터

자본주의의 대응

이 같은 사회주의 국가들의 도전에 맞닥뜨린 자본주의 국가들은 어땠을까? 제2차 세계 대전 이전에만 해도 미국, 영국, 프랑스 등 자본주의 선진 국가들은 세계에 수많은 식민지를 가지고 있었다. 그곳에서 값싼 원료를 사다가 공산품을 만들어 높은 이윤을 내며 팔아 치우는 것이 이들 국가들의 성장 비결이었다. 그러나 전쟁이 끝나고 이들은 많은 식민지를 잃었다. 그뿐 아니라 중국과 소련처럼 넓은 영토와 거대한 인구를 지닌 나라들이 자본주의 시장에서 떨어져 나갔다. 게다가 미국이 이끄는 자본주의 세계는 사회주의의 팽창에 맞서 힘겨운 냉전을 벌여 나가고 있었다.

상황이 이럴진대 아무래도 상승 곡선을 타고 있는 사회주의 국가들보다는 자본주의 국가들이 경제적인 면에서도 고전을 면치 못했을 것 같았다. 그러나 사실은 달랐다. 자본주의 역사상 최고의 황금시대가 미국과 서유럽을 즐거운 비명에 빠뜨렸다. 자본주의라는 것은 본래 시장의 흐름에 따라 호황과 불황을 교대로 겪게 되어 있었다. 1929년 미국을 강타한 뒤 세계로 퍼져 나간 대공황은 그러한 경기 순환의 사이클이 최악의 불황으로 치달은 사태였다. 그런데 루스벨트 대통령의 뉴딜 정책*과 제2차 세계 대전이 몰고 온 군수 물자 수요 덕분에 대공황을 극복한 세계 자본주의 경제는 이후 30년 동안 불황 없는 장기 호황을 누렸다. 닉슨 부통령이 모스크바까지 날아가서 자랑한 미국의 가전제품이 부자들뿐 아니라 일반 국민의 집에도 놓이고 서민들도 차를 몰고 다니며 쇼핑을 즐기는 대중 소비 시대가 성큼 다가왔다.

어떻게 해서 이런 일이 일어났을까? 역설적으로 이 시대의 자본주의가 자본주의적 요소를 상당 부분 억제했기 때문에 가능한 일이었다. 1929년의 대공황은 시장에 대한 맹목적인 믿음이 가져온 대참사였다. 수요와 공급이 균형을 이루면서 최적의 경제 상황을 만들어 낸다는 고전적인 자유주의 경제 이론은 이 균형이 극단적으로 파괴되어 나타난 대공황에 대응하지 못했다. 이때 영국의 케인스라는 경제학자는 정부가 재량껏 정책을 펼쳐 시장에 영향을 줄 수 있는 수요를 늘리는 것이 중요하다는 이론을 펼쳤다. 이러한 케인스 학파의 이론은 '보이지 않는 손'*인 시장의 신성함을 강조하는 기존의 경제학 이론을 수정하는 것이었다. 그래서 케인스 학파가 지향하는 경제 체제는 본래의 자본주의가 아닌 '수정 자본주의'라는 호칭을 받았다. 1930년대에 루스벨트 대통령이 채용한 정책은 바로 이러한 케인스 학파의 수정주의 이론을 채용한 것이었다.

전후 자본주의 세계를 지배한 것은 이 같은 수정 자본주의 정책이었다. 루스벨트는 대기업의 이윤 추구를 억제하고 노동자의 권리를 보장했으며, 실업자와 노인에 대한 복지 정책을 강화했다. 일정 수준 이상의 소득을 올리는 부자들에게는 엄청난 세금을 거두어 들여 이를 공공 근로와 복지 정책의 예산으로 사용했다. 그 덕분에 실업률이 줄어들고 노동자를 포함한 서민들도 최소한의 삶의 질을 보장받게 되었다. 이와 달리 무한한 이윤 추구를 제한당하고 많은 세금을 물어야 했던 대기업과 부자들은 노골적으로 불만을 털어놓았다. 그들은 루스벨트로부터 시작된 수정주의 정책을 '사회주의'로 몰아붙이고 미국이 공산주의자들의 손에 놀아나고 있다고 호소했다. 그러나 수정 자본주의는 그러한 비판에는 아랑곳하지 않고 매년 기록적인 산업 생산성 증가를 자랑하며 역사상 가장 풍요로운 경제를 각각의 국민에게 선사했다.

미국을 중심으로 한 세계 무역 질서도 세계 은행(IBRD)*, 국제 통화 기금(IMF)* 등 국제 기구의 통제 아래 비교적 안정을 찾아갔다. 1944년 미국의 브레턴우즈에 모인 44개국은 세계 은행과 국제 통화 기금의 설립과 더불어 금 1온스당 35 미국 달러의 교환 비율을 정해 놓고 각국의 통화 가치를 미국 달러와 고정 환율로 묶는 금 본위 제도의 시행 등에 합의했는데, 이를 브레턴우즈 체제라 부른다. 이로써 각국은 변하지 않는 환율로 인해 안정적인 무역 거래를 할 수 있었다.

수정 자본주의 체제 아래 불황 없는 장기 호황이 이어지자 사람들의 눈에는 자본주의나 사회주의나 크게 다르지 않은 것처럼 비치기도 했다. 자본주의는 사회주의를 의식해 노동자와 타협하면서 그들을 위한 경제 정책을 펼치고, 사회주의는 앞선 자본주의 국가의 발전 모델을 따라가면서 두 체제가 점차 닮아 간다는 '수렴 이론'이 등장한 것도 이 시기였다. 한국인이 분단과 전쟁으로 너덜너덜해진 경제를 추스르고 '쌀밥에 고깃국'을 마음껏 먹을 수 있는 나라를 건설하기 시작한 것은 이 같은 장기 호황이 막바지로 치닫던 1960년대 들어서였다.

한국의 경제 개발

자본주의가 시장 만능주의에서 벗어나 국가의 적극적인 개입을 허용하는 것은 일시적이거나 국지적인 현상이 아니라 시대정신이었다. 한국은 제대로 된 자본주의를 겪어 보지 못했지만, 이 시기에 경제 건설을 시작하는 한 그러한 시대정신을 벗어나 제멋대로 경제를 운용할 수는 없었다.

5·16 군사 정부가 시작한 5개년 경제 개발 계획은 그러한 시대적 한계를 잘 보여 준다. 본래 시장의 자기 조절 기능을 강조하는 자본주의에서는 정부의 '계획'에 따라 목표를 세우고 시장을 통제한다는 것은 있을 수 없는 일이었다. 정부가 인위적으로 경제를 조절한다는 것을 의미하는 '계획'이야말로 '시장'과 대립하는 사회주의 경제의 근본적인 특성이었다. 그런데 5·16 군사 정부는 이처럼 '사회주의적'인 계획 경제를 시도한 것이다. 그러나 우리는 박정희를 비롯한 5·16 쿠데타 주도 세력이 '반공'을 국시로 내걸 만큼 철저한 반공주의자들이라는 것을 잘 알고 있다.

5·16 군사 정부는 국가가 시장에 개입하는 것이 보편적이던 시대에 경제 개발을 시작했다. 문제는 이처럼 시장에 개입하는 국가가 미국과 같은

민주주의 국가냐, 히틀러의 독일과 같은 전체주의 국가냐 하는 차이가 있을 수 있다는 것이었다. 1960년대부터 20년 가까이 한국을 지배한 정권은 유감스럽게 국민의 민주적 권리를 제약하는 독재 정권이었으며, 따라서 그 시기 한국은 독재 국가였다. 혹시 4·19 혁명 이후 들어선 민주당 정권이 5·16 쿠데타에 꺾이지 않고 계속 집권했다면 계획이 아니라 시장의 자율성에 맡기는 경제 정책을 폈을까? 지금까지 거듭 강조한 것처럼 당시는 그런 시대가 아니었다. '5개년 경제 개발 계획'은 5·16 쿠데타 이전에 이미 민주당 정부가 세워 놓고 추진할 준비를 하고 있던 정책이었다.

군복을 벗고 민간인으로 변신해 1963년 대통령 선거에서 합법적인 권력을 차지한 박정희에게 경제 건설은 다른 어떤 것과도 바꿀 수 없는 으뜸 과제였다. 정치적으로는 군사 쿠데타에다 민정 이양이라는 약속을 어긴 말 바꾸기 등으로 정당성이 훼손될 대로 훼손된 것이 그의 처지였다. 그는 이러한 약점을 가난의 극복으로 메우려 했다. 게다가 '반공'을 국시로 내건 그가 반드시 넘어야 할 상대 북한은 전후 복구에 성공해 남한보다 한 발짝 앞서 나가고 있었다.

6·25 전쟁 때 미군의 가공할 폭격으로 석기 시대와 같은 폐허로 돌아갔던 북한은 빠른 속도로 복구를 마쳤다. 한국보다 4년 앞선 1957년에 제1차 5개년 계획을 시작하고 이듬해 '사회주의 건설의 총노선'이라 이름 지은 천리마 운동을 시작했다. 중국의 대약진 운동과 같은 시기에 같은 성격으로 전개된 천리마 운동은 노동자 농민이 합심 단결해서 하루에 천 리를 달리는 천리마와 같은 속도로 경제를 발전시키자는 운동이었다. 박정희 정권은 이처럼 무서운 기세로 앞서 나가고 있던 북한을 단시일 내에 따라잡아야 하는 어려운 과제를 안고 있었다. 문제는 박정희 정권이 국민의 폭넓은 지지를 받지 못하고 있다는 점이었다. 그로 인해 국민적 합의와 참여에서 나오는 국민의 힘으로 경제가 성장하기를 기대할 수는 없었다. 1950년대에 미국이 제공하

던 무상 원조*도 끊긴 상태였다.

　박정희 정권은 이 같은 상황에서 경제 성장의 밑천을 마련하기 위해 두 가지 모험을 했다. 하나는 일본과 비밀 협상을 벌여 식민 통치에 대한 배상을 받아 내는 것이었다. 일본으로부터 식민 지배에 대한 사과와 배상금을 받아 내는 것은 언젠가는 당연히 해야 할 일이었다. 그러나 박정희 정권은 국민의 충분한 합의를 이끌어 내지도 않은 채 비밀리에 한·일 회담을 진행시켜 자신들에게 필요한 만큼만 배상금을 받고 차관 제공을 약속받았다. 6·25 전쟁이 한창이던 1951년부터 시작된 한·일 회담은 국민 감정을 자극하는 일본의 무성의한 태도 때문에 몇 차례나 무산되었다. 국민은 36년 식민 지배에 대한 철저한 사과와 배상을 요구했지만 일본은 이를 받아들이지 않았다. 특히 일본이 벌인 중·일 전쟁과 태평양 전쟁에 강제 동원된 학도병과 징용 노동자, 그리고 일본군 위안부 문제에 대해 일본은 모든 잘못을 인정하지도 않았고, 배상금에 대한 합의도 이루어지지 않았다. 강제 동원에 따라 일본에서 살게 된 재일 교포의 법적 지위 문제도 도마 위에 올랐으나 시원스럽게 타결되지 않았다. 재일 교포는 선거권과 같은 기본적인 권리를 박탈당한 채 미국의 흑인보다도 못한 인권의 사각지대에서 살고 있었다. 그런데 경제 개발 자금이 필요했던 박정희 정권은 한·일 회담을 서둘러 1965년 6월 22일 부랴부랴 '한·일 협정'이라 불리는 한·일 기본 조약을 맺고 말았다. 한국의 대학생과 시민들은 4·19 혁명 때 못지않은 열기로 한·일 협정을 반대했으나 정부는 이를 철저히 무시했다.

　박정희 정부가 경제 개발의 밑천으로 삼은 또 한 가지는 베트남 전쟁에 참전해 그 대가로 미국으로부터 받아 낸 돈이었다. 앞서 호치민이 이끄는 베트남 민주 공화국은 프랑스와 오랜 전쟁을 벌여 독립을 쟁취했다. 그러나 동남아시아에 공산주의가 확산되는 것을 막기 위해 미국은 베트남에 개입해 북위 17도선을 경계로 이 나라를 분단시켰다. 1955년 17도선 이남

*무상 원조

미국은 전후 신생국의 사회 경제를 안정시키기 위해 쌀 등의 생필품을 공짜로 제공하는 원조 정책을 펼쳤다. 과잉 생산으로 넘쳐 나던 미국 쌀은 무상 원조의 대표적인 물품이었다. 한국은 무상 원조의 혜택을 받았으나, 이로 말미암아 농민이 피해를 보았다. 또 무상 원조 물품을 싸게 구입해 비싸게 파는 업체나 미국산 쌀과 면화를 가공해 제품을 만드는 일부 업체만 기형적으로 성장하는 왜곡을 낳기도 했다.

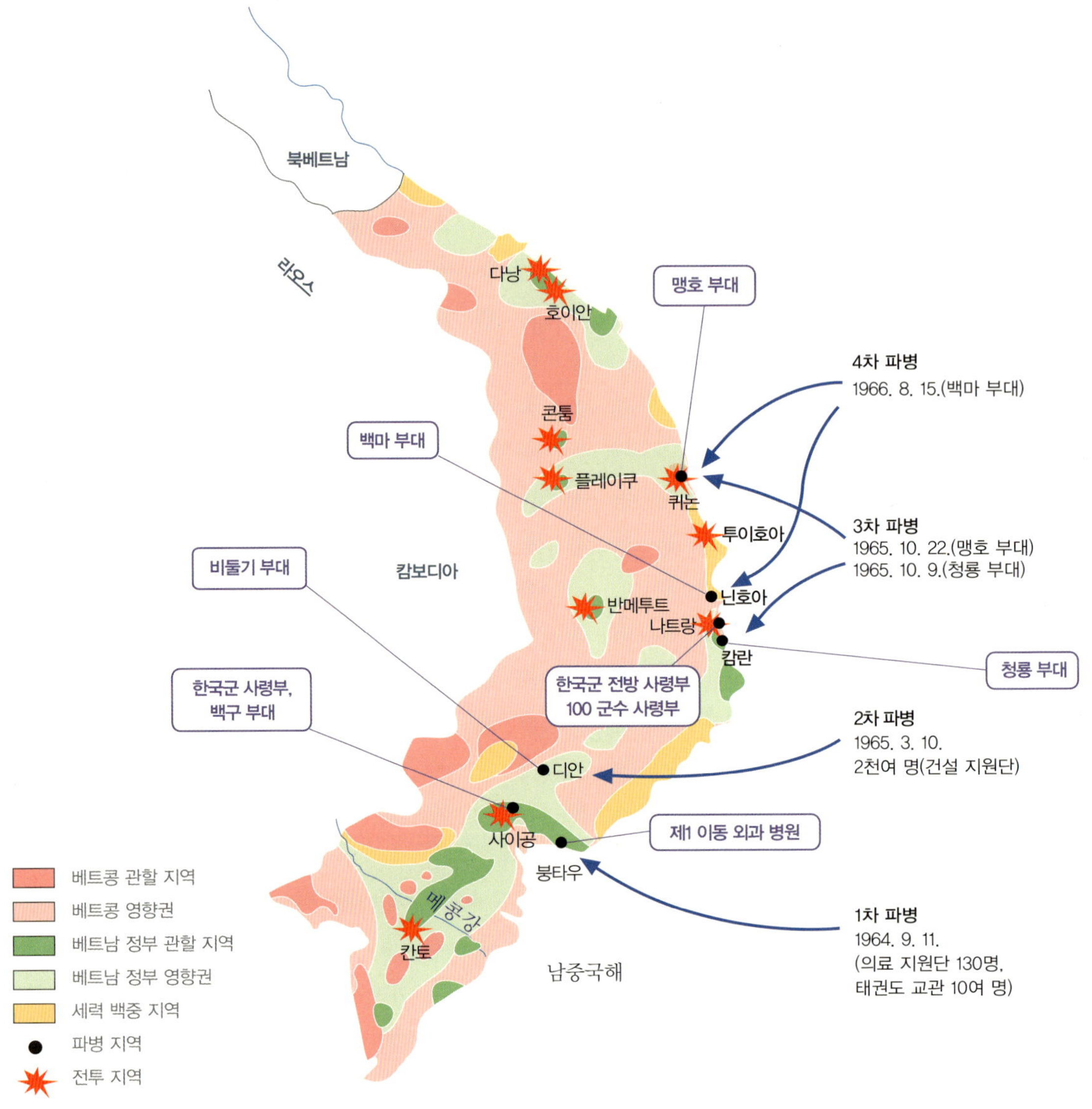

베트남 파병

에 들어선 베트남 공화국은 미국의 후원을 받았지만 부패로 얼룩져 베트남 민중의 지지를 전혀 받지 못하고 있었다. 그냥 내버려 두면 북베트남에 의해 통일될 것이 분명한 상황인데도 사회주의자인 호치민을 꺼린 미국은 남베트남을 지키기 위한 군대를 파견했다. 독립하기 위해 프랑스와 힘겨운 싸움을 벌여온 베트남 민중은 이제 미국이라는 훨씬 더 큰 강대국과 전쟁을 벌여야 했다.

박정희는 미국 편에서 베트남 전쟁에 참전하면 큰 대가를 받으리라고 기대했다. 5·16 쿠데타를 일으킨 직후인 1961년 11월 미국을 방문한 자리에서 박정희는 먼저 한국군 파병을 제안했다. 당시만 해도 미국은 남북 베트남의 대결에 전면적으로 개입하지 않고 있었다. 그러나 1964년 통킹 만 사건*을 계기로 미국이 베트남에 대규모 파병을 시작하자 박정희의 제안은 현실로 나타났다. 한국은 비전투 부대인 비둘기 부대 2천여 명을 파견한 데 이어 1965년 10월 전투 부대인 맹호 부대와 청룡 부대 2만여 명을 파견했다. 1966년 8월 백마 부대 2만여 명을 더 파견하면서 베트남에서 싸우는 한국군 전투 부대는 4만여 명에 이르렀다. 이는 미국에 이어 두 번째로 큰 규모였다.

이러한 파병을 통해 한국은 미국이 지급하는 참전 용사들의 월급 말고도 많은 전쟁 특수(특별 수요의 준말)를 누렸다. 1965년에 1,770만 달러이던 베트남 수출액은 1969년 들어 7천만 달러에 육박했다. 파병으로 인한 외화 수입은 5억 달러에 이르러 경제 개발 계획의 핵심 재원으로 투입되었다. 그러나 이러한 특수를 누리기 위해 과연 그 많은 젊은이들을 사지死地로 보내야 했느냐는 데에는 논란의 여지가 있다. 단 한 명의 병사도 베트남에 파견하지 않은 일본이 한국보다 훨씬 큰 특수를 누렸기 때문이다.

박정희 정부는 이처럼 국민의 권익을 무시한 방식으로 재원을 마련해 경제 건설에 나섰다. 국토가 좁고 인구가 적은 나라의 특성상 돈을 벌기 위해서는 수출로 승부를 걸어야 한다는 전략이 마련되었다. 옷, 신발, 전자 제품 같은 경공업 제품을 만들어 수출하는 데 국가의 총력을 기울였다. 수출 업체는 시중 금리보다 훨씬 유리한 저금리로 자금을 마련할 수 있었고, 다방면에서 정부의 지원이 쏟아졌다. "수출이 아니면 목숨을!"이라는 과격한 구호까지 나왔다. 국민의 자존심과 젊은이들의 목숨을 담보로 밑천을 마련해 시작한 경제 개발이기에 박정희 정부는 목숨을 바쳐서라도 이루어 내야 할 일이었다.

다극화 시대가 열리고
남북한이 대화를 시작하다

1964년 통킹 만 사건으로 시작된 제2차 베트남 전쟁*은 미국을 수렁에 빠뜨렸다. 미국이 베트남에 군대를 파견한 것은 동남아시아에서 사회주의의 확산을 막는다는 원칙 때문이었다. 북베트남(베트남 민주 공화국)이 베트남 전역을 통일하는 사태를 막기 위해 전쟁을 시작한 것이다. 하지만 시간이 가면서 미국은 남베트남(베트남 공화국)에 아무런 희망도 없다는 것을 깨닫게 되었다.

미국의 지원을 받아 세워진 남베트남의 응오딘지엠(1901~1963년) 정권은 처음부터 남베트남 국민의 지지를 받지 못했다. 부패하고 외세 의존적인 응오딘지엠에 반대하는 남베트남의 민족주의 인사들은 1954년 베트남 민족 해방 전선(VNLF)을 조직해 자주적인 민주 국가 건설을 꾀했다. 그러나 응오딘지엠 정권의 탄압을 받으면서 베트남 민족 해방 전선은 북베트남과 연결된 사회주의 운동으로 방향을 전환하게 되었다. 1960년에는 베트콩이라고 불리는 공산주의 군사 조직이 베트남 민족 해방 전선 산하에 만들어져 남베트남 정권에 총을 겨누기 시작했다. 호치민이 이끄는 북베트남은 라

***제2차 베트남 전쟁**
제1차 베트남 전쟁은 1946년부터 1954년까지 베트남 민주 공화국과 프랑스가 벌인 전쟁을 말한다. 이 전쟁에서 베트남이 승리하자 미국이 개입하여 남북 베트남을 분단시킨 것이 제2차 베트남 전쟁의 불씨가 되었다.

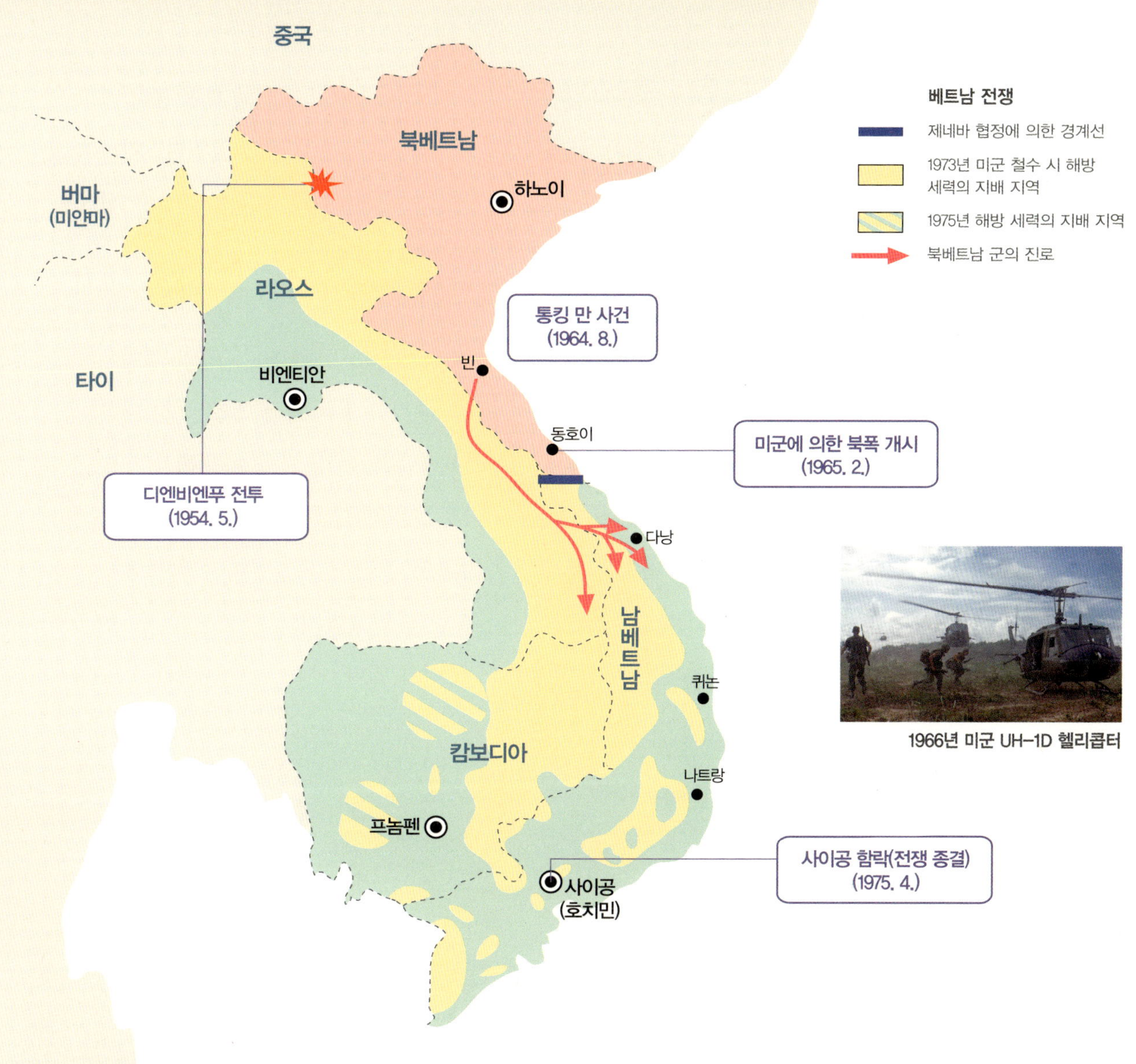

1966년 미군 UH-1D 헬리콥터

오스와 캄보디아를 잇는 인도차이나 반도의 삼각 루트를 활용해 베트콩에 군수 물자와 병력을 제공했다.

미국은 이러한 북베트남의 개입에 대해 지속적인 경고를 했지만, 문제는 북베트남이 아니었다. 베트남 민중과 베트남 최대 종교인 불교가 남베트남 정권에 등을 돌리고 있었다. 1963년에는 불교도의 시위와 승려의 분신 자살이 잇따랐고, 그해 11월에는 군사 쿠데타로 응오딘지엠 대통령이 암살당했다. 남베트남 정권은 국민의 손에 의해 최후로 치닫고 있었다. 미국은 북베트남을 겨냥해 전면전을 일으켰지만, 그것은 사실 베트남 민중을 상대로 한 전쟁이었다.

명분에서 밀린 미국은 수단과 방법을 가리지 않고 승리를 거두어 명분을 만들어 내려고 했다. 한국 등 동맹국 군대를 포함한 50만 명의 대병력을 파견하고 네이팜탄을 포함한 대량 살상 무기를 총동원해 베트남 전 지역을 초토화했다. 베트콩이 한 치 앞을 내다볼 수 없는 밀림을 이용해서 게릴라전을 펼치자, 밀림을 없애 버린다며 나무들을 말려 죽이는 고엽제를 대량 살포했다. 고엽제는 나무뿐 아니라 사람마저 공격해 오늘날까지 베트콩과 베트남 민중은 물론이고 미국, 한국의 참전 군인들마저도 다수가 두통, 현기증, 마비, 종양 등 끔찍한 후유증에 시달리고 있다.

1969년 7월 26일, 미군 헬리콥터가 베트남의 헬콩 델타에 고엽제를 살포하고 있다.

1968년 혁명과 데탕트 시대의 도래

1968년은 베트남 전쟁뿐 아니라 미국의 운명에도 중대한 전환이 일어난 해였다. 베트남 사람들이 '텟'이라고 부르는 음력설을 맞아 베트남 민족 해방 전선은 미군에 대해 대대적인 공세를 펼쳤다. 미군은 거의 모든 전선에서 참담한 패배를 맛보았다. 그뿐 아니었다. 남베트남의 수도인 사이공 한복판에 있던 미국 대사관이 베트콩의 공격을 받아 거의 함락될 뻔한 사건도 일어났다.

　이 사건은 미국에 큰 충격을 안겼다. 베트남 전쟁에서 발을 빼는 문제가 정부에서 검토되기 시작하고, 미국 국민들 사이에서는 광범위한 반전 시위가 일어났다. 미국만이 아니었다. 그해 3월 파리에서 시작된 젊은이들의 시위는 국경을 넘어 유럽 전역과 미국, 일본, 멕시코 등지로 들불처럼 번져 갔다. 프랑스 젊은이들은 베트남 전쟁에 항의해 미국계 기업을 점거하는 과격한 시위도 벌였다.

　이러한 젊은이들의 시위는 베트남 전쟁의 부도덕성을 고발하는 반전 시위에 머물지 않았다. 전후에 빠른 속도로 발전한 선진국 경제는 많은 인력이 필요했기 때문에 그러한 인력을 키워 내고 관리하기 위한 효율적인 체제를 만들어 냈다. 그 과정에서 사람들은 거대한 체제 속에 파묻혀 개성을 잃어 갔고, 교육은 인력을 충원하기 위한 기계 장치에 불과하게 되었다. 여러 단계로 맞물린 기계 장치의 부속품으로 전락한 대학생과 노동자들은 연합하여 비인간적인 체제를 고발하고 자유롭고 평등한 사회를 요구하는 시위를 벌이게 되었다. 프랑스에서는 이러한 시위가 5월에 폭발했기 때문에 '5월 혁명'이라 불리고, 5월 혁명에서 시작하여 전 세계로 퍼져 나간 1968년의 시위 사태를 '68 혁명'이라고 한다.

　68 혁명에 참여한 젊은이들은 인간을 기계 부품으로 취급해 소외시키는 모든 체제를 거부하고 베트남 전쟁으로 대표하는 침략 전쟁을 격렬하게 비판했다. 미국에서는 흑인 인권 운동의 지도자였던 마틴 루터 킹 목사가

그해 4월 테네시 주 멤피스 시에서 흑인 청소부의 파업을 지지하다가 암살당했다. '나는 꿈이 있습니다'라는 연설로 유명한 킹 목사의 죽음은 베트남 전쟁으로 상처받은 미국인에게 이중의 충격을 안겨 주었다. 미국 젊은이들은 "우리가 이것밖에 안 되는 나라였나?"라는 질문을 던지며 거리로 쏟아져 나왔다. 이를 계기로 반전 운동은 인권 운동과 결합해 거대한 시민 저항 운동으로 폭발했다.

미국은 자본주의 세계의 지도 국가로서 커다란 상처를 입게 되었다. 베트남 전쟁에서 패배의 어두운 그림자가 드리우고 있는 것도 감당하기 어려운 일인데, 그 전쟁이 부도덕한 침략 전쟁이라는 비난이 세계 각국뿐 아니라 자기 나라 안에서도 쏟아지고 있었다. 쿠바에서, 베트남에서 잇달아 큰 코를 다친 미국에게 전후의 신생국들은 결코 만만히 다룰 상대가 아니었다.

그뿐 아니었다. 제2차 세계 대전 이후 세계 제1의 경제 강국으로 자본주의 국가들의 구세주 역할을 하던 미국의 지위도 추락하고 있었다. 제2차 세계 대전의 패전국으로 모든 것을 잃고 미국의 처분에 따르던 서독과 일본이 서서히 경제 부흥의 나래를 펴고 있었다. 두 나라는 놀라울 정도로 전쟁 이전의 경제력을 회복하더니 곧 영국, 프랑스 등을 제치고 자본주의 세계의 2, 3위 경제 강국으로 떠올라 미국을 위협했다. 미국의 말 한마디면 자본주의 국가들이 꼼짝 못하던 시대가 저물고 있었던 것이다.

미국은 불구대천의 원수였던 소련과 중국

✝ 이 꿈이 이루어지기를

마틴 루터 킹 목사는 1963년 노예 해방 백주년을 맞아 워싱턴의 링컨 기념관 앞에 모인 군중에게 다음과 같이 연설했다. "나는 꿈이 있습니다. 조지아의 붉은 언덕 위에서 노예였던 자의 자녀와 주인이었던 자의 자녀가 우애의 식탁에 함께 둘러앉는 날이 오리라는 꿈입니다."

마틴 루터 킹의 연설 모습. 1963년 8월 28일 워싱턴 D.C.

으로 눈을 돌렸다. 미국 처지에서는 다행스럽게도 분열이 일어나고 있는 것은 자본주의 세계만이 아니었다. 소련을 중심으로 강철 같은 단결력을 과시하는 것 같았던 사회주의 진영에서도 균열이 감지되고 있었다. 그러한 균열은 1956년 소련 지도자 흐루쇼프가 스탈린을 비판하면서 전면으로 떠올랐다. 그리고 흐루쇼프가 소련의 정치와 경제에 대한 자신감을 바탕으로 자본주의 세계와 평화적으로 공존하는 노선을 택하자 본격화되었다.

소련의 움직임을 수상쩍은 눈으로 지켜보던 중국은 1963년 마침내 참고 참았던 분노를 터뜨리며 흐루쇼프를 수정주의자로 몰아붙였다. 소련 한 나라가 조금 잘살게 되었다고 중국처럼 아직 많은 도움을 필요로 하는 사회주의 우방에 대한 지원을 외면한 채 적들에게 화해의 추파를 던진다고 비난했다. 이러한 중국의 공격은 소련의 반격을 불러일으켜 두 나라는 1년 동안 사회주의의 노선을 둘러싸고 격렬한 논쟁을 벌였다. 이 과정에서 흐루쇼프는 공산당 내부의 반대 세력에 의해 쫓겨나고, 브레즈네프를 중심으로 하는 새 지도부가 소련에 들어섰다. 그러나 소련과 중국은 감정의 앙금을 떨쳐내지 못하고 반목을 계속했다.

소련이 이전만큼 사회주의 우방들을 돌보지 않자 중국의 마오쩌둥은 체제를 지키기 위해 중대한 결심을 했다. 소련처럼 경제력을 자신할 수 없는 상태에서 대중들 사이에 사회주의 사상을 불러일으키고 자본주의의 잠재 요소들과 싸워 나가자며 '문화 대혁명'이라는 대중 운동을 시작한 것이다. 1966년의 일이었다. 마오쩌둥은 청소년과 대학생으로 이루어진 홍위병을 조직해 중국을 자본주의로 이끌 위험이 있는 지도자들을 공격하게 하고, 대중과 멀어질 가능성이 있는 지식인들을 시골로 내려보내 밑바닥의 삶을 체험하게 했다. 덩샤오핑, 류사오치 등 '주자파(자본주의를 추구하는 세력)'로 낙인찍힌 당 간부들이 자리에서 밀려나고, 사회주의를 위협할 가능성이 있는 것은 무엇이든 파괴의 대상이 되었다.

1968년은 사회주의권에서도 중요한 해였다. 소련의 영향력 아래 있던 체코슬로바키아의 수도 프라하에서 소련을 비난하며 독자적인 정부를 수립하려는 자유화 운동이 일어났다. 서유럽을 휩쓸고 있던 68 혁명의 물결이 동유럽까지 밀어닥친 것이다. 두브체크를 지도자로 하는 체코슬로바키아의 자유화 세력은 '인간의 얼굴을 한 사회주의'를 슬로건으로 삼아 반소 독립 노선을 공식화했다. 그러자 소련은 군대를 파견해 '프라하의 봄'으로 불린 자유화 운동을 탄압했다. 1968년 8월, 바르샤바 조약 기구* 5개국의 20만 대군이 탱크를 앞세워 프라하를 점령하고 두브체크를 해임했다.

프라하의 봄이 강제로 막을 내리자 이를 비난한 것은 서방 세계만이 아니었다. 중국도 소련의 무력 진압을 성토하며 소련을 '사회 제국주의'라고 강력하게 비난했다. 사회 제국주의란 사회주의의 탈을 뒤집어쓴 제국주의라는 말로, 이로써 사회주의 세계의 두 거인 사이에는 씻을 수 없는 감정의 골이 생겨났다. 1969년 두 나라는 국경을 이루는 우수리 강에서 무력 충돌

까지 벌이게 된다.

자본주의 세계에서 지도력에 상처를 입은 미국은 이러한 소련과 중국의 분열을 이용해 위기를 벗어나려 했다. 1969년 미국 대통령에 취임한 닉슨은 태평양에 있는 섬 괌에서 '닉슨 독트린'을 발표하고 아시아 문제에 더 이상 군사적으로 개입하지 않겠다고 선언했다. 6·25 전쟁이나 베트남 전쟁처럼 미국이 군대를 보내 아시아 인과 싸우는 일은 더 이상 없을 거라는 파격적인 내용이었다. 소련이 핵 공격을 하지 않는 한 한국을 비롯한 아시아의 여러 나라는 미국의 도움 없이 스스로 자기 나라를 지키라고 한 것이다.

"아시아는 아시아 인에게"라는 슬로건으로 요약되는 닉슨 독트린은 누구보다도 중국의 지도부에 화해의 메시지를 보낸 것으로 이해되었다. 1949년 미국이 지원하는 장제스의 국민당 정부가 공산당에 밀려 타이완으로 쫓겨난 이래 원수로 지내 오던 미국과 중국 사이에 해빙의 분위기가 조성된 것이다. 1971년 미국의 탁구 대표팀이 중국을 방문해 중국 대표팀과 경기를 벌이더니* 1972년 2월 미국의 닉슨 대통령이 전격적으로 베이징을 방문해 역사적인 양국 국교 정상화를 이루었다.

물론 미국이 중국만을 편애한 것은 아니다. 미국과 소련 사이에는 이미 1950년대 후반부터 시작된 대화의 길이 있었다. 소련의 새 지도자 브레즈네프는 중국과 미국을 한꺼번에 적으로 돌릴 만큼 무모한 사람이 아니었다. 1970년 미국과 소련은 핵 위협을 줄이기 위한 전략 무기 감축 협상을 시작했다. 닉슨 대통령이 베이징을

중국을 공식 방문한 닉슨
1972년 미국 대통령으로서는 처음으로 중국을 공식 방문한 닉슨 대통령을 영접하는 저우언라이.

방문할 때 먼저 찾은 곳은 모스크바였다. 또 유럽에서도 1970년에 소련과 서독이 불가침 조약을 맺었다. 제2차 세계 대전을 앞두고 히틀러와 스탈린이 불가침 조약을 맺은 지 30여 년 만의 일이었다. 첫 번째 불가침 조약은 히틀러가 깼지만, 사회 민주주의자*였던 서독의 빌리 브란트 총리가 그럴 가능성은 없었다.

이처럼 1960년대 후반부터 미국과 소련에 다 같이 밀어닥친 지도력의 위기 속에 자본주의와 사회주의가 서로에게 다가가 화해를 추구하는 것을 '데탕트'라고 한다. 프랑스 어로 '긴장 완화'를 뜻하는 데탕트는 적과 동지가 뚜렷이 구별되지 않는 새로운 국제 질서를 만들어 냈다.

그러나 데탕트가 전후 세계에 나타난 두 체제의 대결을 완전히 끝낸 것은 아니었다. 그러한 진실은 데탕트 속에 더욱 불붙고 있던 베트남 전쟁과 이제부터 살펴보게 될 남북한의 경쟁에서 엿볼 수 있다.

남북한의 충돌과 데탕트

현대 세계사의 주요 길목이던 1968년은 한국에서도 조용히 넘어가지 않았다. 그해 1월 21일, 31명의 북한 특공대가 휴전선을 넘어 청와대로 진격했다. 청와대 앞 500미터까지 접근한 특공대는 국군의 반격을 받아 김신조를 제외한 전원이 사살되었다. 이 사건은 한국 국민에게 엄청난 충격을 안겨 주면서 남북 관계를 냉각시켰다.

북한의 공세는 거기서 그치지 않았다. 이른바 1·21 사태 이틀 뒤 북한은 동해안에서 첩보 수집 활동을 벌이던 미국의 푸에블로 호를 붙잡아 갔다. 일본 사세보 항을 떠나 소련과 북한 쪽 해안을 따라 남하하던 푸에블로 호가 북한 영해를 침범했다는 것이 이유였다. 안 그래도 베트남에서 고전하고 있던 미국은 발칵 뒤집혔다. 더 이상 밀리시 말고 즉각 북한에 보복하라는 여론이 들끓었다. 미국은 푸에블로 호와 83명의 승무원을 즉각 돌려 달라고 요구하고, 만약 요구를 들어주지 않으면 당장이라도 북한에 쳐들어갈 것처럼 핵 추진 항공모함 엔터프라이스 호와 구축함 2척을 출동시켰다.

그러나 북한은 끄떡도 하지 않았다. 오히려 푸에블로 호 승무원들을 취조해 그들이 북한 영해를 침범했다는 것을 시인하고 사과하도록 했다. 미국은 소련에 중재를 요청했지만, 소련은 자기 문제가 아니라며 발을 뺐다. 북한은 승무원들에 대한 조사 결과를 발표하면서 미국이 전쟁 도발을 꾀하고 있다고 선전했다. 결국 미국은 그해 12월 23일 푸에블로 호가 북한 영해를 침범했다는 사실을 인정하고 사과까지 한 다음에야 승무원 82명과 시신 1구를 판문점에서 인도받을 수 있었다. 베트남 전쟁에 이은 초강대국 미국의 굴욕이었다. 그리고 얼마 되지 않아 아시아 문제에 개입하지 않는다는 닉슨 독트린이 나왔다.

1968년은 푸에블로 호 사건으로 끝나지 않았다. 이 해는 유난히 북한이 무장 간첩을 많이 파견한 해였다. 3월에는 동해안의 주문진에 침투한 무장 간

푸에블로 호. 1967년 10월

3선 개헌 반대 시위

첩들이 임무를 마치고 돌아가려다 국군의 사격을 받아 전원 사망했다. 북한과 미국이 일촉즉발로 치닫던 11월에는 울진 삼척 지구에 약 100여 명의 무장 간첩이 침투해 작전을 수행하는 과정에서 민간인이 죽는 일까지 일어났다.

남북한은 서로를 향해 브레이크 없이 질주하는 기관차였다. 6·25 전쟁 이래 최대의 전쟁 위기가 한반도에 감돌았다. 그러나 이러한 위기가 권력자에게는 기회가 될 수도 있었다. 박정희 대통령은 그해 4월 향토 예비군을 창설해 전방과 후방이 따로 없는 전쟁 대비 체제를 만들었다. 이처럼 국민 총동원 체제를 만들고 국민의 위기의식을 극단으로 치닫게 한 뒤 박정희 정권은 3선 개헌을 날치기*로 밀어붙였다. 과거에 이승만이 했던 것처럼 한 사람이 두 번까지만 할 수 있도록 한 대통령 임기 조항을 바꿔 세 번까지도 대통령을 하려 한 것이다. 이에 따라 박정희는 1971년 선거에 나서 신민당의 김대중 후보를 근소한 차이로 꺾고 당선되었다.

전쟁 위기를 이용해 권력 기반을 다진 박정희는 새로운 모험에 나섰다. 아무도 예상하지 못했던 북한과의 대화를 시도한 것이다. 1968년을 정점으로 해서 남북 사이에 워낙 심각한 전쟁 위기가 있었기 때문에 박정희

*날치기
법안을 가결할 수 있는 의원 정족수 이상을 확보한 당에서 법안을 자기들끼리 일방적으로 통과시키는 일.

같은 반공주의자가 북한과 대화를 한다는 것은 상상하기 어려운 일이었다. 그러나 당시 한반도 밖에서 진행 중이던 데탕트는 한국과 같은 최전선의 반공 국가도 거부할 수 없는 흐름이었다. 닉슨 미국 대통령이 더 이상 군사력으로 한국을 돕지 않겠다고 선언하고, 6·25 전쟁의 적국인 중국을 방문하는 상황이었다. 박정희에게 선택의 여지는 많지 않았다.

박정희 정권은 데탕트도 군사 정권다운 방식으로 했다. 중앙정보부장 (오늘날의 국가 정보원장)인 이후락은 1972년 5월 비밀리에 평양을 방문했다. 그곳에서 김영주 노동당 조직 지도 부장을 만난 이후락은 품속에 청산가리를 간직하고 있었다. 만약 일이 잘못되면 자살하기 위해서였다. 그러는 동안 민간 차원에서는 남북한의 적십자사*가 이산 가족을 찾아 주기 위한 회담을 벌이고 있었다. 휴전선 양쪽에 사랑하는 가족이 있는 천만 이산 가족은 남북 적십자 회담에 촉각을 곤두세우고 있었을 뿐, 반공을 국시로 한 정부가 나서서 남북 대화를 추진하고 있을 줄을 꿈에도 생각하지 못했다.

1972년 7월 4일, 꿈에도 생각하지 못했던 그 일이 일어났다. 이후락과 김영주가 각각 서울과 평양에서 남북 정부 사이의 합의 사항을 공동 성명 형식으로 발표한 것이다. 양측은 통일을 위한 세 가지 원칙에 합의했다고 밝혔다.

첫째, 외세에 의존하거나 외세의 간섭을 받음이 없이 자주적으로 해결하여야 한다.

둘째, 서로 상대방을 반대하는 무력행사에 의거하지 않고 평화적 방법으로 실현하여야 한다.

셋째, 사상과 이념 및 제도의 차이를 초월하여 우선 하나의 민족으로서 민족적 대단결을 도모하여야 한다.

그리고 양측은 이후락과 김영주를 공동 위원장으로 하는 남북 조절 위원회를 열어 이러한 원칙에 따른 통일 논의를 해 나가기로 합의했다. 저주받은 민족에게 벼락 같이 다가온 축복이었다.

자주·평화·민족 대단결로 요약되는 공동 성명은 한국인을 열광케 했다. 한국 현대사에서 가장 기뻤던 날을 꼽으라면 상당수 한국인이 이날을 말할 정도로 감격적인 순간이었다. 한국인이 가장 술을 많이 마신 날의 하나이기도 했다. 4·19 혁명 후 일어났던 통일 운동에서 반짝 희망을 품었다가 반공 군사 정권이 들어서면서 포기하고 있었는데, 기적처럼 정부 간 공식 대화가 시작된 것이다. 게다가 두 정부가 합의한 3대 원칙은 수십 년이 지나고 정권이 여러 번 바뀐 뒤에도 변함없는 통일의 원칙으로 존중받을 만큼 완벽했다. 아무리 미국과 중국의 국교 정상화에 등을 떠밀린 결과라 해도 박정희 정권의 결단은 온 국민의 지지를 받기에 충분했다.

그러나 박정희 정권의 성격이 바뀐 것은 아니었다. 7·4 남북 공동 성명은 국민적 합의에 기초해서 이루어지지 않고 정보 책임자의 목숨을 건 비밀 외교로 이루어졌다. 해방 후 최대 과제이자 민족 전체의 여망인 통일도 군사 작전 방식으로 처리한 것이다. 남북 대화도 정권 유지에 필요하다

제1차 남북 적십자 회담

면 언제든 바꿀 수 있는 카드에 불과했다. 남북 대화의 카드를 버리고 다른 카드를 내밀 때에도 5 · 16 쿠데타를 했던 솜씨 그대로 전격적인 작전이 동원될 게 뻔했다. 박정희 정권에게나 우리 국민에게나 불행했던 것은 그러한 카드 교체가 너무 빨리 이루어졌다는 점이다. 아니, 박정희 정권은 데탕트에 밀려 남북 대화 카드를 준비하면서도 이미 그것을 버릴 준비를 치밀하게 하고 있었는지도 모른다.

우드스탁 페스티벌(Woodstock Festival)은 1969년 8월 15일부터 4일간 미국 뉴욕 주의 베델 평원에서 개최된 음악 축제이다. 정식 명칭은 The Woodstock music and art fair 1969이다.

1969년은 미국 내의 여러 사회 문제들이 불거질 대로 불거진 해였다. 흑백 간의 인종 차별, 월남전 참전에 대한 반전 문제, 68 혁명부터 시작된 물질문명에 대한 반감 등이 한꺼번에 분출되었기 때문이다. 히피라 불리던 당시의 젊은이들은 이런 사회 문제를 사회로부터의 일탈이나 평화적인 공동체 추구 등을 통해 해결하고자 했다. 반전, 사랑, 평화를 주장하지만 적극적인 사회

"신나게 놀자~" 2010년 7월 30일 폴란드에서 열린 우드스탁 페스티벌에 참가한 사람들이 공연을 지켜보고 있다.

참여보다는 반문명적인 일탈을 지향한 것이다. 이런 그들의 행동 방식이 축제를 통해 분출되었다. 당시 기성세대와 정부가 이 행사를 곱게 볼 리 없었고, 여론도 좋지 았았다. 하지만 히피가 주축인 관객들은 악천후와 열악한 환경 속에서도 별다른 사고 없이 그들만의 열린 세상을 즐겼다.

우드스탁은 청년들을 하나의 문화 블록으로 결집시켰고, 1960년대의 낙관주의와 청년 연대의 상징이 되었다. 이후 우드스탁은 그들에게 다시 돌아갈 수 없는 이상향 혹은 향수의 대상이 되었다. 우드스탁 페스티벌이 1969년 변화에 대한 갈망으로 끓어오르던 시기의 미국에서 열린 것은 결코 우연이 아니었다. 그것은 1960년대 반물질문명 반전 운동을 상징하는, 20세기의 가장 큰 문화적 사건이었다.

박헌영

해방 이후 북한의 권력은 김일성이 이끌던 만주 항일 무장 세력과 박헌영을 중심으로 한 남로당파, 중국에서 항일 운동이나 국공 내전에 참여했던 최창익·무정·윤공흠 등의 연안파, 소련에서 활동하다 돌아온 허가이 등의 소련파 등이 공유하고 있었다. 이처럼 다양한 세력이 공존하면서 노선 경쟁을 벌이던 모습은 6·25 전쟁 이후 김일성 중심으로 권력이 재편되면서 서서히 사라졌다.

먼저 박헌영이 미국의 스파이였다는 혐의와 함께 6·25 전쟁에서 '조국 해방'을 이루지 못한 책임을 뒤집어쓰고 숙청됐다. 박헌영의 남로당 세력과 가까웠던 허가이 등 소련파도 이때 함께 권력에서 밀려났다.

이후 김일성의 항일 무장 세력과 연안파는 사이좋게 권력을 공유하면서 전후 복구에 전력을 기울여 괄목한 만한 성과를 일구어 냈다. 그러나 김일성 계열이 중공업 중심 노선을 강조하고 사회를 빠르게 사회주의 체제로 개조하려 한 반면, 연안파는 인민의 생활 수준을 향상시키기 위한 경공업과 농업 발전을 우선하는 경제 노선을 주장해 틈이 벌어졌다. 1958년 8월 연안파의 윤공흠은 조선 노동당 중앙 위원회 전원 회의에서 최고 지도자 김일성이 당을 비민주적으로 운영한다고 공개 비판했다. 그러자 김일성은 연안파를 반당 종파로 규정하고 맹렬한 공격을 가했다. '8월 사건'으로 불리는 이 사건 초기에 중국과 소련은 연안파를 지원했지만, 때마침 불어닥친 동유럽 사태와 이를 둘러싼 갈등으로 개입을 중단했다. 그 결과 김일성 세력은 연안파를 완전히 제거하고 권력을 독점하기에 이르렀다.

김일성의 권력 독점은 여기에서 그치지 않았다. 1967년 김일성은 자신과 함께 유격 활동을 했던 박금철 등 갑산파마저 숙청하고, 자신에게 모든 권력을 집중시키게 된다. 이처럼 김일성 유일 체제가 등장한 것은 세계 정세의 다극화와 중·소 대립으로 북한이 외부의 지원에 기댈 수 없게 된 사정과 깊은 관계가 있다. 이와 더불어 북한은 김일성 개인숭배를 강화하고 마르크스·레닌주의 대신 주체사상을 북한의 유일 지도 사상으로 강조해 나갔다.

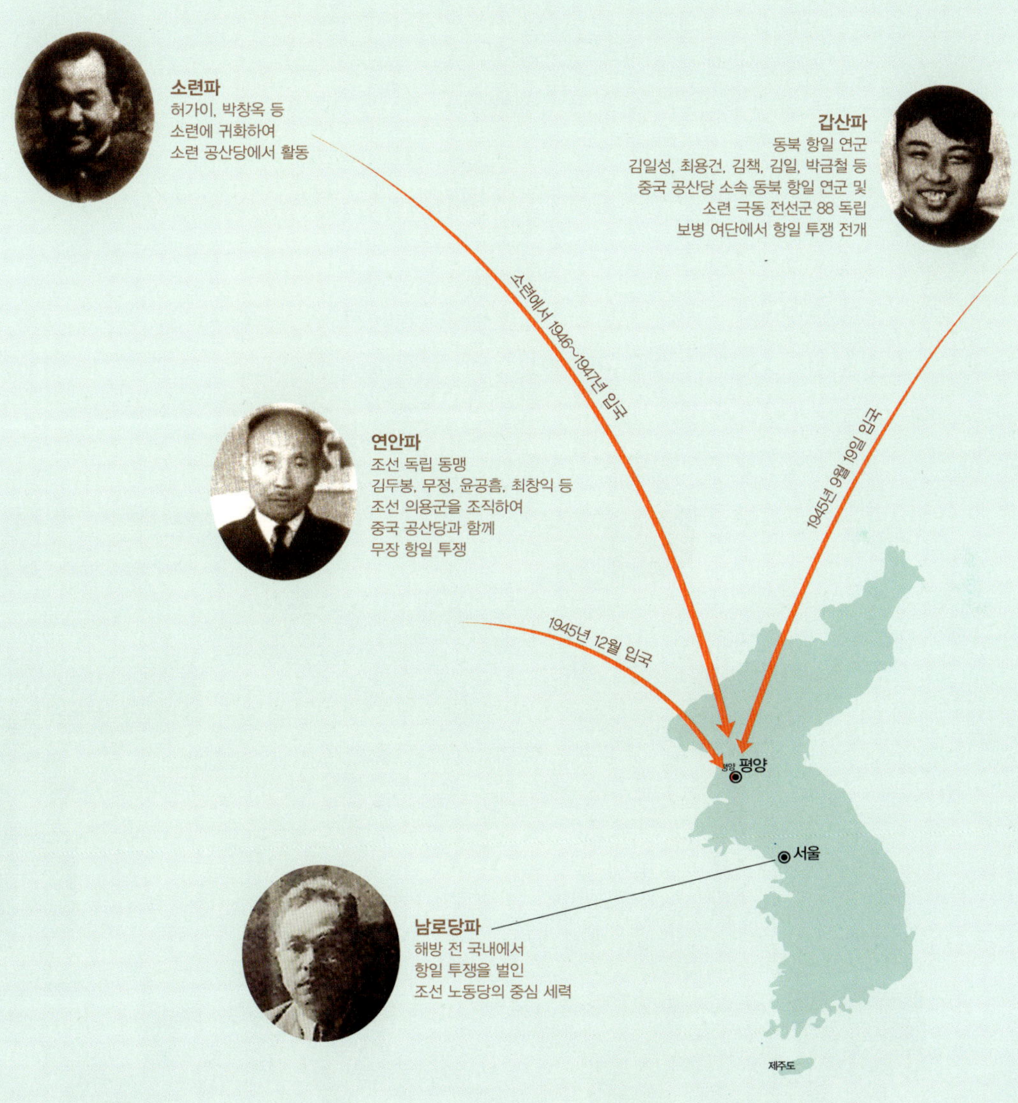

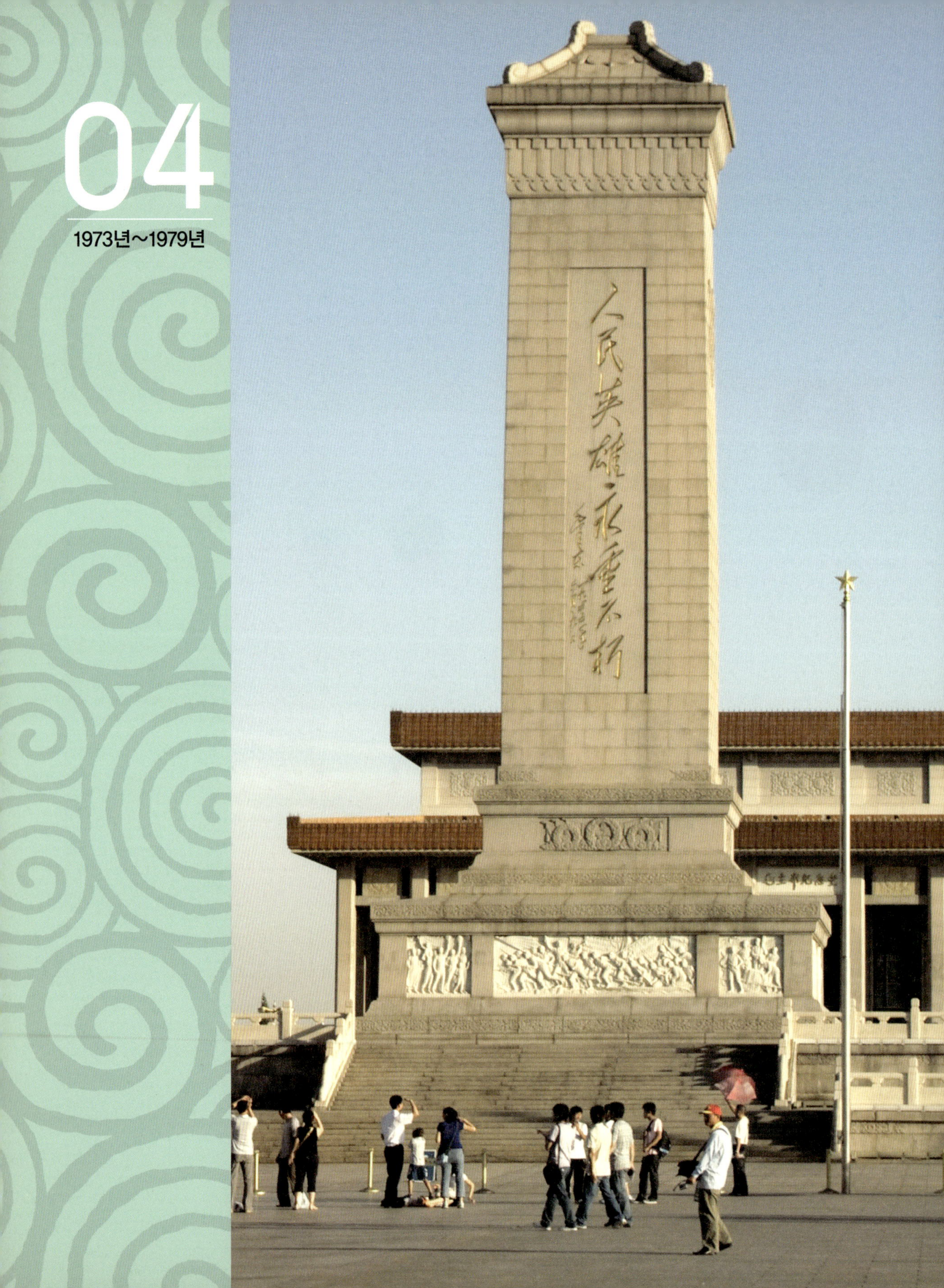

04
1973년~1979년

위기의 시대와 유신 독재

1970년대 초 미국과 소련이 이끌던 전후 세계 질서에 커다란 위기가 닥쳤다. 미국은 베트남 전쟁에서 역사상 최초의 패전에 직면했다. 이와 더불어 미국과 유럽이 산업의 원천으로 의존하고 있는 석유의 산지 서아시아에서 아랍 국가들과 이스라엘이 잇따라 전쟁을 벌여 석유 공급이 불안정해졌다. 2차 세계 대전 직후 세계 총생산의 절반을 차지하며 자본주의 세계의 수호신으로 군림하던 미국의 주도권은 경제 주도권이 흔들리면서 위기를 맞았다.

미국이 곤경에 처하면 콧노래를 불러야 할 소련도 사정이 여의치 않았다. 중국과 사이가 나빠지고 동유럽의 반발이 확산되면서 사회주의 중심 국가라는 지위는 점점 흔들렸다. 중국은 반둥 회의에서 비롯된 비동맹 회의에 적극 참여하면서 노골적으로 소련과 다른 노선을 걸었고, 독자적인 사회주의 건설에 박차를 가했다. 이를 따라서 알바니아, 유고슬라비아, 북한 등 소련과 다른 길을 가려는 사회주의 국가들이 속속 나타났다.

미국과 소련이 주도하던 냉전 체제에 가장 깊숙이 발을 담갔던 한국은 다급해졌다. 박정희 정부는 미국과 중국, 소련이 합종연횡하는 모습을 보면서 급한 대로 7·4 남북 공동 성명을 통해 남북 화해 무드를 조성하지만, 그것이 정권을 지켜 주는 길은 아니었다. 정권의 운명을 걸고 추진한 경제 성장도 세계 경제의 위기와 더불어 고비를 맞았다. 세계 경제의 위기와 냉전 체제의 전환기를 맞은 한국 정부와 국민의 선택은 무엇이었을까?

텐안먼 광장의 인민 영웅 기념비 1976년 저우언라이 사망 시 그를 추모하는 민중과 이를 저지하려는 당국과의 사이에 발생한 충돌 사건인 텐안먼 사건이 일어난 현장이기도 하다.

세계 경제의 위기 속에 10월 유신이 일어나다

경제 위기와 신자유주의의 등장

1971년 8월 15일, 제2차 세계 대전 종전 26주년을 맞아 닉슨 미국 대통령이 역사적인 선언을 했다. 2년 전 괌에서 발표했던 닉슨 독트린이 전후 세계의 정치 질서에 큰 변동을 가져온 선언이었다면, 이날의 발표는 전후 세계의 경제 질서를 뒤바꾸는 선언이었다. 그동안 다른 나라들이 금을 가져오면 1온스에 35달러씩 쳐서 바꿔 주던 '달러의 금 태환'*을 중단하겠다고 선포한 것이다.

그동안에는 금 1온스당 달러 가치를 35달러로 고정시키고 달러에 대한 세계 각국의 화폐 가치도 일정한 비율로 고정시켜 왔다. 이것은 1944년 미국 브레턴우즈에서 합의된 전후 세계 경제 질서의 기초였다.

이 브레턴우즈 협정에는 자본주의 국가뿐 아니라 소련도 참여했다. 그리하여 미국 달러는 전후 세계 각국이 무역을 할 때 결제 수단으로 사용하는 기축 통화가 되었다. 각국은 수입을 위해 달러가 필요하면 금을 들고 미국에 가서 달러로 바꿨고, 수출을 통해 달러를 벌어들이면 그 달러를 미

*태환兌換
지폐를 정화正貨와 바꾸는 것. 정화란 외환 시세와 관계없이 국제적인 평가로 유통되는 화폐를 말한다. 금 본위제를 채택한 현대 세계에서는 금이 정화이다.

국에 주고 금으로 바꿨다. 환율이 고정되어 있으니 환차손*을 걱정할 필요
도 없었고 환차익과 같은 불로 소득을 노릴 여지도 없었다.

제2차 세계 대전 직후의 미국은 전 세계 금의 78퍼센트를 보유하고
있었기 때문에 언제 누가 달러를 들고 와도 바꿔 줄 여력이 있었다. 세계 경
제는 미국을 중심으로 잘 돌아갔던 것이다.

그런데 닉슨 대통령 시기에 이르러 브레턴우즈 체제를 미국 스스로
깬 것이다. 그럴 수밖에 없었던 것은 미국의 금 보유량이 바닥을 드러냈기
때문이다. 당시 미국은 베트남 전쟁에 천문학적인 비용을 쏟아부은 데다 일
본, 서독 등의 성장으로 경쟁력이 떨어지고 있었다. 1971년 한 해 동안에만
27억 달러의 무역 수지 적자를 기록했으니, 브레턴우즈 협정 당시의 위풍당
당한 모습은 찾아보기 힘들어졌다.

미국 경제가 나빠지고 금 보유량이 얼마 안 된다는 소식에 각국은 앞
다투어 달러를 들고 미국으로 가서 금으로 바꿔 달라고 요구했다. 그러자
더 이상 버티지 못한 닉슨 대통령이 "바꿔 줄 금이 없다!"라며 손사래를 친
것이다.

이 선언으로 세계 경제에는 비상이 걸렸다. 금을 달러로 바꿀 수 없으
면 달러를 가지고 있는 수밖에 없다. 그런데 미국 경제가 나빠지고 있으니
달러의 실질 구매력은 갈수록 떨어진다. 예컨대 1달러로 빵 하나를 사 먹을
수 있었던 것이 이제는 2달러를 줘야 살 수 있게 되었다. 그런 달러를 가지
고 있느니 자기 나라 돈으로 바꾸는 게 낫다. 그런데 달러를 자기 나라 화폐
와 바꿀 때는 1944년에 정한 환율대로 바꿀 수밖에 없다. 결국 달러의 금
태환이 정지된 상태에서 달러를 가지고 있는 것은 앉아서 손해 보는 짓이
된 것이다.

이런 상황을 정상적으로 해결하려면 방법은 하나밖에 없다. 미국이
달러를 금으로 바꿔 줄 능력이 없다면 달러를 기축 통화로 쓰지 않으면 된

*환차손
환율의 변동으로 인하여 발
생하는 손해. 환율이 오르
면 수입 회사가 손해를 보
고, 환율이 내리면 수출 회
사가 손해를 입는다.

다. 그러나 미국은 계속 달러를 기축 통화로 사용할 것을 고집했다. 세계 각국이 달러로 무역 거래를 계속하는 한 아무리 미국 경제가 힘들어도 달러를 찍어 내는 미국은 여전히 세계 경제를 좌지우지할 수 있기 때문이다. 무역을 하는 나라들은 달러가 필요하게 될 것이고, 미국은 끊임없이 달러를 찍어 내어 세계 각국의 돈을 미국으로 끌어들이게 될 것이다.

이렇게 되자 세계 각국의 금융 당국은 1971년 12월 18일 미국 워싱턴의 스미소니언 박물관에 모여 환율을 조정하기로 했다. 달러의 실질 가치는 떨어지는데 금으로는 안 바꿔 주겠다고 하니 달러와 각국 화폐 사이의 환율이라도 현실에 맞게 바꾸자고 한 것이다. 이에 따라 달러 가치는 금 1온스당 35달러이던 것을 38달러로 평가 절하하고, 달러와 다른 화폐들 간의 환율도 2.25퍼센트 범위에서 시세에 따라 변동시키기로 했다.

물론 이것은 땜질 처방에 불과했다. 미국 경제는 계속 추락했고 세계 경제의 변동성은 커졌기 때문이다. 결국 세계 금융 당국은 1976년 1월 자메이카의 킹스턴에 모여 고정 환율제를 전면 폐지하고 환율의 변동을 시장에 맡기는 변동 환율제를 시행하기로 합의했다. 1978년 4월부터 시작된 킹스턴 체제는 브레턴우즈 체제를 완전히 대체하는 것은 아니다. 왜냐하면 달러의 금 태환과 고정 환율제가 깨졌음에도 불구하고 달러는 여전히 기축 통화의 지위를 유지했기 때문이다. 이후 세계 경제는 환율의 변동에 따라 엄청난 환차익과 환차손이 발생하고, 이런 외환 시장의 변동성을 이용한 온갖 투기성 펀드가 난무하는 금융 자본의 도박판으로 변질되어 갔다. 이전에 미국은 언제든지 달러를 금으로 바꿔 주던 믿음직한 맏형이었으나, 이제는 자기 호주머니가 빌 것 같으면 언제든지 달러를 찍어 내어 남의 돈을 빨아들이는 못된 형으로 바뀌어 갔다.

이처럼 미국 경제가 추락하면서 어두운 구름이 감돌던 세계 경제에 결정타를 먹이는 사건이 터졌다. 1973년 10월 6일 일어난 제4차 중동 전쟁이었다. 중동이란 북아프리카 일부 지역을 포함한 서아시아를 가리킨다. 이 지역 주민은 이슬람교를 믿고 아랍 어를 쓰는 아랍 민족이 다수를 차지한다. 그러한 아랍 민족 가운데 팔레스타인에 사는 사람들도 있었다. 그런데 제2차 세계 대전 직후 유대인이 그곳에 들어가 팔레스타인 사람들을 밀어내면서 문제가 일어났다. 유대인은 본래 기원전부터 팔레스타인에서 살았

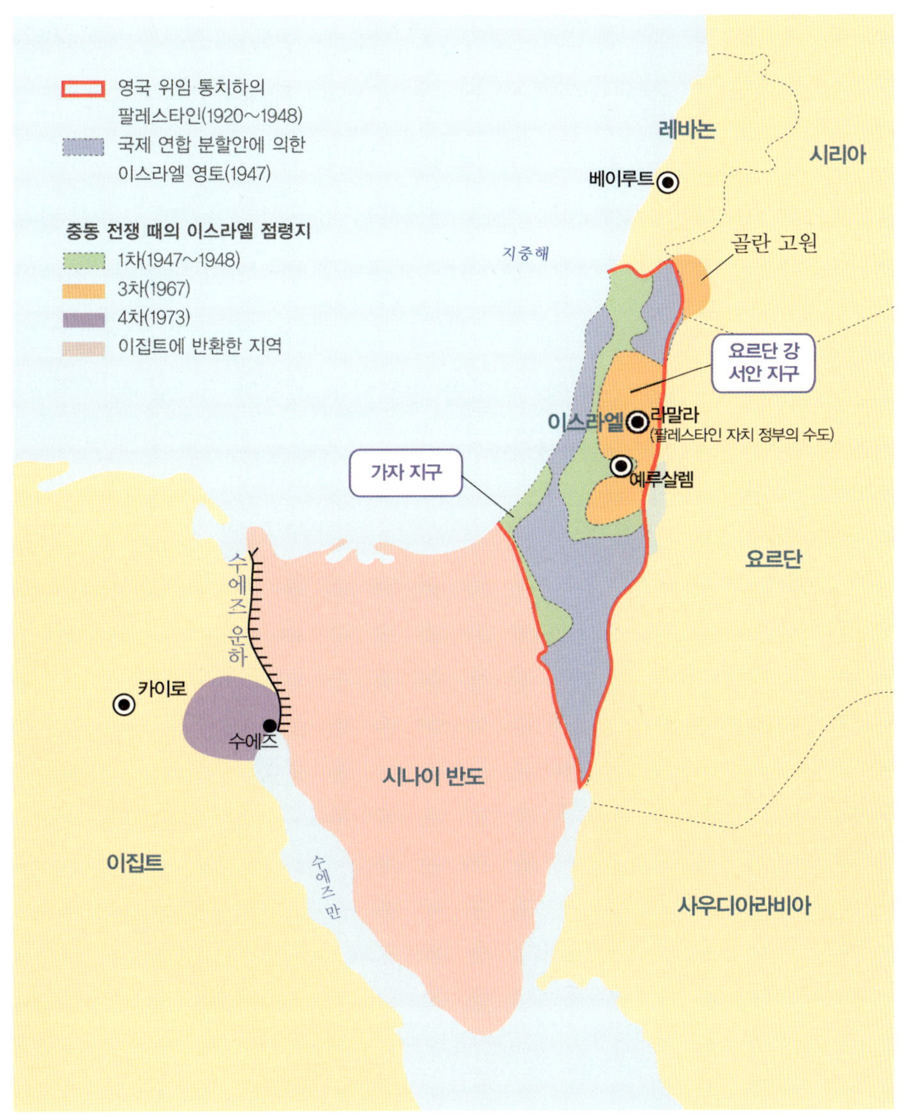

이스라엘의 독립과 중동 전쟁

으나, 바빌로니아나 로마 등 강대국의 침략을 받고 노예로 끌려가면서부터 세계 곳곳으로 흩어져 살았다. 그랬던 유대인이 2차 대전이 끝나자 연고지에 나라를 세우겠다며 들어온 것이다.

하지만 그곳에는 이미 아랍 계 팔레스타인 사람들이 오랫동안 삶의 터전을 이루어 살고 있었다. 유대인은 영국과 미국의 지원을 받아 그들을 몰아내고 이스라엘을 세웠다. 그러자 밀려난 팔레스타인 사람들을 돕기 위해 아랍 국가들이 힘을 합쳐 이스라엘을 상대로 전쟁을 시작했다. 미국에서 만든 첨단 무기로 무장한 이스라엘은 전쟁이 벌어질 때마다 승리했다. 하지만 그러면 그럴수록 아랍 국가들의 단결은 강해졌다.

아랍 국가들은 대부분 석유를 생산하는 산유국들이었다. 당시 세계 경제를 지탱하는 산업의 대부분은 석탄과 석유에 의존하고 있었다. 이라크·사우디아라비아·쿠웨이트·카타르 등 중동 산유국으로 이루어진 아랍 석유 수출국 기구OAPEC＊는 이스라엘을 지원하는 미국과 서유럽 등 서방 세계를 향해 석유 생산을 줄이겠다고 선언했다. 자원을 무기로 삼은 것이다.

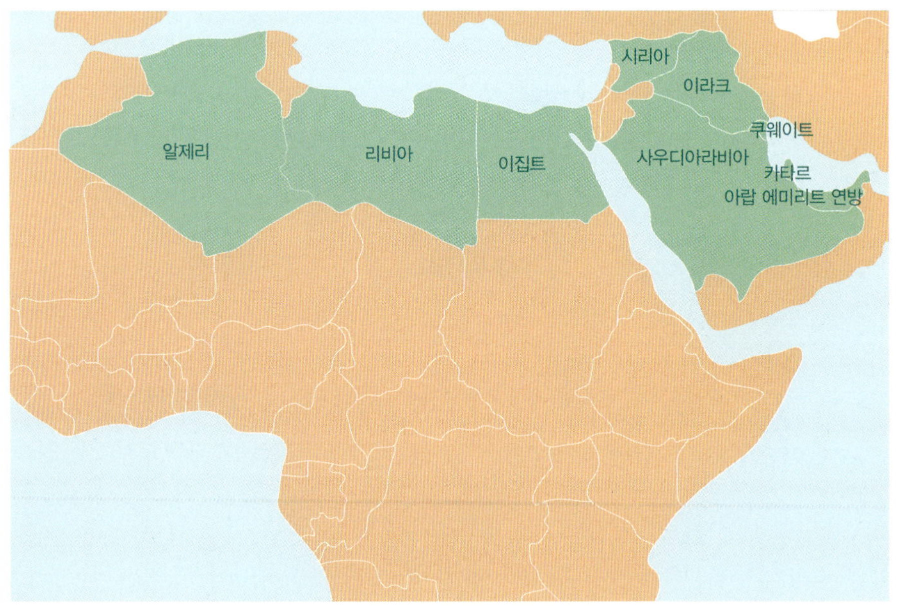

OAPEC 가입국

제4차 중동 전쟁이 일어나자마자 세계의 석유값은 들썩거렸다. 전쟁이 일어난 1973년 10월에는 배럴당 3.02달러였는데, 3개월 만인 1974년 1월에는 4배에 달하는 11.65달러까지 치솟았다.

석유값이 치솟자 안 그래도 휘청거리던 세계 경제는 직격탄을 맞고 쓰러질 위기에 처했다. 산업 생산이 대부분 석유에 의존하고 있었기 때문에 석유값이 오르자 이를 감당하지 못해 제품 생산이 급격히 줄어들고 공산품 값이 줄줄이 올랐다. 장기 호황을 누리던 세계 경제는 30년 만에 불황을 맞았다.

그런데 고전적인 경제 이론에 따르면, 경기가 침체에 빠져 불황을 맞으면 사람들의 호주머니가 가벼워져 소비가 줄어들기 때문에 물가도 떨어진다. 그러나 이번 불황은 달랐다. 경기는 경기대로 침체에 빠지면서 물가는 물가대로 하늘 높은 줄 모르고 치솟았다. 영어로 경기 침체를 스태그네이션stagnation이라 하고 물가 폭등을 인플레이션inflation이라 하는데, 이 두 가지가 한꺼번에 찾아왔다고 해서 경제학자들은 이를 스태그플레이션stagflation이라고 불렀다. 세계 경제가 일찍이 경험하지 못한 새로운 현상을 맞이한 것이다.

이러한 경제 위기로 말미암아 그동안 세계 경제를 지탱해 왔던 수정 자본주의 방식에 대한 비판의 목소리가 고개를 들게 되었다. 인플레이션을 몰고 온 주범은 시장에 지나치게 개입해 통화량을 늘리고 재정 적자를 늘린 정부라는 것이다. 밀턴 프리드먼, 프리드리히 오거스트 하이에크 등 시장의 조절 기능을 신봉하는 경제학자들이 정부의 개입을 줄이고 시장의 자율 기능을 회복시켜야 한다고 목소리를 높였다. 이러한 경제학자들의 사상을 고전적인 자유주의 경제 이론과 구별해 신자유주의라고 한다. 케인스 학파가 수립한 수정 자본주의가 한 시대를 풍미한 뒤에 이를 비판하며 새롭게 제기된 자유주의라는 뜻이다.

신자유주의는 자유방임주의의 부활인 동시에 그동안 미국과 서유럽 국가들이 추진해 온 기간산업의 공공성 확대와 노동자에 대한 배려, 복지 정책＊ 등이 전면 후퇴하는 것을 의미했다. 국가의 개입이 줄어들어 공기업이 민영화되고 세금이 줄어들면 사회 안정을 위해 시도했던 노동 정책과 실업자, 청년, 노인에 대한 복지 역시 줄어들 수밖에 없다. 전후 세계 경제의 패러다임을 완전히 바꾸는 경제 정책의 전환이 위기와 더불어 다가오고 있었다.

10월 유신과 한국의 중화학 공업화

1970년대의 문턱을 힘겹게 넘어서던 한국 경제에도 유가 폭등과 세계 경제의 위기는 큰 타격이었다. 더군다나 박정희 정부의 경제 성장 전략은 철저히 수출 중심의 해외 시장 의존 방식이었다. 그런데 한국이 절대적으로 의존하던 미국, 일본, 서유럽 등의 시장이 얼어붙으면 한국 경제의 진로는 불투명해질 수밖에 없었다.

한국 경제는 6·25 전쟁이 가져다 준 가난 때문에 세계 경제가 호황을 누리던 1950년대를 비참하게 보내야 했다. 1960년대 들어 5개년 경제 개발 계획을 추진해 1964년 수출 1억 달러를 달성하고＊ 1971년 경부 고속 도로를 완공하는 등 이제야 비로소 가난을 벗을 준비가 막 끝난 참이었다. 1967~1971년의 제2차 경제 개발 계획 기간 동안 수출은 5배나 늘었고 국민 총생산은 2.5배 증가했다.

경제 개발 계획이 보여 주는 것처럼 한국의 경제 성장은 전후 세계 경제를 지배한 패러다임에 따라 정부 주도로 이루어졌다. 그렇다고 해서 정부가 미국이나 서유럽처럼 노동자를 배려하고 복지를 챙길 여유는 없었다. 이미 살펴보았듯이 박정희 정부는 국민의 의사를 무시하고 쿠데타를 통해 정권을 잡은 정부였고, 수단과 방법을 가리지 않고 경제 규모를 키우는 데 운명을 건 정부였다.

박정희 정부는 루스벨트 정부처럼 대기업을 억눌렀지만, 그들의 탐욕을 억눌러 노동자에 대한 양보를 얻어 낸 것이 아니라 그들을 몰아붙여 더 많은 수출을 하고 더 많은 이윤을 끌어내도록 재촉했다. 군사 작전처럼 몰아붙이는 경제 성장 전략 아래 정부는 총사령부였고 대기업은 예하 사단이었다. 각 사단은 일사불란하게 수출 전선에 나서 병사들에 해당하는 노동자들을 가혹하게 닦달했다.

생산성 증가와 더불어 실질 임금이 상승해 대중 소비 시대를 누리던 미국과 서유럽의 노동자들과 달리 한국의 노동자들은 저임금에 하루 평균 15시간에 달하는 장시간 노동에 시달렸다. 선진국에서 이미 정착되었던 노동자들의 기본권은 법률 서적 속에만 있었다. 박정희 정부의 '수정 자본주의'는 루스벨트 식이 아니라 히틀러 식이었던 것이다.

이러한 현실을 깨닫고 노동 기본권을 보장하라며 정부와 언론에 촉구하다가 받아들여지지 않자 1970년 11월 13일 청계천 버들다리에서 자신의 몸을 불사른 청년 노동자가 있었다. 수출 산업의 한 날개를 담당하던 청계천 평화 시장의 의류 제조 회사에서 재단사로 근무하던 전태일이었다.

그는 하루 종일 햇빛도 보지 못하고 나쁜 공기에서 일하느라 폐병, 안질 등에 시달리는 여공들의 처지를 개선해 달라며 노동청과 서울특별시에 진정을 냈으나 번번이 묵살 당했다. 버젓이 노동 기본법이 있는 나라에서 이런 일이 일어나자 〈대통령에게 보내는 편지〉를 통해 노동자도 사람으로 대

경부 고속 도로 개통
서울−부산 간 고속 도로가 1968년 2월 1일에 공사를 시작, 총공사비 429억 7300만 원을 들여 70년 7월 7일 개통됐다. 우리 기술과 장비, 국내 재원만으로 이룩된 이 고속 도로는 총 연장 428킬로미터에 4차선을 갖춘 건국 이래 가장 큰 건설 공사였다.

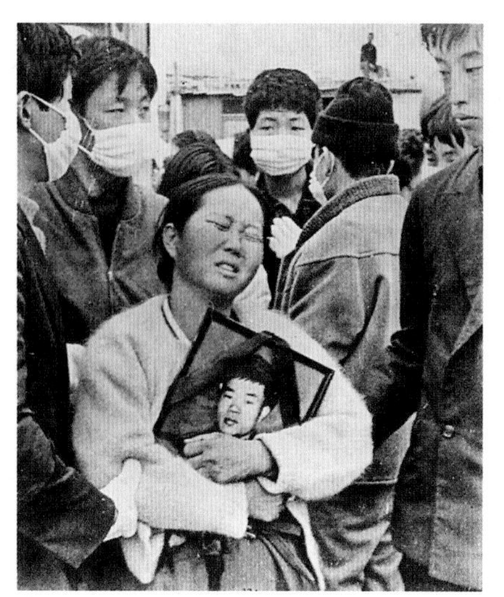
전태일 영정을 안고 있는
어머니

＊유신維新
낡은 제도를 새롭게 바꾼다
는 뜻. 10월 유신은 일본의
메이지 유신(1867)을 본뜬
것이다.

＊ 헌법 개정에 따라 권력
구조가 바뀔 때마다 공화국
에 새 숫자가 붙는다. 제1
공화국(제헌 헌법에 따른 이승
만 정권), 제2 공화국(4·19
혁명으로 성립한 장면 정권),
제3 공화국(5·16 쿠데타로
집권한 박정희 정권), 제4 공
화국(유신 정권), 제5 공화국
(12·12 쿠데타로 집권한 전두
환 정권), 제6 공화국(1987년
6월 항쟁 뒤의 국민 직선 체제)
으로 이어져 왔다.

접해 줄 것을 간절히 호소했다. 그러나 아무런 개선도 이루어
지지 않는 것을 본 청년 전태일은 끝내 "우리는 기계가 아니
다! 일요일은 쉬게 하라!"라고 외치며 분신자살하고 말았다.

전태일 사건은 국민의 기본적인 인권은 아랑곳하지 않
고 경제 성장에만 매달리던 1970년 한국 사회의 초상이었다.
노동자를 억누르고 민주주의를 희생시키던 박정희 정부가 데
탕트의 분위기 속에서 안팎의 위기를 돌파하기 위해 7·4 남
북 공동 성명을 추진한 것은 이미 살펴본 대로이다. 그러나
박정희 정부는 통일 논의에 따른 '해빙'의 분위기가 정치적 자
유화로 이어지는 것을 허용하지 않았다. 7·4 남북 공동 성명의 흥분이 가라
앉기도 전인 1972년 10월 17일 박정희 대통령은 비상 계엄령을 선포하고 그
동안 형식적으로 유지되던 민주주의 제도를 모두 정지시켰다. 그리고 이른
바 '10월 유신＊'을 추진하겠다고 발표했다. 국회를 해산하고 자유로운 정치
활동을 금지하며 일부 헌법의 효력마저 정지시켰다.

박정희가 주재하는 비상 국무 회의가 헌법의 기능을 대신하면서 민주
주의를 말살하고 박정희의 종신 집권을 가능케 할 유신 헌법을 만들었다.
이 헌법은 공포 분위기 속에 11월 21일 국민 투표에 붙여져 91.9퍼센트의
투표율과 91.5퍼센트의 높은 찬성률로 통과되었다. 이에 따라 12월 15일
유신 정권의 친위 부대인 '통일 주체 국민 회의'가 만들어져 이 단체의 간접
선거로 박정희가 새 대통령에 선출되었다. 경제 개발만큼이나 전격적인 군
사 작전 방식으로 태어난 유신 정권을 흔히 제4 공화국＊이라고 한다. 제4
공화국을 출범시킨 통일 주체 국민 회의의 체육관 선거는 2,359명이 참여하
여 2,357명이 찬성표를 던져 99퍼센트의 찬성률을 기록했다. 나머지 2명의
표는 반대표가 아니라 무효표였다. 세계 선거사상 유례없는 기록이었다.

유신 정권은 8·15 해방 뒤에 한국 현대사를 얼룩지게 만든 독재 정권

가운데서도 가장 끔찍하고 노골적인 독재를 행사했다. 서구적 민주주의는 한국에 맞지 않는다며 노골적으로 민주주의를 거부하고 국민의 기본권을 말살했다. 언론과 집회의 자유가 사라져 유신 정권을 비판하는 말만 해도 잡혀가는 공포 천지가 되었다. 모든 권력을 유신 세력에 집중시켜 냉전 체제와 세계 경제의 위기를 돌파하겠다는 생각이 담긴 폭거였다.

가까스로 돌파구를 마련했던 남북 대화는 유신 정권이 들어서면서 점점 형식적으로 되어 가다가 다시 막혀 버렸다. 1971년 대통령 선거에서 신민당 후보였던 김대중은 10월 유신으로 정치 활동의 길이 막혀 버리자 미국과 일본 등을 돌면서 유신 정권의 반민주적인 폭거를 강력하게 비판했다. 그러자 목숨을 걸고 7·4 남북 공동 성명을 추진했던 이후락 중앙정보부장이 이번에는 정권의 운명을 걸고 1973년 일본에서 김대중을 납치해 공해상에서 살해하려 했다. 일본과 미국의 개입으로 김대중은 가까스로 목숨을 건졌고 유신 정권은 국제 사회의 비난에 부딪쳤다.

국제적 고립 속에 유신 정권은 더욱더 경제 위기를 극복하기 위해 전

통일 주체 국민 회의
1972년 조국의 평화적 통일을 추진한다는 취지를 내세워 만든 간접 선거인단으로 박정희 독재 정권이 국민의 직접 투표권을 빼앗기 위해 설립한 기구이다. 1972년 12월 서울 장충 체육관에서의 제8대 대통령 선거 장면.

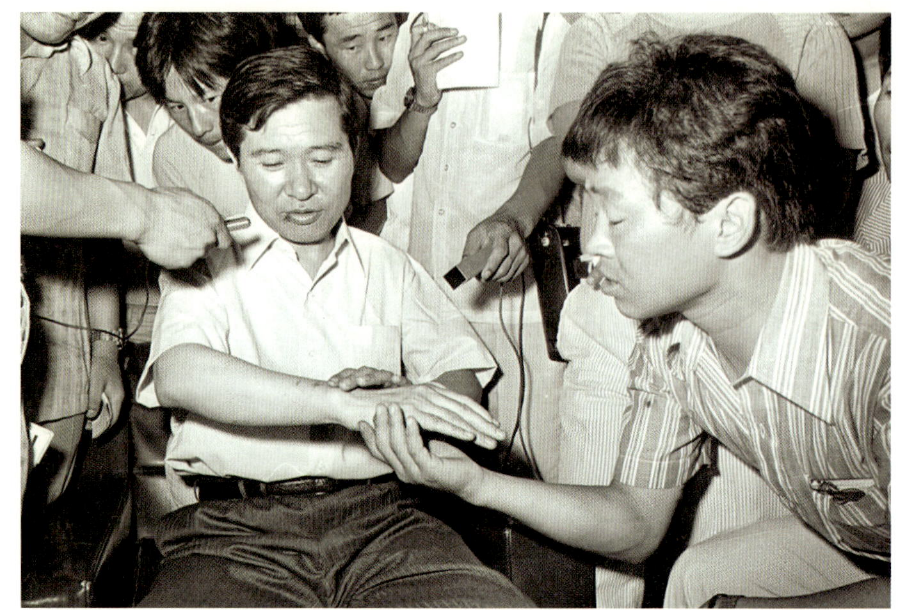

력을 다했다. 박정희 대통령의 해답은 그동안 옷, 섬유, 신발 등 경공업 제품의 수출에 주력해 오던 경제 구조를 중화학 공업 중심으로 바꾸는 것이었다. 철강, 자동차, 배 등 덩치가 커서 부가 가치가 높은 제품을 직접 만들어 수출하면 경공업 제품을 수출할 때보다 훨씬 큰 이익을 볼 수 있기 때문이었다. 그렇게만 되면 미국에 대한 의존도 줄여 나가고, 10월 유신이 국제적인 고립을 초래하더라도 정권을 안정적으로 지킬 수 있다고 판단한 것이다.

박정희 대통령은 10월 유신의 궁극적 목표가 중화학 공업화라고 주장하며 '10-100-1000'이라는 구호를 내걸었다. 10월 유신으로 100억 달러 수출과 1인당 국민 총생산(GNP) 1000달러를 달성하겠다는 뜻이었다. 1973년 6월 9일 완공된 포항 종합 제철은 이 같은 중화학 공업화의 신호탄이었다.

포항 제철 전경

영남권의 울산, 구미, 옥포, 창원 등에 잇따라 조선, 자동차, 석유 화학 공장 등 중화학 공업 단지가 들어섰다.

이와 같은 유신 정권의 중화학 공업화 전략은 미국의 전폭적인 지원을 받았다. 유신 정권이 야당 지도자 김대중을 죽이려 하는 등 전후 세계의 보편적 가치로 떠오르고 있던 민주주의 체제를 부정하고, 경제적으로도 미국에 대한 의존도를 줄이려 했기 때문에 미국의 마음에 들었을 리는 없다. 그러나 아시아 반공 전선의 보루인 한국이 경제적 곤란에 빠져 흔들리는 것은 미국에게 최악의 시나리오였다. 1975년 4월 30일 사이공이 함락되어 베트남 전쟁이 미국의 패배로 막을 내리자 한국을 지켜야 한다는 미국의 강박 관념은 더욱더 심해졌다. 게다가 첨단 정보 산업 쪽으로 중심이 넘어가고 있던 미국에서 중화학 공업은 더 이상 높은 부가 가치를 낳는 산업도 아니었다. 따라서 한국의 중화학 공업이 성장한다고 해서 미국에 위협이 될 가능성도 적었다. 미국은 한국이 중화학 공업을 집중적으로 육성해 경제 위기에서 빠져나오는 것을 적극 지원했다.

그 결과 1970년대는 한국 현대사에서 최악의 독재 정권에 의해 민주주의가 압살된 시기인 동시에 중화학 공업이 발전하면서 '한강의 기적'이라 불리는 기록적인 경제 성장이 이룩된 시기로 남게 되었다.

한국과 중국에서 한 시대가
막을 내리다

1970년대 초반 세계를 강타한 세계 경제의 위기는 그동안 미국 중심으로 돌아가던 자본주의 경제 체제의 대전환을 예고했다. 경기 침체 속에서도 물가가 치솟는 스태그플레이션 사태를 놓고 여러 가지 처방이 제시되었다. 이러한 처방 가운데 점차 힘을 얻어 가는 주장이 신자유주의였으며, 신자유주의는 노동에 대한 자본의 반격을 의미했다. 기간산업을 국가가 직접 운영해 공공의 이익을 증진한다든가, 생산성 향상에 따르는 실질 임금 상승을 노동자에게 보장한다든가, 실업자나 사회적 약자에 대한 복지 혜택을 제공한다든가 하는 기존의 방식을 포기하고, 자본의 이윤을 우선적으로 추구하는 방향을 제시했기 때문이다.

마오쩌둥의 죽음과 개혁 개방의 시작

소련을 비롯한 사회주의권에서는 1970년대에 닥친 세계 경제의 위기를 '자본주의의 일반적 위기'라고 규정했다. 자본주의를 지키기 위해 고전적인 자유 시장 경제 이론을 포기하고 사회주의적 요소까지 도입했는데, 이제 그것마저 무너지고 해결 불가능한 수렁으로 빠져들었다는 것이다. 이대로 가면 자본주의 체제는 스스로 무너지고 각국의 노동 대중에 의해 사회주의로 변하게 되리라는 낙관적인 전망도 생겨났다. 1975년 베트남 전쟁이 끝나고 인도차이나 반도가 공산화되면서 사회주의권의 자신감은 절정에 이르렀다.

그러나 사회주의권의 내부 사정도 간단치 않았다. 1963년에 시작된 중·소 논쟁은 1969년의 중소 국경 충돌로 파열음을 냈고, 1968년 체코슬로바키아의 반소 자유화 운동을 진압한 소련은 사회 제국주의라는 비난까지 들었다. 이러한 사회주의 체제의 분열 때문에 소련과 중국의 적극적인 지원을 기대하기 어렵게 된 북한도 1970년대 들어 주체사상*을 전면적으로 내세웠다. 주체사상은 소련식 마르크스·레닌주의와 결별하고 자기 방식대로 나라를 꾸려 가겠다는 의지의 표현이었다.

흔히 냉전 체제를 자본주의 국가들과 사회주의 국가들 사이의 대결로만 생각하기 쉽다. 그러나 자세히 들여다보면 그러한 국가 간 대결도 사실은 각국 내부의 자본가와 노동자의 대립 관계에서 비롯된 것임을 알 수 있다. 1929년 대공황 이후 루스벨트 대통령이 뉴딜 정책을 실시해 대자본을 억제하고 노동자들에게 일정한 양보를 한 것도 노동자들이 극단적인 빈곤으로 몰려 폭동이나 혁명을 일으킬 가능성을 예방하려는 측면이 강했다. 제2차 세계 대전 이후 미국과 서유럽이 그토록 대중의 복지에 신경을 쓴 것은 사회주의의 확산에 대응해 자기 나라 노동자들을 포용하기 위해서였다.

이러한 내부 갈등은 자본주의 국가들에만 있는 것이 아니었다. 스탈린이나 흐루쇼프는 소련이 계급 없는 사회주의 국가로 완성되었다는 판단 아래 넘치는 자신감으로 서방을 대했지만, 사회주의 국가 내부에서 자본주의적 요소를 추구하는 세력이 아주 없어진 것은 아니었다. 소련처럼 공업화가 진척된 나라는 물론 중국 같은 농업 국가에서도 그러했다. 공장과 농장

＊주체사상主體思想
북한의 공식 이념. 1967년 12월 김일성이 발표한 내외 정책의 기본 방침(정치에서의 자주, 경제에서의 자립, 국방에서의 자위)을 중심 내용으로 한다. '주체사상을 핵심으로 하는 사상·이론·방법의 전일적 체계'를 김일성주의라고 한다.

을 소유한 자본가 계급이 사라지고 노동자의 국가가 그 모든 생산 수단을 장악해 계획에 따라 생산을 늘리고, 늘어난 생산물은 모든 국민이 고르게 나눠 갖는 것이 사회주의의 이상이다. 그러나 산업 기반이 충분히 성숙한 상태가 아니기 때문에 국가와 대중의 의지만으로 생산이 계획대로 늘어나지는 않았다. 도리어 중국의 대약진 운동에서 볼 수 있는 것처럼 무리한 계획과 미숙한 사업 추진으로 말미암아 대다수의 대중만 피해를 보고 경제는 후퇴할 수도 있었다.

이런 상황에서 중국 공산당에서는 두 갈래의 노선이 치열한 대결을 벌였다. 마오쩌둥은 어떤 경우에도 인민의 대다수를 차지하는 농촌 대중을 조직하여 그들의 힘으로 경제를 성장시키고 사회주의를 완성시켜 나가야 한다는 생각을 가지고 있었다. 반면 류사오치, 덩샤오핑 등은 공업을 우선 육성해야 하며 그러기 위해서는 전문가의 힘을 빌려야 한다고 믿었다. 대약진 운동이 실패로 돌아간 뒤 마오쩌둥은 일시적으로 국가 주석에서 물러났고, 덩샤오핑과 류사오치가 자신들의 신념을 행동으로 옮겼다.

그러나 마오쩌둥은 당 중앙를 차지한 류사오치와 덩샤오핑의 노선이 자본주의적 요소를 도입하고 중국 사회주의의 미래를 위협할 것이

마오쩌둥에 의해 친자본주의 세력으로 몰린 덩샤오핑, 류사오치와 미국의 카터 대통령

라고 생각했다. 물론 그것은 바로 마오쩌둥 자신의 권력을 위협하는 것이기도 했다. 1966년 시작된 문화 대혁명은 당 지도부에 대한 마오쩌둥의 반격이었다. 그해 8월 톈안먼 광장에서 마오쩌둥을 지지하는 100만 인 집회가 열리고 마오쩌둥의 사상을 지지하는 청년 조직인 홍위병이 집결했다. 가장 많을 때는 1,300만 명까지 불어난 홍위병은 여러 차례 마오쩌둥과 함께 집회를 갖고 류사오치, 덩샤오핑 등 공산당 지도부의 수정주의 노선을 비판하고 사회주의 원칙에 어긋나는 전통 가치와 부르주아 문화를 배격했다.

중국 인민의 폭넓은 사랑을 받고 있는 저우언라이

이때 마오쩌둥과 홍위병이 내세운 구호가 "조반유리造反有理", 즉 모든 반란에는 이유가 있다는 것이었다. 마오쩌둥을 밀어내고 공산당 지도부를 차지한 당 간부들이 나라를 잘못 이끌어 가고 있으니 자신들이 들고 일어났다고 그들은 주장했다. 이들 홍위병은 당 지도부와 지식인에 대해 거침없는 공세를 가해 수많은 사람들을 공개 처형하고 문화유산을 반혁명적인 가치로 깎아내려 파괴했다. 마오쩌둥은 당 간부와 지식인들에게 시골로 내려가 대중과 함께 지내며 진정한 사회주의 지식인으로 거듭날 것을 주문했다. 수많은 젊은이들이 살아남기 위해 이와 같은 '하방'의 길을 택했다.

문화 대혁명은 극단적인 평가를 동시에 받았다. 대중의 힘을 재발견하고 이를 통해 낡은 가치를 일거에 날려 버리는 위대한 실험이라는 극찬을 받는가 하면, 하극상이 난무하고 수백만의 인명을 희생시켰으며 부정부패를 낳고 경제를 후퇴시킨 난동으로 비난받기도 한다. 시간이 흐를수록 문화 대혁명의 부작용과 단점이 부각되었다. 그러자 마오쩌둥의 오랜 동지인 저우언라이 총리는 1973년 실각했던 덩샤오핑을 다시 불러올리도록 추천했다. 재등장한 덩샤오핑은 저우언라이와 더불어 경제 회복을 추진하고 실용적인 외교 노선을 벌여 나갔다.

저우언라이는 조심스럽게 문화 대혁명의 문제점을 지적하고 고쳐 나가던 중 1976년 1월 세상을 떠났다. 그러자 중국 공산당 내에서는 저우언라

4인방의 수장으로 공개 재판 받는 마오쩌둥의 부인 장칭

이를 '주자파'로 비판하는 움직임이 고개를 들었다. 그해 4월 4일 청명절을 맞아 저우언라이를 추모하는 대중이 손에 손에 화환을 들고 톈안먼 광장의 인민 영웅 기념비에 모여들었다. 그들은 저우언라이의 친필이 새겨진 기념비를 화환으로 둘러쌌다. 인민 영웅 기념비가 저우언라이를 추도하는 제단으로 바뀐 것이다. 그러자 정부 당국은 그 화환들을 모조리 치워 버렸다. 분노한 대중은 시위를 벌이며 건물과 자동차를 불태우고 마오쩌둥의 측근들을 비판하는 플래카드를 높이 들었다. 명백한 마오쩌둥에 대한 반란이었다. 마오쩌둥의 친위 세력은 이 반란의 책임을 물어 덩샤오핑 공산당 부주석을 해임했다. 이것이 '제1차 톈안먼 사건'이었다.

그해 9월 마오쩌둥이 사망하자 정국은 다시 한 번 반전되었다. 공산당 총서기 화궈펑은 마오쩌둥의 측근이던 4인방*을 체포하고 문화 대혁명의 공식 종결을 선언했다. 그리고 쫓겨났던 덩샤오핑도 복귀했다. 1978년 12월 공산당 전체 회의에서 덩샤오핑은 중국이 개혁과 개방이라는 새로운 길로 나아가야 한다고 선언했다. 문화 대혁명 시기의 계급 투쟁 노선을 벗어나 경제 성장에 집중해야 한다는 목표를 제시한 것이다. 이후 문화 대혁명은 중국 공산당에 의해 마오쩌둥의 극좌적 과오이며 중국을 혼란에 빠뜨린 '10년 동란'으로 규정되었다.

문화 대혁명이 막을 내리고 개혁 개방의 시대가 열린 것은 자본주의 세계에서 '수정 자본주의'가 막을 내리고 자본의 자유를 강조하는 신자유주의 시대가 열린 것과 시기적으로 미묘한 일치를 보인다. 1979년에는 영국 총선거에서 신자유주의를 추구하는 보수당이 승리하고 '철의 여인'이라고 불리는 마거릿 대처가 총리로 취임했다. 대처 총리는 노동조합의 과도한 권

*4인방

마오쩌둥의 치 장칭과 왕훙원, 장춘차오, 야오원위안 등 제1차 톈안먼 사건의 처리를 주도한 4명을 가리킨다.

력과 지나친 복지 비용에서 나오는 중산층의 나태함 등을 '영국병'으로 비판했다. 그리고 복지 축소, 감세 (세금을 줄이는 것), 작은 정부, 노동조합의 권한 축소 등 전형적인 신자유주의 정책의 칼날을 휘두르기 시작했다. 중국과 영국에서 동시에 나타난 이 같은 변화는 사회주의 국가든 자본주의 국가든 역사의 흐름이 노동의 우세로부터 자본의 우세로 선회하기 시작했음을 보여 주는 증거였다.

신자유주의의 기수 마거릿 대처 영국 수상(위)

박정희의 죽음과 유신 정권의 종말

세계 경제가 중대한 전환기를 맞이한 1970년대, 한국의 유신 정권은 중화학 공업화를 통한 경제 성장을 밀어붙였다. 연평균 10퍼센트에 육박하는 고도성장을 계속한 끝에 1977년 수출은 100억 달러를 돌파하고 1인당 국민 총생산은 1,000달러에 육박했다. 10월 유신의 명분이었던 '10 −100 −1000' 공약이 5년 만에 달성된 셈이다.

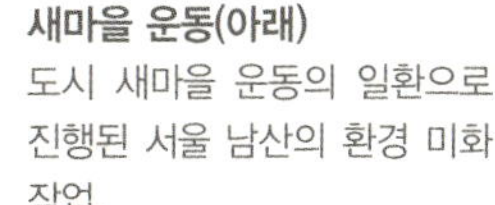

새마을 운동(아래)
도시 새마을 운동의 일환으로 진행된 서울 남산의 환경 미화 작업.

농촌도 1970년에 시작된 새마을 운동을 통해 변모하기 시작했다. 푸른색 새마을 모자를 쓴 젊은이들이 "새벽종이 울렸네~" 하는 새마을 노래에 맞춰 빗자루를 들고 골목을 청소하는가 하면 초가집들이 초가지붕을 벗고 슬레이트 지붕으로 새 단장했다.

이처럼 강력한 독재 정부가 일방적으로 경제 개발을 밀어붙이는 현상은 제2차 세계 대전 이후 등장한 신생국에서 종종 볼 수 있는 일이다. '개발 독재'라고 불리는 이 현상은 특히 한국에서 큰 성공을 거둔 것으로 평가된다. 북한에 뒤처져 있던 한국 경제는 이 같은 불도저 식 경제 개발로 말미암아 1970년대 후반부터 본격적으로 북한을 추월하고 후진국을 벗어나 개발 도상국으로 진입하게 되었다.

1970년대 고도성장의 혜택을 가장 많이 받은 것은 '재벌'이라고 불리는 대기업 그룹들이었다. 삼성, 현대, 럭키 금성, 대우 등 재벌들은 중화학 공업화를 추진하는 정부로부터 각종 정책 금융 혜택을 받고 점점 더 몸집을 키웠다. 1975년부터 도입된 종합 무역 상사 제도는 정부로부터 종합 무역 상사로 지정된 대기업이 시중 금리의 절반에 불과한 금리로 대출받을 수 있게 했다. 이를 통해 46대 재벌이 국내 총생산에서 차지하는 비중＊은 1978년에 17.1퍼센트를 기록하게 되었다.

그런데 이처럼 독재 정권에 의해 길러졌다 하더라도 재벌들이 일정한 힘을 갖게 되면 경제 논리에 따라 자신들의 힘으로 자유롭게 시장을 지배하고 싶게 마련이다. 때마침 세계적으로 불고 있는 신자유주의 바람은 한국에서도 재벌들이 정부의 통제를 벗어나 자유롭게 이윤을 추구할 수 있는 기회로 다가왔다. 그러나 오랜 독재 정치를 통해 비정상적으로 커진 국가가 한 발 물러나 민간 기업에게 더 많은 자유를 주고 시장을 풀어 주는 것은 그리 쉬운 일이 아니었다.

더군다나 신자유주의는 각국의 시장을 자유 경쟁의 원리에 따라 자유롭게 개방하는 것까지 의미했다. 국가의 보호를 받으며 성장한 국내 재벌들이 개방된 시장에서 외국 기업들과 경쟁하는 것은 결코 낙관할 수 있는 일이 아니었다. 자칫 국가의 보호막 속에서 자라난 국내 기업들이 노회한 외국 기업과 금융 기관의 먹잇감으로 전락할 수도 있었다. 유신 정권 말기의 경제 당국은 이런 점들을 고려하며 신자유주의를 받아들일 것인가 말 것인가 고민하고 있었다.

경제가 성장하는 가운데 한국 정치는 최악의 시기를 겪고 있었다. 최소한의 민주적 장치조차 없애 버린 유신 정권은 국민의 기본권을 철저히 탄압했다. 서슬 퍼런 유신 정권의 기세에 숨죽이던 국민은 1973년 8월에 일어난 김대중 납치 사건을 보고 분노하면서 서서히 기지개를 켰다.

가장 먼저 반응을 보인 곳은 대학가였다. 그해 9월 개학과 더불어 대학생들이 벌이기 시작한 시위는 고등학생들에게까지 번져 나갔다. 그러자 야당 정치인과 종교계 인사들은 공화당 정부의 인권 탄압을 규탄하면서 반민주적인 유신 헌법을 개정하자는 개헌 서명 운동을 벌이기 시작했다. 박정희 대통령은 이에 대응해 1974년 1월 '긴급 조치 1, 2호'를 발표했다. 일체의 개헌 논의를 금지하며 이를 위반하는 자는 비상 군법 회의에 회부한다는 내용이었다.

정부가 강경책으로 나오자 학생과 지식인들의 반유신 운동은 지하로 숨어들었다. 대학생들은 정부를 비판하는 내용을 담은 지하 신문을 발행하고 동맹 휴학을 벌였다. 재야 운동가들도 교회에 모여 시국 선언문을 발표하는 방식으로 저항했다.

이러한 반정부 운동이 일파만파로 퍼져 나갈 것을 우려한 유신 정권은 그해 4월 대규모 반체제 운동 사건을 조작해 발표했다. 전국 민주 청년 학생 총연맹(민청학련)이라는 불법 단체가 불순 세력의 조종을 받고 대한민국 정부를 전복하려 했다는 엄청난 내용이었다. 민청학련을 사주한 불순 세력은 인민 혁명당(인혁당)* 재건 위원회라고 했다. 인혁당이라는 단체가 이미 북한의 사주를 받은 반국가 단체로 낙인찍혀 있었기 때문에 민청학련에 관련된 학생들은 전원이 북한과 연루된 셈이 되었다.

중앙정보부는 민청학련이 폭력으로 정부를 전복하기 위해 민중 봉기를 일으키려 했다고 주장하며, 그 과정에서 국내외 공산주의 세력과 반정부 세력을 규합하려고 했다는 시나리오를 제시했다. 이 사건으로 무려 180명이 구속되어 인혁당 재건 위원회 관계자 8명이 사형당하고, 민청학련 주모

인혁당 관련자 선고 공판
1975년 4월 8일 오전 민청학련 인혁당 관련 사건 피고들에 대한 대법원 전원 합의체 상고심 선고 공판.

자들은 사형부터 무기징역까지 중형을 선고받았다. 이 사건의 변호를 맡았던 강신옥 변호사는 피고인들의 혐의가 조작됐다고 주장하며 "피고인석에서 그들과 함께 재판을 받고 싶은 심정"이라며 재판부를 비판했다. 그는 이를 유신 정권의 '사법 살인'으로 규정하고 변론을 계속하다가 법정 구속까지 당했다. 세계 역사상 변론 중인 변호사가 법정에서 구속당한 일은 이것이 처음이었다.

사실 민청학련 사건으로 체포된 대학생들은 북한과 연루된 공산주의 조직은커녕 제대로 된 학생 운동 조직도 갖추지 못하고 있었다. 그런데도 유신 정권은 민주화 운동 세력을 공산주의자로 몰아붙이는 것이야말로 그들을 국민으로부터 떼어 놓는 가장 효율적인 방법이라는 것을 잘 알고 있었다. '호시탐탐 남침의 기회를 노리는' 북한과 연루돼 있다고 하면 더 말할 것도 없었다. 이처럼 반정부 세력을 북한과 엮어 공산주의 세력으로 조작하는 것을 '용공 조작'이라고 하는데, 이런 방법으로 1980년대까지 숱한 공산주의자가 만들어졌다.

민청학련 사건을 처리한 유신 정권은 모든 학생 운동과 민주화 운동을 금지하고 강도 높게 처벌하는 조항을 담은 긴급조치 9호를 발표했다. 유신 정권이 탄압의 강도를 높이는 데 따라 야당인 신민당과 재야 민주화 운동 세력, 그리고 국민의 저항도 거세졌다.

1978년 7월 통일 주체 국민 회의 대의원들이 다시 체육관에 모여 간접 선거로 박정희에게 다섯 번째 권좌를 선물했다. 그러나 불과 5개월 뒤 열린 제10대 국회 의원 총선거에서는 살벌한 긴급 조치 아래에서도 야당인 신민당이 박정희 대통령의 공화당을 득표율에서 1.1퍼센트 앞섰다.

국민의 뜻을 확인한 신민당은 선명한 야당을 기치로 내건 김영삼을 총재로 선출해 강력한 반정부 투쟁에 나섰다. 김대중은 밖에서, 김영삼은 안에서 박정희 정부를 압박해 들어갔다.

유신 정권과 반유신 세력의 정면 대결이 임박한 가운데 1979년이 밝았다. 그해 8월 가발 제조 업체인 와이에이치(YH) 무역이 노동조합의 임금 인상 요구에 맞서 폐업 공고를 하자, 이 회사 여성 노동자 200여 명이 신민

YH 무역 여공들의 시위
YH 무역이 문을 닫자 200여 명의 여공이 신민당사에 몰려가 플래카드를 들고 농성하고 있다.

당사를 점거하고 농성을 벌였다. 정부는 경찰 병력 천여 명을 신민당사에 들여보내 여성 노동자들을 무차별 폭행했다. 심지어는 이를 제지하는 신민당 국회 의원에게까지 폭력을 휘둘렀다. 이 과정에서 노동자 김경숙이 사망하고 노동자 172명과 신민당원 26명이 연행당했다.

김영삼 총재는 유신 정권의 폭거에 분노해 반정부 투쟁의 강도를 높여 갔다. 미국에 대해서는 박정희 정부를 더 이상 지지하지 말라고 촉구했다. 그러자 유신 정권은 그해 10월 김영삼 총재를 국회에서 제명하는 강수를 두었다. 득표율 1위의 야당 총재를 제명한 것은 명백한 무리수였다. 4·19 혁명의 진원지이자 김영삼 총재의 정치적 고향인 부산과 마산에서 이에 항의하고 유신 독재에 반대하는 시민들의 대규모 시위가 일어났다.

'부·마 항쟁'이라 불리는 격렬한 반독재 민주화 시위가 확산되자 정권에는 위기감이 감돌았다. 시위는 일파만파로 전국을 향해 번져 나갔다. 놀란 유신 정권은 10월 18일 부산에 계엄령을 선포하고, 20일에는 마산·창원에 위수령을 발동해 군인들을 풀었다. 시위 가담자들은 군법 회의에 회

부·마 민주 항쟁
부산과 마산에서 민주 항쟁이 격화되자 1979년 10월 26일 부산 지역에 계엄령이 선포되고 군인들이 진주했다.

부되었다. 강경 진압으로 시위는 잦아들었으나 언제 무엇이 터질지 모르는 긴장감이 전국에 감돌았다.

그러던 10월 26일 서울의 궁정동에 자리 잡은 안가에서 김재규 중앙 정보부장이 박정희 대통령을 향해 총탄을 발사했다. 국민적 저항의 강도가 끓는점에 이르자 유신 정권 내부에서 파열음이 터져 나온 것이다. 1961년 5·16 군사 쿠데타 이래 18년 동안 국민을 강권 통치해 오던 독재자는 측근의 손에 의해 생을 마감했다.

4·19 혁명으로 잠깐 꽃이 피었던 1년여를 제외하면 분단과 전쟁, 독재의 아수라장 속에서 힘겨운 나날을 보내던 한국인, 그들에게 민주주의를 향한 새로운 시대는 열릴 것인가? 냉전 체제가 만들어 낸 개발 독재와 정치적 폭압의 길고 긴 터널을 벗어날 전망은 있는 것일까? 기대와 불안 속에 1980년대가 열리고 있었다.

╪ 킬링필드

킬링필드(The Killing Fields)는 1975년에서 1979년 사이, '민주 캄푸차' 정권 시기에 폴 포트가 이끄는 크메르 루주라는 무장 단체에 의해 저질러진 학살을 말한다.

크메르 루주의 지도자 폴 포트

미국의 지원을 받던 크메르 공화국의 론 놀의 세력이 약해져 해외로 망명한 사이, 베트남 전쟁이 종결되고 수도 프놈펜에 크메르 루주가 입성했다. 국명을 민주 캄푸차로 개칭한 크메르 루주는 혼란한 국내 상황을 타개하기 위해, 화폐 제도의 폐지·도시 주민의 강제 농촌 이주 등의 극단적인 공산주의를 내세워, 기존의 산업 시설을 모두 파괴하고, 기업인·유학생·부유층·구정권의 관계자, 심지어 크메르 루주 내의 친월남파까지도 반동분자로 몰아서 학살했다.

크메르 루주는 3년 7개월간 전체 인구 700만 명 중 1/3에 해당하는 200만 명에 가까운 국민들을 학살했다.

'두 세계의 충돌과 남북한'을 나오며

제2차 세계 대전이 끝난 뒤 1970년대에 이르기까지 세계는 '좌향좌'를 하고 있었다. 소련 하나뿐이던 사회주의 국가가 동유럽, 아시아, 아메리카에서 잇따라 생겨나고, 해방된 식민지 중에서도 반자본주의 성향을 보이는 곳이 많았다. 미국의 앞마당으로 여겨지던 쿠바는 반미 혁명이 일어나자 소련과 손을 잡고 코앞에서 미국을 위협하는 사회주의 국가로 변모했다.

미국이 이끄는 자본주의 국가들은 이 같은 사회주의의 도전에 맞서 전대미문의 경제 노선을 채택했다. 국가가 시장 깊숙이 개입해 대자본의 양보를 이끌어 내고 경제적 불평등을 완화하는 방향으로 경제를 이끌고 갔다. '수정 자본주의'로 불리는 이 노선은 성공을 거두어 전후 자본주의 경제는 30년이 넘도록 불황 없는 황금시대를 맞이했다. 한국과 같은 구식민지 국가들이 국가 주도의 경제 개발을 시도한 것도 이러한 세계적 상황과 맞닿아 있었다.

미국이 주도하던 전후 자본주의의 황금시대는 1970년대 들어 막을 내렸다. 미국 경제가 어려워지면서 전후에 세웠던 세계 경제 질서가 흐트러진 데다 중동 전쟁의 여파로 석유 위기가 터졌다. 경기 침체와 물가 상승이 동시에 진행되는 '스태그플레이션'이 지구촌을 덮쳤다. 이 위기를 맞아 그동안 국가에 억눌려 있던 자본이 반격을 개시했다. 노동에 대한 양보를 접고 자

본의 자유와 시장의 만능을 외치기 시작한 것이다. '신자유주의'로 불리는
이 새로운 흐름은 서서히 대세를 이루면서 자본주의뿐 아니라 사회주의까
지 망라하는 전 세계의 패러다임을 '우향우'로 바꾸어 나가게 된다.

'신자유주의 분쇄' 민주 노총 결의 대회
2001년 7월 22일 민주 노총 주최로 서울
종묘 공원에서 열린 '신자유주의 분쇄 6
대 요구 관철을 위한 민노총 조합원 결의
대회'에 참가한 노동자들이 구호를 외치
고 있다.

2

1980년~2007년

1970년대 세계 경제 위기와 더불어 꿈틀거리던 신자유주의는 1980년대 들어 전 세계를 장악했다. 신자유주의는 국경을 넘나드는 초국적 자본의 무한 질주를 부추겼다. 이를 가로막는 어떤 체제도 자본의 거센 공세를 당해 내지 못했다. 소련과 동유럽 사회주의가 몰락하고 제3 세계의 권위주의 정권도 무너졌다. 한국의 지체된 민주화와 노동 운동이 다시 불붙기 시작하던 1980년대에 세계가 이처럼 거꾸로 가고 있었다는 것은 안타까운 일이지만, 이 역시도 역사적 필연이었다는 것만은 분명하다.

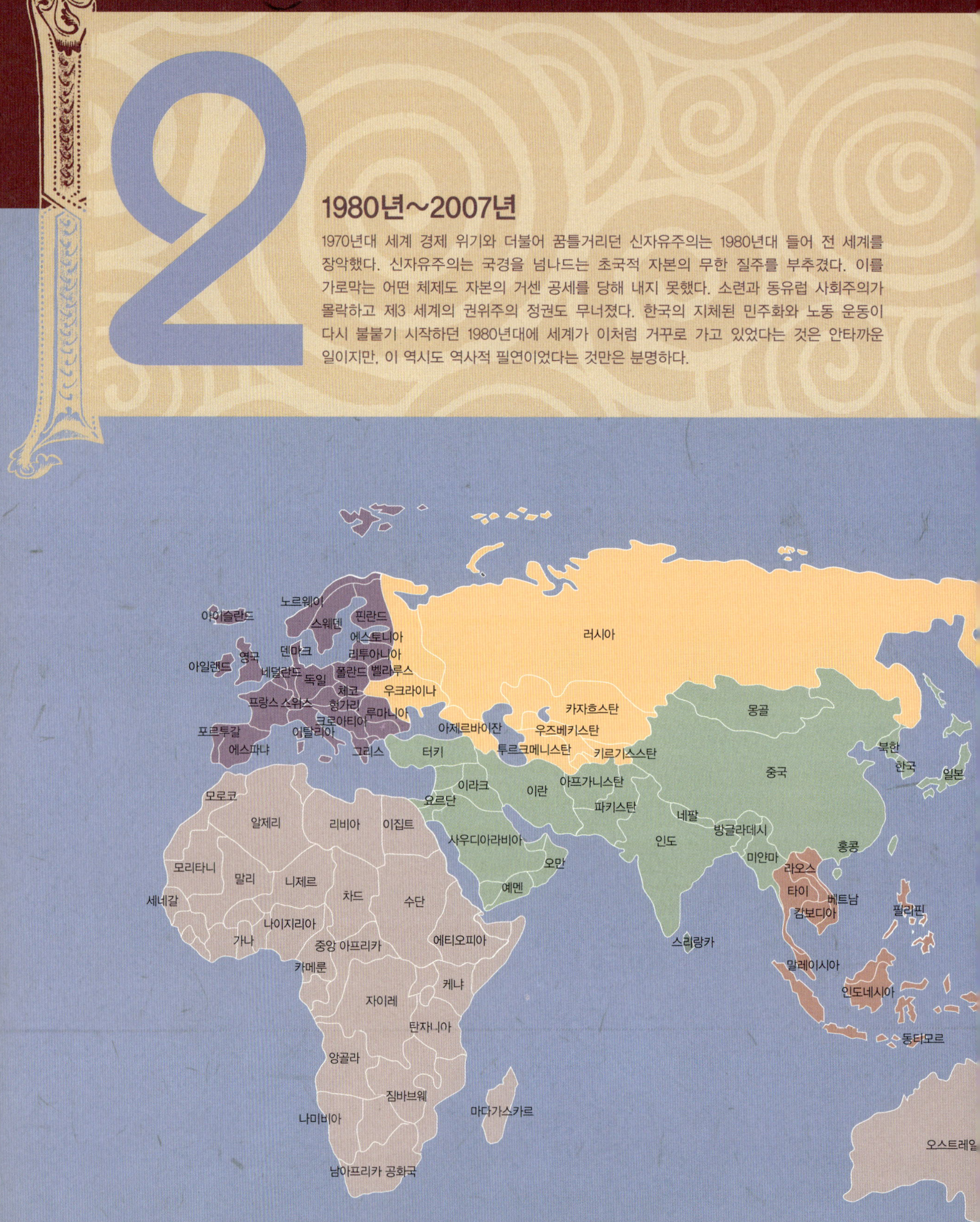

시장의 질주와 남북한

01

1980년~1987년

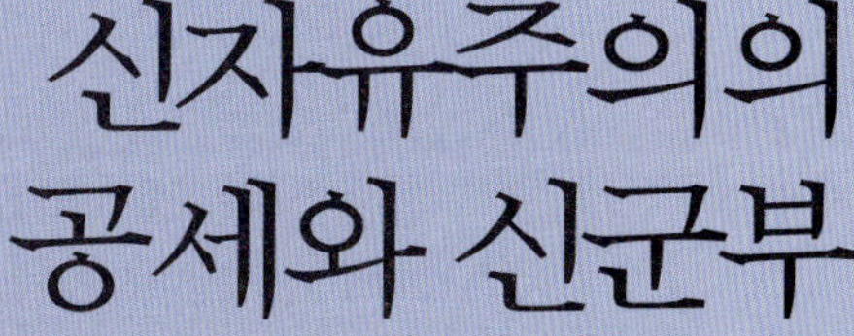

신자유주의의
공세와 신군부

1980년 한국은 뜨거웠다. 박정희 대통령이 죽자 국민들은 5·16 군사 쿠데타에 의해 꺾인 4·19 혁명의 흐름이 다시 이어지기를 바랐다. 그러나 신군부가 12·12 쿠데타를 통해 등장해 이 기대를 짓밟았다. 유신 정권 못지않은 독재와 억압이 이어지자 국민들은 분노했다. 민주주의의 회복을 바라는 목소리가 커지더니 1970년대에는 볼 수 없었던 반미 자주화와 노동 해방의 구호도 터져 나왔다.

이처럼 한국 사회에 뚜렷하게 나타나고 있던 진보적 경향과 달리 1980년대의 세계는 보수적 흐름이 지배했다. 1981년 미국 대통령에 당선된 레이건은 신자유주의의 전사를 자처하며 강력한 반노동, 반공 정책을 폈다. 미국 내에서는 기업에 대한 세금 축소, 노동자에 대한 복지 축소를 밀어붙이고, 해외에서는 핵전쟁을 불사하는 체제 경쟁과 국경 없는 자본 자유화를 밀어붙였다. 수세에 몰린 소련은 개혁 개방을 내세우며 자본주의와 타협하는 정책을 추진했다. 하지만 이것이 신자유주의에 대한 사회주의의 백기 항복으로 이어지리라는 것을 내다본 사람은 그리 많지 않았다.

1980년 5월 신군부에 저항한 광주 민주화 운동

미국의 대반격 속에 신군부가 등장하다

1970년대 들어 미국은 대단히 곤혹스러운 상황에 빠졌다. 브레턴우즈 체제가 붕괴해 미국 중심의 세계 경제 질서가 흔들렸고, 베트남 전쟁의 패배로 미국의 위신은 결정적인 타격을 받았다. 세계 곳곳에서 미국의 자존심을 긁고 미국의 국익을 위협하는 사태가 잇따라 일어났다.

1970년대의 마지막 해인 1979년 역시 미국이 기억하고 싶지 않은 해였다. 그해 2월 이란에서 친미 팔레비 왕조가 붕괴하고 반미 세력인 호메이니 정권이 등장했다. 아야툴라 호메이니가 이끄는 이슬람 원리주의 세력과 반왕정 민주주의, 반서방 민족주의 세력이 연합해 일으킨 이란 혁명의 결과였다.

미국이 이란의 석유 이권을 둘러싸고 팔레비 왕조와 결탁해 왔기 때문에 호메이니의 이란과 미국이 충돌하리라는 것은 불 보듯 뻔한 일이었다. 그런데도 미국의 카터 대통령은 이란 국민의 반미 감정을 가볍게 보고 팔레비의 미국 망명을 허락했다. 그해 11월 이란의 학생 시위대가 팔레비의 신병을 인도하라고 요구하며 이란 주재 미국 대사관을 점거했다. 그들은 70여 명의 미국 외교관을 인질로 잡고 미국과 강경한 대결을 벌이기 시작했다.

이란 혁명의 정신적 지도자
아야툴라 호메이니

미국은 이란에 압력을 가하기 위해 이란 산 석유에 대해 수입 금지 조치를 내렸다. 그러자 이란은 미국에 대한 석유 수출 금지로 맞불을 놓은 뒤, 미국 내 예금을 전부 빼내고 미국이 이란에 투자한 자산을 국유화했다. 이에 대해 미국은 자국 내 이란의 공적 자산을 동결하고, 아라비아 해와 인도양에 구축함을 출동시켜 무력시위를 벌였다.

바로 그 무렵 이란의 이웃 나라인 아프가니스탄에서는 내전이 벌어지고 있었다. 좌익 계열의 장교들이 쿠데타를 일으키자 미국의 지원을 받는 이슬람 반군 무자헤딘*이 반격에 나섰기 때문이다. 소련은 이 지역에서 미국이 패권을 확대하는 것을 막기 위해 3만 명의 병력을 동원해 아프가니스탄을 전격 침공했다. 1979년 크리스마스에 일어난 일이었다.

미국의 앞마당인 라틴 아메리카의 니카라과에서도 반미 성향의 정권이 들어섰다. 1979년 7월 다니엘 오르테가가 이끄는 산디니스타 민족 해방 전선*이 50년간 족벌 정치를 펼쳐 온 친미 소모사 독재 정권을 무너뜨리고 사회주의 정권을 수립한 것이다. 오르테가 정부는 산업을 국유화하고 토지 개혁을 실시하면서 미국에 종속되어 있던 경제 구조를 바꾸기 위해 총력을 기울였다.

1980년대 들어 미국에서 세계사의 방향을 바꿔 놓은 정치적 변화가 일어난 배경에는 이같은 위기 상황이 있었다.

신자유주의의 카우보이

1980년대를 맞은 미국은 확실한 전환이 필요했다. 미국의 패권이 흔들리는 것을 방치할 수는 없다는 것이 미국인의 일반적 생각이었다. 이때 미국인이 선택한 인물이 헐리웃 배우 출신인 로널드 레이건이다. 1981년 대통령 선거에서 공화당 후보로 나선 레이건은 재선을 노리는 카터 대통령을 여유 있게 물리쳤다. 미국인이 레이건을 선택한 것은 그가 배우 출신의 미남이어서가 아니었다.

＊무자헤딘
아랍 어로 '성스러운 이슬람 전사'를 뜻하며, 이슬람 국가의 반정부 단체나 무장 게릴라 조직이 스스로를 가리키는 말로 쓰인다.

＊산디니스타 민족 해방 전선
니카라과의 사회주의자와 민족주의자가 연합해 만든 정당. 1927~1933년 반미 · 반정부 게릴라 투쟁을 벌였던 아우구스토 세자르 산디노의 이름에서 유래했다.

'위대한 미국의 재건'을 공약으로 내건 레이건의 호소에 공감했기 때문이다.

대통령이 된 레이건은 재정을 축소하고 소득세를 대폭 줄이고 대기업에 대한 정부 규제를 풀었다. 그에 따라 복지 정책은 줄여 나갈 수밖에 없었다. 레이건의 목표는 시장에 대한 정부 개입을 줄이고 기업이 마음껏 이윤을 추구하게 해서 미국 경제를 재건하는 것이었다. 그렇게 재건된 경제를 바탕으로 강력한 군사력을 키워 세계 곳곳에서 미국의 안보를 위협하는 세력과 한판 대결을 벌이려고 했던 것이다.

이러한 레이건의 경제 정책은 1930년대 이래 미국 경제를 지탱해 온 수정 자본주의 방식을 전면 포기하는 것이었다. 정부의 역할을 최소화하고 자유 경쟁을 통한 시장의 자율 조정에 모든 것을 맡긴다는 자유주의가 부활했다. 1973년 세계 경제의 위기 이래 이 같은 신자유주의 처방은 시카고 대학교의 밀턴 프리드먼을 비롯한 경제학자들로부터 꾸준히 제기되어 왔지만, 미국에서 정책으로 시행된 것은 레이건 정권이 처음이었다. 이를 가리켜 흔히 레이건과 이코노믹스(경제학)를 결합한 '레이거노믹스'로 부르곤 한다.

레이거노믹스는 적지 않은 성과를 거두었다. 세금이 줄어들고 정부의 규제가 풀어지자 대기업들은 마음 놓고 이윤 추구에 나섰다. 노동조합의 요구에 대해서도 전보다 덜 신경을 쓰게 되었고, 고용 계약도 단기적인 계약 관계로 전환할 수 있었다. 노동자에 대한 고려보다 기업 이익이 우선되는 풍토가 조성된 것이다. 이와 동시에 레이건 정권은 그동안 미국을 괴롭혀 온 바깥의 적들에 대해서도 반격을 개시했다.

미국은 1980년 9월부터 시작된 이란·이라크 전쟁에서 이라크를 지원하며 이란을 압박했다. 아프가니스탄 전쟁에서는 소련과 맞서 싸우는 무자헤딘 게릴라를 지원했다. 1983년에는 카리브 해에 떠 있는 작은 나라 그레나다가 반미 노선을 걷는다고 해서 세계의 여론을 무시하고 침략군을 보내 정부를 전복시켰다.

미국에 이로운 결과만 나온다면 과정은 아무래도 좋았다. 1986년에 터진 이란-콘트라* 스캔들이 대표적인 사례였다. 당시 미국은 니카라과의 산디니스타 정부와 싸우는 우익 게릴라 단체 콘트라를 적극 지원하고 있었다. 때마침 레바논에서 이슬람 테러 단체가 미국인을 인질로 삼았다. 레바논에 영향력을 발휘할 수 있는 이란의 도움을 받기 위해 미국은 적대국인 이란에 몰래 무기를 수출했다. 그리고 그 판매 대금 가운데 일부를 빼내 콘트라를 지원했다. 이처럼 부도덕한 거래가 언론에 공개되면서 레이건 정권은 위기를 맞기도 했다.

이러한 레이건의 세계 전략은 그 중심에 소련이 있었다. 이란, 아프가니스탄, 니카라과에서 벌어지는 대립과 분쟁은 모두 소련과 벌이는 동서 냉

＊콘트라

Contrarevolucionario(반혁명 분자), 또는 Contrarevolucion(반혁명)의 줄임말이다. 1979년 산디니스타 정부가 수립되자 반혁명 세력은 온두라스와 코스타리카에서 반군을 조직하고 니카라과에 대해 무력 침공을 펼쳤다.

🜊 이란 · 이라크 전쟁

1980년 9월 시작되어 1988년 8월에 끝난 이란과 이라크 간의 전쟁으로 직접적 원인은 1975년 양국 간에 체결된 '알제 협정'(국경 협정)을 이란 측이 파기한 데 있었다. 1975년 알제리의 알제에서 열린 석유 수출국 기구(OPEC) 정상 회담 때 이란의 팔레비 왕과 이라크의 혁명 위원회 부위원장 사담 후세인 사이에 페르시아 만으로 흘러 들어가는 샤트 알 아랍 수로水路의 지배권과 호르무즈 해협에 있는 3개 도서의 지배권을 이라크가 갖는다는 국경 협정이 체결되었다.

그러나 1979년 이란은 혁명에 성공하자 압도적인 군사력을 배경으로 이라크에 압력을 가해 샤트 알 아랍 수로에 대해서는 수로의 중간선을 국경으로 하고, 3개 도서에 대해서도 사실상 이를 장악하는 행동에 나섬으로써 양국 간에 국경 분쟁이 일어났다. 그 후 이란이 혁명의 후유증으로 내부적 불안에 빠진 틈을 타서 1980년 9월 22일 사담 후세인이 이란을 침공해 전쟁이 발발했다. 군사 행동의 주 목표는 샤트 알 아랍 수로의 획득 및 이란 혁명 정권의 타도였다.

또한 양국 간에는, 이라크 국민이 아랍 족인 반면 이란 국민은 페르시아 족이라는 인종적·문화적 차이, 모두가 회교국이긴 하지만 이라크가 수니파를 신봉하는 데 반해 이란은 시아파를 신봉하고 있다는 종교적 갈등, 이란 내의 아랍 족과 이라크 내의 쿠르드 족과 같은 소수 민족 문제 등이 얽혀 있었다. 양국은 밀고 밀리는 소모적 전투를 지속했으나 각각 국내 사정의 악화, 장기적 소모전에 따른 경제의 피폐, 국제적 압력의 가중 등으로 1988년 8월 20일 휴전 협정을 맺음으로써 약 7년 11개월간의 전쟁을 종결시켰다.

1990년에는 이라크의 제안에 따라 이라크가 점령한 이란 영토의 전면 반환, 샤트 알 아랍 수로의 중앙선을 국경으로 하는 것을 조건으로 양국은 국교를 회복했다. 그러나 전쟁이 종결되었음에도 불구하고 양국 간의 분쟁 요인은 오늘날에도 미해결 상태로 남아 있으며, 양국은 각기 상대방 내에 있는 반정부 집단을 지원하고 있다.

전의 대리전 양상을 띠고 있었다. 미국과 소련이 직접 벌이는 핵 개발 경쟁은 레이건 시대에 우주 공간으로 확대되었다. 1983년 레이건은 소련의 미사일 공격을 우주 공간에서 요격한다는 전략 방위 구상(SDI)을 발표하고 이를 위한 대륙간 탄도 미사일 개발과 우주 왕복선 개발에 박차를 가했다.

앞에서 서술한 것처럼 우주 개발과 핵무기 개발은 밀접한 연관이 있다. 지구만이 아니라 우주 공간까지 핵전쟁의 무대로 삼으려고 하는 대담한 구상 때문에 SDI는 '스타워즈', 즉 우주 전쟁의 구상이라는 비아냥거림까지 들었다. 그러나 레이건과 미국 우익은 서부 영화에 등장하는 카우보이처럼 정의를 위해 싸운다는 신념으로 뭉쳐 있었고, 소련과 핵전쟁을 벌이는 것도 불사할 것처럼 행동했다. 이에 따라 미국과 소련의 핵무기 개발 경쟁은 다시 불붙었고, 핵전쟁에 의한 지구 멸망까지 남은 시간을 가리키는 지구 종말 시계*는 자정을 향해 맹렬히 달려갔다.

이처럼 미국이 자본과 군사력을 동원해 사회주의에 대한 대반격을 펼치는 동안, 한국에서는 '서울의 봄'을 짓밟고 1970년대의 악몽을 되살리는 신군부의 독재가 맹위를 떨치고 있었다.

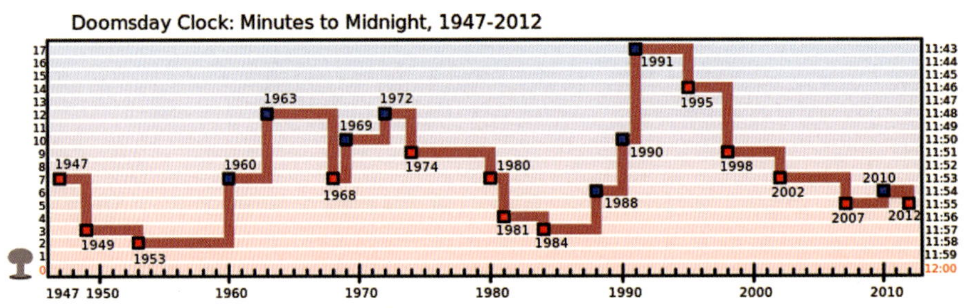

지구 종말 시계
X축에는 1947년부터 이어지는 연도가, Y축에는 11시 43분부터 12시까지 17분 남은 핵전쟁 위험 지수가 표시되어 있다.

너무도 짧았던 서울의 봄

이승만과 박정희는 비슷한 길을 걸었다. 이승만은 통일 정부 수립이라는 해방 후 최대 과제를 외면하고 단독 정부를 추진해 초대 대통령의 자리에 올랐다. 그리고 정치적 술수를 써서 한 번 더 대통령을 지냈다. 거기에서 그쳐야 했다. 그러나 이승만은 욕심을 부린 나머지 '사사오입 개헌'이라는 웃지 못할 정치 사기극으로 3선에 성공했다. 그리고 영구 집권을 향해 무모하게 질주하다가 4·19 혁명을 맞아 비극적인 말년을 보내야 했다.

박정희도 민주주의라는 시대적 소명을 외면하고 군사 정변을 일으켰다. 군복을 벗은 박정희는 윤보선과 두 차례 대결을 펼쳐 아슬아슬하게 승리했다. 거기에서 그쳐야 했다. 그러나 이승만처럼 욕심을 부려 '3선 개헌'을 밀어붙였다. 그런 다음 아예 영구 집권을 하겠다며 10월 유신을 선포하고 독재 권력을 남용하다가 비명에 가고 말았다.

이승만 정권을 끝낸 것은 국민이었으나 박정희 정권을 끝낸 것은 권력 내부의 총이었다. '서울의 봄'이 왔지만 국민은 불안했다. 역사의 흐름으로 보자면 5·16으로 중단된 4·19 정신이 되살아나는 것이 옳았다. 그러나 권력 내부의 싸움에서 비롯된 총격이 권력자의 목숨을 앗아 갔기 때문에 어디서 누가 또 총으로 권력을 잡겠다고 나올지 몰랐다.

아니나 다를까 시대의 흐름을 거스른 채 불나방처럼 권력을 향해 달려드는 세력이 있었다. 군 내부의 사조직인 하나회 소속 군인들이었다. 육사 11기인 전두환 보안 사령관을 중심으로 하는 이들은 보안 사령부, 특전 사령부, 수도 경비 사령부, 중앙정보부, 대통령 경호실 등 주요 부대와 기관에 포진하고 있었다. 10·26 사건이 터지자 전두환은 범인 김재규가 책임자로 있던 중앙정보부의 국장급 이상 간부를 전원 연행하고 중앙정보부의 기능을 정지시켰다. 그리고 법률적 근거도 없는 합동 수사본부를 설치해 10·26 사건의 수사를 진두지휘했다.

1979년이 저물어 가던 12월 6일, 최규하 전 국무총리가 대통령으로 선출되었다. 최규하는 새로운 헌정 질서를 준비하는 과도기의 수장이었다. 그를 중심으로 10·26 사건 수사를 마무리 짓고 새로운 정치 일정을 마련하면 되는 상황이었다. 그런데 일주일도 안 된 12월 12일 서울 중심부에서 콩 볶는 듯한 총탄 소리가 울렸다. 전두환 소장을 중심으로 하는 합동 수사본부 세력이 최규하 대통령의 재가도 없이 직속상관인 정승화 계엄 사령관을 체포한 것이다. 쿠데타였다. '신군부'라고 불리는 하나회 출신 군인들은 신속하게 정국을 장악하고 최규하 대통령을 무력화시켰다.

1980년 봄이 되자 시민과 학생들이 거리로 쏟아져 나왔다. 김영삼, 김대중 등 야당 정치인들도 새로운 민주 헌정 질서에서 자신들이 맡을 역할을 모색하며 분주히 움직였다. 그러나 이미 권력의 9부 능선에 올라가 있던 신군부는 국민과 정치인들이 원하는 민주주의 정치 체제를 내줄 뜻이 없었다. 그해 5월 15일 전국 학생 연대가 서울역에 집결해 민주화를 요구하는 대규모 시위를 벌이자, 신군부는 기다렸다는 듯이 5월 17일 자정에 전국으로 계엄령을 확대했다. 예비 검속을 통해 김종필, 김대중 등 주요 정치인 26명을 합동 수사본부로 연행하고 학생, 재야인사 등 2,699명을 체포했다. 김영삼은 가택 연금에 처했다. 이른바 '서울의 봄'으로 불린 민주화 운동은 그렇게 허무하게 끝나 가고 있었다.

그러나 거기서 끝나지는 않았다. 대다수 국민은 모르고 있었지만 5월 18일부터 광주에서 계엄 철폐와 민주화를 요구하는 대규모 시위가 폭발하고 있었다. 신군부는 광주를 철저히 차단한 채 공수 부대를 보내 시위를 강경 진압했다. 그리고 통제된 언론을 통해 북한과 연계된 일부 불순분자들이 광주에서 소요를 일으키고 있다고 선전했다.

하지만 광주의 시위는 최신 무기로 무장한 계엄군을 맞아서도 사그라지지 않고 확산되었다. 시민들은 계엄군의 무차별 총격과 진압에 맞서기 위해 무장까지 했다. 5월 21일 사태의 심각성에 놀란 계엄군이 철수하자 이튿날 시민들이 광주 시내에 있던 전라남도 도청을 장악했다. 짧은 시간이지만 광주는 독재가 사라진 '해방구'로 되살아났다. 계엄군이 물러가고 공권력이 사라졌지만 거리는 평화롭고 질서 정연했다. 약탈과 폭력 사태는 전혀 일어나지 않았고 시민들은 자발적으로 질서를 지키고 부상자를 치료하거나 서로 도왔다. 5월 27일 새벽 계엄군이 탱크를 앞세워 최후의 공세를 펼칠 때까지 광주는 너무나도 평온한 민주주의의 봄을 누리고 있었다.

광주 민주화 운동을 무력 진압한 신군부는 이제 거칠 것이 없었다. 김대중이 불순분자들을 사주해 '광주 사태'를 일으켰다면서 '김대중 내란 음모 사건'을 조작해 정치인과 학생, 시민들을 대거 처벌했다. 광주 민주화 운동과 관련해 숨진 사람은 모두 166명, 행방불명자는 64명, 부상자는 2,948명으로 발표되었다. 그러나 실제 사망자만도 수천 명에 이른다는 의혹은 그 후로도 그치지 않았다.

신군부는 5 · 16 군사 정변 당시에 설립된 국가 재건 최고 회의를 본떠

광주 민주화 운동
광주 금남로에서 시민과 학생들이 군사 정권 퇴진을 요구하며 대형 버스를 앞세우고 대로를 가득 메운 채 시위를 하고 있다.

국가 보위 비상 대책 위원회(국보위)를 만들어 정권을 장악했다. 그리고 국회를 대신해 국가 보위 입법 회의를 만들어 각종 악법을 양산했다. 1980년 8월에는 사회악을 일소한다는 명분 아래 전국 각지에서 6만여 명의 시민을 검거했다. 그중 1만 7,872명은 '순화 교육 및 근로 봉사'라는 명분 아래 삼청 교육대라는 군부대에 입소해 강제 노동에 동원되고 가혹한 군사 훈련을 받아야 했다.

1980년 11월에는 언론 통제를 위해 64개 언론사 중 44개를 통폐합하는 '언론 통폐합'을 단행했다. 그 후 1980년대 내내 전두환 정권은 악명 높은 '보도 지침'이라는 것을 각 언론사에 내려보내 그 지침에 따라 기사를 선별하고 문구를 조정하도록 강제했다.

전두환은 이렇게 권력 장악의 정지 작업을 진행하면서 1980년 8월 유신 헌법에 따른 통일 주체 국민 회의 선거를 거쳐 11대 대통령에 취임했다. 그리고 1981년 민주 정의당을 창당하고 대표가 되어 새로운 헌법에 따른 12대 대통령으로 다시 취임했다. 국민이 보고 세계가 보는 가운데 한국에서는

삼청 교육대
사회 정화라는 명분으로 신군부가 검거한 폭력, 사기, 밀수, 마약 사범들이 삼청 교육대에 끌려가 체력 단련과 정신 훈화 교육을 받고 있다.

역사의 흐름을 거스르는 독재 권력이 탄생하고 있었다.

광주 민주화 운동이 진행되고 있던 1980년 5월, 광주 시내에는 이런 소문이 돌았다. 미군 제7 함대가 부산에 들어와 쿠데타 세력을 견제하고 있다는 것이었다. 민주화 운동에 참여한 사람들은 미국이 신군부를 제지하고 한국의 민주화를 도울 것이라는 기대를 숨기지 않았다. 그러나 현실은 정반대로 돌아가고 있었다. 미국이 한국에 바라는 것은 민주적 정부의 수립이 아니었다. 유신 정권이 붕괴한 틈에 북한의 위협이 확대되거나 이란, 니카라과처럼 반미 정권이 들어서지 않는 것이 우선이었다. 한마디로 미국의 이익에 부합하는 정권이면 독재 정권이든 뭐든 받아들이겠다는 생각이었다.

그리하여 미국은 신군부의 집권을 용인했다. 그뿐만 아니라 주한 미군은 국군에 대한 작전 지휘권을 가지고 있으면서도 국군 5사단이 광주 민주화 운동을 진압하기 위해 이동하는 것을 막지 않았다. 미국을 민주주의의 수호신이라고 믿었던 한국인들은 이 사실을 알고 충격에 빠졌다. 그리고 전 세계에서 유일하게 반미의 무풍지대로 알려졌던 한국에서도 미국을 비난하고 주한 미군 철수를 요구하는 '양키 고 홈'의 목소리가 울리기 시작했다.

4·19 혁명을 일으킨 국민을 상대로 유신 독재 뺨치는 철권 정치를 펼치는 신군부, 그러한 신군부를 옹호하는 미국. 이것은 향후 한국의 반정부 운동이 어디로 향할 것인가를 결정짓는 조건이 되었다.

개혁 개방의 질주 속에
6월 항쟁이 일어나다

1980년 소련의 모스크바에서 올림픽이 열렸다. 그러나 세계인의 축제여야 할 이 올림픽은 정치 논리에 따라 반쪽 행사로 축소되었다. 소련의 아프가니스탄 침공에 항의하는 뜻에서 미국을 비롯한 자본주의 국가들이 올림픽을 보이콧해 버렸던 것이다.

4년 후인 1984년 미국의 로스앤젤레스에서 다시 올림픽이 열리자 이번에는 소련을 비롯한 동유럽 사회주의 국가들이 참가를 거부했다. 서방 세계가 모스크바 올림픽을 거부한 데 대해 복수를 감행한 것이다.

하필이면 냉전의 두 지도 국가인 소련과 미국에서 잇달아 열린 두 차례의 올림픽은 이처럼 정치 논리로 얼룩지고 말았다. 이 사태는 올림픽을 목표로 땀을 흘려 왔던 수많은 젊은이들에게 커다란 상처를 안겨 주었다. 올림픽이 정치 논리로부터 해방된 축제라야 한다고 생각하는 대다수 인류에게도 이 사태는 크나큰 불행이었다.

페레스트로이카

잇따른 올림픽 보이콧 사태는 미국과 소련이 주도하는 동서 냉전이 가장 치열한 대결 국면으로 치닫던 시기에 일어났다. 레이건 대통령이 강한 미국을 내걸고 소련과 반미 진영을 압박하는 동안 이를 상대해야 하는 소련 지도부는 1917년 사회주의 정권이 들어선 이래 가장 많은 변화를 겪었다.

1970년대 미국을 상대로 데탕트 정책을 추구해 온 브레즈네프 소련 공산당 서기장은 레이건이 등장한 1982년에 신병으로 죽었다. 그 뒤를 이은 안드로포프 서기장은 미처 자신의 정책 구상을 펼쳐 보이기도 전인 1983년 8월 갑작스런 중병에 걸려 자리에서 물러났다. 그러자 이전부터 유력한 지도자로 손꼽히던 체르넨코가 뒤를 이었지만, 운명의 장난처럼 그 역시도 1년 남짓 지난 1985년 3월에 병으로 죽고 말았다.

스탈린이 30년, 흐루쇼프가 10년, 브레즈네프가 18년간 최고 지도자 자리에 있었던 것을 감안하면, 1980년대 소련의 권력자들은 너무나 빨리 자리를 비웠다. 그것도 미국이 냉전의 고삐를 바짝 죄던 위기 상황에서 일어난 일이었다. 신이 소련을 버린 것일까? 안으로는 냉전에 대응한 중공업 중심의 경제 성장 전략이 한계에 이르러 어려움을 겪고, 밖으로는 레이건의 신자유주의 공세가 너울처럼 밀려오는 가운데 소련은 새로운 지도자를 맞았다. 미하일 고르바초프였다.

고르바초프는 잘 생긴 외모와 세련된 외교 행적으로 서방 사회에 신선한 충격을 주었다. 서방 세계의 언론과 정계는 전통적으로 소련 지도자들을 크렘린 궁전 안에 숨은 음모가로 묘사해 왔다. 그러나 고르바초프는 개방적인 스타일과 달변으로 서방의 어떤 지도자보다도 언론과 대중의 관심을 사로잡았다. 그의 부인인 라이자 여사도 미모와 세련된 태도로 인기를 끌었다.

서방에 충격을 안긴 것은 외교적 제스처만이 아니었다. 고르바초프는 정책에서도 소련에 대한 선입견을 완전히 바꿔 놓았다. 그는 소련을 압박해 들어오는 레이건에 맞서 맞불을 놓기보다는 쟁점을 없애 버리는 전략을 썼다. 사회주의라는 것이 서방 세계가 생각하는 것처럼 그렇게 경직되지 않았다고 말하려는 듯 이미지 전환을 시도했다. 소련 공산당의 전매특허처럼 인식되어 있는 프롤레타리아 독재를 부정하고 민주적이고 다원적인 사회주의를 제시했다. 또 미국을 제국주의의 괴수로 몰아붙이는 대신 협력 가능한 상대로 받아들였다. 1950년대의 흐루쇼프보다 훨씬 강경하게 스탈린을 비판하면서 소련을 개방적인 사회로 개혁하려 했다.

이러한 고르바초프의 개혁 노선은 '페레스트로이카(재건축)'와 '글라스노스트(개방)'라는 슬로건으로 정리되었다. 페레스트로이카는 과거 소련의 모든 부정적인 측면을 스탈린 탓으로 몰아붙이면서 스탈린이 실시한 사회주의 정책과 제도를 바꾸려는 시도였다. 공산당 독재와 계급 투쟁을 부정하고 사회주의 계획 경제에 시장 요소를 도입하려 했다.

페레스트로이카는 소련과 동유럽에 일파만파의 충격을 안겨 주었다. 고르바초프는 스탈린이 왜곡해 놓은 사회주의의 문제점을 극복하고 레닌에게로 돌아가자고 주장했지만, 소련 대중의 눈에 레닌과 스탈린은 구분되지 않았다. 레닌이든 스탈린이든 그들의 계승자들이든 모두 1980년대 소련이 겪고 있는 문제점의 원흉으로 공격받았다. 1956년과 1968년에 소련으로부터 벗어나려고 시도했다가 실패했던 헝가리, 체코슬로바키아 등 동유럽의 자유주의자들은 다시 한 번 일어났다. 그들은 자기 나라 정부를 소련의 꼭두각시로 비판하며 개혁을 요구했다. 고르바초프가 불러낸 것은 사회주의를 새롭게 건설하려는 의욕이 아니라 소련과 동유럽 사회 곳곳에 잠재되어 있던 반사회주의 정서였다.

고르바초프가 소련 사회의 문제점을 솔직히 인정하고 개혁에 나서면서 서방에 화해의 메시지를 던지자 레이건은 잠시 머쓱해졌다. 미국은 고르바초프의 메시지를 받아들여 전략 무기 감축 협상에 나서고 군사적 긴장을 줄이는 대화를 시작했다. 그러는 동시에 소련과 동유럽에서 일어나는 변화를 예의 주시했다. 미국과 서방 세계는 대기업과 금융 자본의 영토를 사회주의 세계로까지 확대할 수 있는 절호의 기회가 왔다고 보고, 신자유주의 경제 정책을 더욱 공세적으로 확대해 나갔다.

　　1986년부터 시작된 우루과이 라운드는 세계 경제를 신자유주의 질서에 맞도록 재편성하려는 시도였다. 제2차 세계 대전 이후 세계 무역을 규제해 온 장치는 '관세 및 무역에 관한 일반 협정(GATT)'이었다. 1986년 열린 우루과이 라운드*는 GATT가 포괄하지 않았던 농산물과 섬유류, 서비스, 지적 재산권 등을 국가 간의 협상 대상에 포함시켰다. 국가가 반드시 보호하고 지키려 했던 품목들이었다. 이는 상품과 자본의 자유로운 이동을 가로막는 장벽을 제거해 제한 없는 자유 무역의 시대를 열려는 의도였다.

　　우루과이 라운드는 GATT 체제 아래에서 이루어진 일곱 번째 다자간 협상이었다. 그런 우루과이 라운드에서 GATT를 대신해 세계 무역을 총괄하는 새로운 기구를 만든다는 합의가 이루어졌다. 그 새로운 기구가 1995년에 출범한 세계 무역 기구(WTO)*였다.

　　고르바초프는 스탈린을 철저히 비판하면서 새롭고 유연한 사회주의로 나아갈 수 있다고 주장했다. 그러나 그의 주장은 사회주의가 가졌던 장점까지 무력화하면서 사회주의 세계마저 신자유주의의 품안으로 밀어 넣는 결과를 낳았다. 사회주의는 본질적으로 자본에 대한 노동의 승리로 생겨난 체제였다. 신자유주의 앞에서 사회주의의 문제점을 고백한 페레스트로이카가 전

＊우루과이 라운드

라운드는 다자간 협상을 말하며 원탁에 둘러 앉아 협상을 벌인다고 해서 이런 이름을 얻었다. 우루과이의 푼타 델 에스테에서 GATT 체제의 문제점을 해결하기 위해 시작되었고 이후 1994년에는 세계 무역 기구(WTO)의 설립에 합의하게 된다.

＊세계 무역 기구(WTO)

신자유주의에 입각한 세계 각국의 무역 질서 및 관계를 관리 감독하기 위해 설립한 기구. 본부는 스위스 제네바에 있으며 무역 장벽의 해소를 주된 목표로 한다.

세계적 차원에서 자본에 대한 노동의 굴복을 의미한다는 것은 점점 분명해
지고 있었다.

6월 항쟁과 한국 민주주의의 새 물결

1980년대는 신자유주의의 공세가 날카로워지면서 전 세계적으로 반미 운동
과 노동 운동이 퇴조하던 시기였다. 그러나 이 시기에 한국에서는 오히려 반
미 자주화와 노동 해방의 목소리가 높아졌다. 1970년대까지만 해도 반미와
노동 운동의 사각지대였던 나라에서 이런 움직임이 일어난 것은 역설적으로
신군부 때문이었다.

신군부는 박정희 사망 이후 당연한 것으로 여겨지던 민주화 요구를 짓
누르고 권력을 잡았다. 게다가 미국이 그 과정을 방조한 정황이 점점 명확하
게 드러났다. 이에 분노하는 한국인이 생겨나는 것은 당연한 결과였다.

1982년 부산 지역 대학생들이 전두환을 살인마라 부르며 그의 집권을
도와준 미국에 항의하는 시위를 벌였다. 최초의 공개적인 반미 시위였다. 이
시위 도중 일부 학생은 부산 미국 문화원에 불을 질렀다. 이 방화 사건은 한
국 국민뿐 아니라 미국에도 큰 충격을 안겼다. 일단 민족주의 정서가 미국을
향하자 한국인 사이에는 신군부 세력의 배
후가 미국이라는 인식이 걷잡을 수 없이 확
산되었다. 미국은 그동안 한국인이 믿었던
자유 민주주의의 수호자가 아니라 자국의
이익을 위해서는 한국의 통일을 가로막고
독재 정권과 재벌을 지원하는 신식민주의
국가였다는 것이다.

1980년대 노동 운동의 성장은 더욱
극적이었다. 1980년 4월 강원도 사북 탄광

부산 미 문화원 방화 사건
불타고 있는 부산 미 문화원.

의 노동자들이 시위를 벌였다. 당시 동원 탄좌 사북 영업소에서 일하던 노동자들은 험한 노동과 낮은 임금으로 고통받고 있었다. 그런데 어용 노조*가 회사 측과 결탁해 턱없이 낮은 수준의 임금 인상을 결정하자, 노동자와 가족 6천여 명이 한꺼번에 들고일어났다. 분노한 노동자들은 몽둥이, 곡괭이 등으로 무장하고 경찰과 충돌했다. 지서에 불을 지르기도

사북 항쟁
강원도 정선군 동원 탄좌 광부 4천여 명이 탄좌 부근을 완전 점거하고 있다. 1980년 4월.

했다. 이 과정에서 경찰관 한 명이 죽고 160여 명의 경찰과 민간인이 다쳤다.

서슬 퍼런 계엄 상황에서 벌어진 사북 탄광 노동자 투쟁은 노동자가 한국 사회의 주역으로 등장하는 신호탄이었다. 권력과 결탁한 회사, 회사와 결탁한 어용 노조의 문제가 적나라하게 드러나면서 노동자가 기댈 곳은 그 자신밖에 없다는 것이 분명해졌다. 이후 신군부 정권의 철권통치 아래에서도 민주 노조를 결성하고 스스로 권리를 되찾으려는 노동 운동이 서서히 확산되었다.

노동 운동에 관심을 기울이는 대학생도 생겨났다. 신군부가 기득권 계층과 결탁해 민주주의와 사회적 평등을 억압하는 현실을 극복하려면, 1,000만 노동자가 변혁의 중심에 나서야 한다는 인식이 확산된 것이다.

1985년 6월 서울의 구로 공단에서 일어난 동맹 파업은 한국 노동 운동사에서 획기적인 사건이었다. 노동자들이 소속 회사를 넘어 단결하고 파업 투쟁까지 벌인 것은 4·19 혁명 시절 이후 처음이었다. 물론 신군부는 이를 철저히 탄압했다.

구로 동맹 파업에 참가한 김문수, 심상정, 박노해 등의 노동 운동가들은 개별 사업장을 넘어 노동자들의 요구를 담아내고 관철시키기 위한 조직

＊어용 노조
정부나 회사의 지원과 감시 아래 설립되어 노동자의 이익보다는 회사의 이익에 따라 행동하는 노동조합.

구로 지역 동맹 파업 지지 대회
민통련은 대우 어패럴 농성에서 비롯된 노동자 투쟁이 구로 공단 전 지역 동맹 파업으로 확산된 데 대한 지지 대회를 열었다. 1985. 6. 25.

이 필요하다는 것을 절감했다. 그들은 그해 8월 한국 최초의 대중적 노동 운동 단체인 서울 노동 운동 연합(서노련)을 출범시켰다. 이후 노동 운동은 개별 사업장을 넘어 전국적 범위로, 노동자들의 처지를 개선하는 경제 투쟁을 넘어 한국 사회의 변혁을 추구하는 정치 투쟁으로 확산되어 갔다.

이처럼 반미 자주화와 노동 해방을 기치로 내건 변혁 운동은 한국 사회 전반의 반독재 민주화 운동과 맞물려 상승 작용을 일으켰다. 신군부에 억눌려 있던 야당 정치인들은 1985년 2월 제12대 국회 의원 총선거를 계기로 기지개를 켰다. 철권통치로 일관하던 전두환 정부는 1985년 국회 의원 선거의 해가 다가오자 그동안 금지했던 정치인들의 활동을 조금씩 해제했다. 연금에서 풀려난 김영삼과 미국 망명 중인 김대중은 힘을 합쳐 신한 민주당(신민당)을 만들고 선거에 참여하기로 결정했다. 그러나 시간이 너무 없었기 때문에 급조된 야당이 총선거에서 힘을 발휘하기는 어려울 것처럼 보였다. 정부 여당도 신민당에게 기회를 주지 않기 위해 속전속결로 선거를 마무리하려 했다.

그러나 엄동설한에 치러진 선거 결과는 모든 사람의 예상을 뒤엎었다. 신민당이 극적으로 선전해 제1 야당의 지위를 차지했기 때문이다. 당시 국회에는 전두환 정권이 정한 테두리 안에서 온존해 온 두 개의 야당이 있었다. 민주 한국당(민한당)과 한국 국민당(국민당)이다. 그런데 신민당이 이들 제도권 정당을 누르고 신군부를 위협하는 강력한 야당으로 등장한 것이다. 그러자 민한당 소속 의원들이 대거 탈당해 신민당에 입당하면서 신민당은 더욱 몸집이 불어났다.

강한 야당의 등장과 함께 신군부는 수세로 돌아섰다. 야당과 국민의 요구는 두 가지로 정리되어 갔다. 헌법을 바꾸고 독재 정권을 퇴진시키자는 것이었다. 제5 공화국 헌법은 유신 헌법과 마찬가지로 간접 선거로 대통령을 뽑았다. 신군부에 호의적인 인사들로 구성된 대통령 선거인단이 체육관에 모여 선거를 했기 때문에 신군부 세력이 대통령에 당선

신한 민주당 창당 대회
서울 앰버서더 호텔에서 열린 신한 민주당 창당 대회. 이민우 총재가 부총재들과 손을 잡고 당원들의 환호에 답하고 있다. 왼쪽부터 김녹영, 이기택 부총재, 이 총재, 김수한, 노승환, 조연하 부총재. 1985.1.18.

되는 것은 정해진 일이었다. 이것을 바꿔 국민에게 대통령 선출의 권리를 돌려주라는 것이 첫 번째 요구였다. 또한 쿠데타와 학살로 정권을 약탈한 신군부 독재 세력은 권력을 내놓고 국민의 심판을 받아야 한다는 것이 두 번째 요구였다.

신군부가 자기 목에 칼을 들이대는 이런 요구를 선뜻 들어줄 리 없었다. 그들은 국민의 민주화 열망을 호도하고 야당과 국민을 갈라놓기 위한 방법을 짜내는 데 골몰했다. 그중 한 가지 방안으로 제시된 것이 이원 집정부제 개헌이었다. 외교와 국방을 책임지는 대통령과 내정을 책임지는 수상의 이원 체제로 정부를 구성하는 방안으로, 신군부와 신민당이 타협해 권력을 나눠 갖자는 술책이었다. 그러나 독재 타도에 대한 국민의 열망을 알고 있는 신민당이 이러한 타협안을 받아들일 수는 없었다.

그러던 중 신군부의 운명을 재촉하는 사건이 터졌다. 1987년 1월 14일 서울대생 박종철이 치안 본부 남영동 대공 분실에서 조사를 받던 중 고문 폭행으로 사망한 것이다. 이 사건은 그 자체로 충격이었던 데다가 정부 당국이 사건의 파장을 우려해 진실을 축소 왜곡해서 국민을 분노의 도가니로 몰고 갔다. 맨 처음 경찰의 발표는 취조 도중 책상을 '탁'하고 치니 '억'하고 죽었다는

서울 대학교 제42회 졸업식 시위
서울 대학교 제42회 졸업식에
서 일부 졸업생과 재학생들이
박종철 군 영정을 앞세우고 명
예 졸업장을 수여하라며 시위
하고 있다. 1988.2.26.

서울대생 박종철 군을 물고문
한 치안 본부 남영동 대공 분실
1988.7.25.

박종철을 살려내라!
박종철 추도회에 참석하기 위해
명동 성당까지 진출했던 민추협
회원들이 경찰에 밀려 조선 호
텔 앞에서 박종철의 영정을 들
고 시위하고 있다. 1987.2.7.

것이었다. 누가 보아도 말이 안 되는 주장이었다. 더구나 언론이 끈질기게 진상을 추적하면서 경찰은 사건 발생 5일 만에 물고문이 사인이라는 것을 공식 시인했다. 진상 규명과 책임자 처벌을 요구하는 시위가 거세게 일어났다.

전두환은 더 이상 밀리면 끝장이라 생각하고 그해 4월 13일 직선제 개헌을 받아들일 수 없으며 모든 개헌 논의를 금지한다는 '호헌 조치'를 발표했다. 마지막 발버둥이었다. 전국은 '호헌 철폐, 독재 타도'의 함성으로 뒤덮였다. 5월 18일 박종철 고문 치사 사건의 전모가 밝혀져 국민들의 분노에 기름을 부었다.

신군부는 이성을 잃었다. 곳곳에서 민주화 시위를 강경 진압하는 것에만 골몰했다. 그러다가 6월 9일 끔찍한 참사가 또 다시 발생했다. 연세대생 이한열이 시위 도중 경찰이 쏜 최루탄에 맞아 중태에 빠진 것이다. 최루탄은 공중에서 폭발시켜 최루 가스를 살포하는 무기인데, 반드시 사람을 피해 허공으로 발사하도록 되어 있었다. 그러나 시위 진압에 광분하던 경찰은 종종 시위대를 향해 최루탄을 조준 발사했다. 꽃다운 나이의 젊은이가 바로 그 살인 무기에 맞아 쓰러지고 말았다.

국민의 분노는 극에 달했다. 6월 10일, 서울 시청 앞 광장을 비롯한 전국 곳곳은 독재 정권의 퇴진을 촉구하는 국민의 함성과 이를 막아 보려는 경찰의 최루탄으로 뒤범벅이 되었다. 이른바 '6월 항쟁'이 절정을 향해 치달았다.

궁지에 몰린 제5 공화국 정권은 살길을 찾아야 했다. 계엄령을 선포하고 군대를 동원해 시위를 진압하는 방안도 제기되었지만 받아들여지지 않았다. 그들은 이승만 정권과 박정희 정권이 어떻게 몰락했는지 잘 알고 있었다. 그들이 고민 끝에 내린 묘안은 6월 29일 전두환의 후계자로 낙점되어 있던 노태우 민정당 대표에 의해 발표되었다. 국민의 요구를 받아들여 직선으로 대통령을 뽑도록 하겠다는 것이었다.

'6 · 29 선언'으로 알려진 이 묘안은 '직선제 개헌과 독재 타도'를 내걸

었던 국민의 요구를 절반만 들어주는 것이었다. 그러나 야당은 이를 받아들였다. 당시와 같은 국민적 열기라면 국민 직선으로 치러지는 대통령 선거에서 당연히 독재 세력을 심판할 수 있다고 믿었기 때문이다. 신군부가 타협의 손길을 내밀었는데 이를 거부하면, 국민과 신군부가 정면충돌하면서 야당이 설 자리가 좁아질 거라는 판단도 작용했다.

하지만 노태우를 중심으로 한 신군부 세력은 이미 치밀한 계산 아래

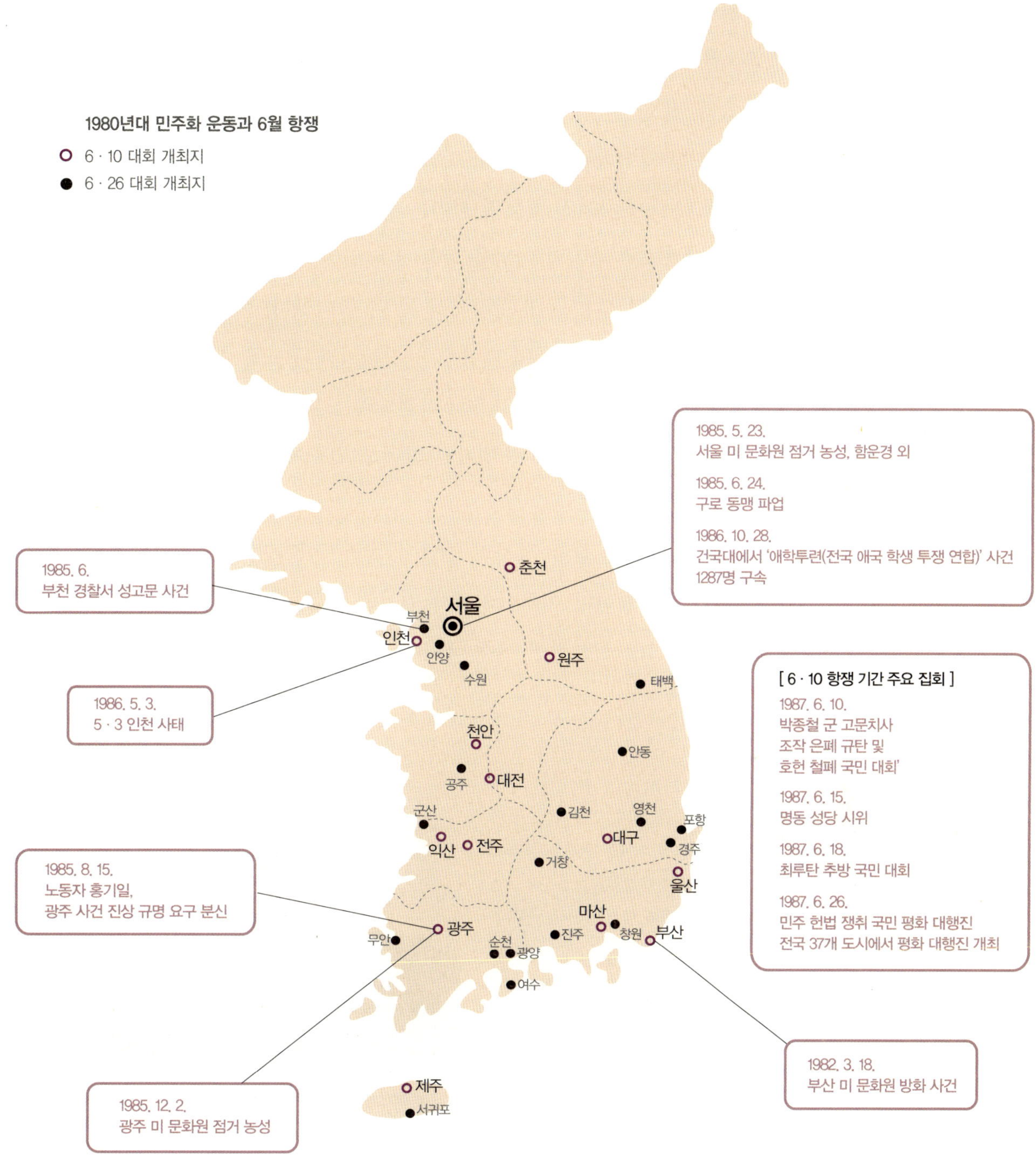

1980년대 민주화 운동과 6월 항쟁
6 · 10 대회 개최지
6 · 26 대회 개최지

춘천
서울
부천
인천
안양
수원
원주
태백
천안
공주
대전
안동
군산
익산
전주
김천
영천
포항
대구
경주
거창
울산
무안
광주
순천
광양
여수
마산
진주
창원
부산
제주
서귀포

1985. 6.
부천 경찰서 성고문 사건

1986. 5. 3.
5 · 3 인천 사태

1985. 8. 15.
노동자 홍기일,
광주 사건 진상 규명 요구 분신

1985. 12. 2.
광주 미 문화원 점거 농성

1985. 5. 23.
서울 미 문화원 점거 농성, 함운경 외

1985. 6. 24.
구로 동맹 파업

1986. 10. 28.
건국대에서 '애학투련(전국 애국 학생 투쟁 연합)' 사건
1287명 구속

[6 · 10 항쟁 기간 주요 집회]
1987. 6. 10.
박종철 군 고문치사
조작 은폐 규탄 및
호헌 철폐 국민 대회'

1987. 6. 15.
명동 성당 시위

1987. 6. 18.
최루탄 추방 국민 대회

1987. 6. 26.
민주 헌법 쟁취 국민 평화 대행진
전국 37개 도시에서 평화 대행진 개최

1982. 3. 18.
부산 미 문화원 방화 사건

6·29 선언을 준비했고, 그러한 계산에 따라 대통령 선거 준비에 들어갔다. 그들은 야당의 대표적 정치인인 김영삼과 김대중이 분열할 가능성이 높다고 내다보았다. 또한 현실이 급격하게 바뀌는 것을 두려워하는 기득권층이 자신들을 지지할 것이라는 판단도 하고 있었다.

그해 12월에 치러진 대통령 선거는 신군부 세력의 셈법대로 돌아갔다. 김영삼과 김대중은 국민의 여망을 받들어 단일 후보를 결정하기 위한 담판을 여러 차례 벌였으나, 끝내 갈라서서 둘 다 출마했다. 여기에 유신 정권의 2인자였던 김종필도 뛰어들어 대통령 선거는 4자 구도로 치러졌다. 노태우는 이 같은 야당 분열에 힘입어 36.6퍼센트라는 낮은 득표율에도 불구하고 최종 승자가 되었다. 당시에 유행하던 말대로 민주화 세력은 '죽 쒀서 개 준 꼴'이 되고 말았다.

그렇다고 해서 한국 정치의 앞날이 절망적이기만 한 것은 아니었다. 6·29 선언으로 개헌이 이루어지면서 절차적 민주주의의 기반이 마련되었다. 이것은 5·16 군사 정변 이래 국민이 숱한 희생을 치른 끝에 쟁취한 소중한 성과였다.

✝ 체르노빌 원자력 발전소 사고

한국의 민주화 운동이 한창이던 1986년 4월 26일 1시 24분(모스크바 기준 시간)에 소련(현재 우크라이나)의 체르노빌 원자력 발전소에서는 인류를 경악하게 만든 방사능 누출 사고가 발생했다. 이 사고로 우크라이나와 벨라루스, 러시아 등의 광범위한 지역에서는 심각한 방사능 오염이 진행되었는데, 이는 사고 후 소련 정부의 대응 지연 때문이었다. 소련 정부는 사고 사실을 즉시 공개하지 않고 이틀이 지난 후에야 사고 발생 사실을 인정하고 인근 주민들을 대피시켰으나 이미 상당수는 방사능에 노출된 후였다. 심지어 독일의 일부 지역까지 오염시킨 것으로 알려진 이 사고로 원자력 발전소의 폐해를 절감했고 이후 반핵 운동이 전 세계로 확산되는 계기가 되었다.

석관에 의해 봉인된 체르노빌 원자력 발전소의 모습 (2003년 촬영).

　그보다 더욱 고무적인 것은 그해 7, 8, 9월에 일어난 노동자 대투쟁이었다. 6월 항쟁으로 고무되어 확산된 노동 운동은 6·29 선언으로 주춤해진 민주화의 열기를 되살렸다. 3개월 동안 전국에서 3,458건의 노동 쟁의가 일어났으며 1,060개의 노동조합이 새로 생겨났다. 그렇게 탄생한 노동조합은 물론 어용 노조가 아니라 노동자들이 자발적으로 결성한 민주 노조였다. 한국 역사상 처음으로 노동자들이 사회를 이끌어 가는 주역으로 나선 것이다. 당시는 전 세계에서 신자유주의의 공세로 노동 운동이 퇴조하고 있던 시기였다. 그러한 때에 한국 노동자는 도리어 발랄하게 자기 목소리를 내며 한국 사회를 움직이는 핵심 변수로 떠올랐던 것이다.

02

냉전의 종식과
한국의 민주주의

1988년 9월 서울에서 열린 제24회 올림픽은 전 세계인의 축제였다. 동유럽 사회주의 국가들을 포함한 159개국 8천여 명의 선수가 참여해 역대 최대 규모를 기록했다.

서울 올림픽은 한국인에게도 축제였다. 올림픽 개최권을 따낸 것은 독재 정권이었지만, 국민은 다행히도 6월 항쟁으로 민주주의의 바탕이 마련된 상황에서 축제를 맞이할 수 있었다.

개혁 개방의 바람 속에 흔들리던 중국과 동유럽 국민은 한국의 발전상에 넋을 잃었다. 어쩌면 서울 올림픽은 그들이 염증을 느끼고 있던 기존 체제에 보내는 죽음의 키스였는지도 모른다. 이듬해 베를린 장벽이 무너지고 톈안먼 사건이 일어났다. 조지 H. W. 부시 미국 대통령과 고르바초프 소련 서기장은 몰타에서 만나 냉전 종식에 합의했고, 동유럽 사회주의가 잇따라 무너졌다. 1991년 마지막 날 소련이 해체되면서 이 같은 변화의 대미를 장식했다.

냉전의 종식과 동유럽 사회주의의 몰락은 인류에게 축복이었을까? 1990년대의 역사에서 그 답을 찾아보도록 하자.

88 서울 올림픽 개회식에서 '벽을 넘어서 화합의 세계로'라는 슬로건으로 160개국 선수단이 입장하는 모습.

동유럽 사회주의가 몰락하고
보수 대연합이 등장하다

위기의 사회주의

제24회 서울 올림픽에 참가했던 중국과 동유럽에서는 개혁 개방의 목소리가 더욱 커졌다. 그러더니 이듬해인 1989년 사회주의의 양대 축인 두 지역에서 서로 대조적인 파열음이 한꺼번에 들려왔다.

먼저 일이 터진 곳은 중국이었다. 1989년 5월 13일 민주화를 요구하는 중국의 학생과 시민이 톈안먼 광장에 모여 단식 연좌 농성을 시작했다. 이들을 지지하는 시위대가 구름처럼 불어나는 가운데 고르바초프가 중국을 방문했다. 고르바초프와 중국의 최고 지도자 덩샤오핑은 똑같이 개혁 개방을 추진했지만, 그 내용은 서로 달랐다. 덩샤오핑은 경제를 개방하되 정치는 공산당 독재를 유지하려 했고, 고르바초프는 정치 개혁까지 받아들였다.

고르바초프가 중국을 방문하자 톈안먼 시위대는 힘을 얻었고, 자오쯔양 중국 공산당 총서기는 시위대를 이해하는 태도를 보였다. 시위가 격화되는 가운데 고르바초프는 중국을 떠났고, 당국은 톈안먼 시위를 '동란'으로 규정했다. 자오쯔양의 행방이 묘연해지고 톈안먼 일대의 경비가 강화되더니 6월 4일 시위대에 대한 무력 진압이 감행되었다.

고르바초프의 중국 방문을 취재하러 베이징에 들어갔다가 톈안먼 일대의 호텔에 머무르고 있던 외신 기자들이 이 장면을 전 세계에 생생하게 중계했다. 맨몸으로 탱크를 막아선 젊은이의 모습이 해외 언론에 노출되는 일은 중국 정치의 속성상 쉽게 있을 수 없는 것이었다. 이처럼 전 세계가 지켜보고 있는 가운데 인민 해방군을 동원해 시위를 진압한 것은 그만큼 중국 공산당이 급했다는 사실을 반증한다.

중국 당국은 6 · 4 톈안먼 사건의 사망자 수가 학생 23명을 포함해 300명이라고 발표했다. 그러나 희생자가 축소되었다는 의혹을 제기하는 사람들도 있었다. 이렇게 손에 피를 묻히고 시위를 진압한 중국 공산당은 자오쯔양을 대체할 지도자를 찾았다. 최고 지도자 덩샤오핑의 눈에 띈 인물은 상하이 당서기를 맡고 있던 장쩌민이었다. 장쩌민은 톈안먼 시위가 격화되던 시기에 상하이를 안정되게 유지하고, 캐나다에서 귀국하던 완리 전국 인민 대표 대회 의장을 상하이에 억류해 사태가 악화되는 것을 막았다. 만약 완리가 베이징으로 가서 전국 인민 대표 대회를 열고 톈안먼 시위의 요구 사항을 받아들이기라도 했다면, 사태는 걷잡을 수 없이 커졌을 것이다. 장쩌민은 자오쯔양 대신 당 총서기에 선출되었고, 개혁 개방과 공산당 독재라는 덩샤오핑의 이중 노선을 지켜 나갔다.

그해 11월 9일 독일 베를린의 브란덴부르크 광장에서는 정반대의 사건이 일어났다. 그동안 동서독을 나눠 오던 베를린 장벽을 동서 독일의 시민들이 무너뜨린 것이다. 베를린 장벽은 서독으로 탈출하는 동독인을 저지하기 위해 동독 정부가 1961년에 쌓아 올린 콘크리트 장벽이었다. 가장 높은 곳이 5미터에 이르고 전체 길이는 165킬로미터나 된다. 이 거대한 장벽은 독일 분단과 동서 냉전의 상징이었다. 그동안 이 장벽을 넘다 희생당한 사람만 해도 191명에 이르렀다.

동유럽 국가들 중에서도 선진적이고 모범적인 사회주의 국가로 평가

되던 동독에서 왜 이런 일이 일어났을까? 소련에서 일어난 페레스트로이카의 바람이 헝가리, 체코슬로바키아 등을 휩쓸고 자본주의와 직접 맞닿아 있는 베를린 장벽까지 불어닥쳤기 때문이다. 그해 9월 헝가리 정부는 동독 난민과 관광객 수만 명이 서독을 방문하도록 허용했다. 그러자 헝가리를 통해 서독으로 탈출하려는 동독인이 걷잡을 수 없이 늘어났다.

동독 국내에서도 공산당 독재와 경제적 어려움에 항의하는 대규모 시위가 연일 일어났다. 에리히 호네커가 이끄는 동독 공산당은 이러한 역풍에 맞서 체제를 유지하기 위해 안간힘을 썼다. 그러나 고르바초프가 동유럽에 건 자유화의 주문은 너무나 강한 마력을 지니고 있었다. 동독 국민의 격렬한 시위와 자유화 세력의 압박으로 호네커는 사임하고 베를린 장벽은 하릴없이 무너져 내렸다.

베를린 장벽이 무너진 직후인 12월 2일과 3일 이틀 동안 부시 미국 대통령과 고르바초프 소련 공산당 서기장은 지중해의 휴양지인 몰타 앞바다에서 만나 냉전은 끝났다고 선언했다. 이 자리에서 부시는 고르바초프에게 동

베를린 장벽의 해체
1989년 11월 구경꾼들이 보는 앞에서 베를린 장벽이 해체되고 있다.

동유럽 국가의 자유화 운동

유럽 국가들이 시장 경제로 이행하는 것을 방해하지 말라고 요구했고, 고르바초프는 이를 받아들였다. 다만 고르바초프는 독일 통일에는 반대했으나, 그로부터 1년도 안 된 1990년 10월 3일 서독은 동독을 흡수 통일해 버렸다. 미국과 함께 초강대국을 이루었던 소련은 이제 동맹국을 잃어버린 초라한 존재로 전락했다. 미국은 제2차 세계 대전 이후 40여 년 만에 유일한 초강대국의 지위에 등극했다.

유일 초강대국 미국이 그 힘을 과시한 최초의 무대는 아랍의 유전 지대였다. 한때 미국의 지원을 받으며 이란과 전쟁을 벌이기도 했던 이라크가 첫 상대로 선택되었다. 이라크가 이웃 나라인 쿠웨이트를 침공해 미국의 석유 이권을 침해했기 때문이다.

1990년 8월 2일 후세인 이라크 대통령은 쿠웨이트가 석유를 너무 많이 생산해 이라크 경제를 흔들고 있다며 침공을 단행해 하루 만에 쿠웨이트를 장악했다. 미국은 이 사태로 아랍 지역의 정세가 요동치고 석유를 안정적으로 확보하는 데 차질이 생기자 후세인에게 즉각 철수할 것을 요청했다. 그러나 거듭되는 미국의 요청에도 후세인은 배짱을 튕기며 버텼다.

1991년 1월 17일 미군은 이라크에 대규모 공중 폭격을 퍼붓기 시작했다. 작전명은 '사막의 폭풍'이었다. 최첨단 무기가 총동원된 폭격은 40여 일 동안 무려 10만 회가 넘게 이루어져 이라크의 수도 바그다드는 초토화되었다. 미국인은 이 모습을 안방에서 마치 올림픽 경기 중계라도 보듯이 생방송으로

걸프 전 1990년 8월 2일~1991년 2월 28일
이라크가 쿠웨이트를 침략하자, 미국, 영국, 프랑스, 사우디아라비아, 소련 등 30여 개 나라가 국제 연합의 결의와 미국의 주도 하에 다국적군을 결성하고 이라크를 공격했다.

지켜보았다. 2월에는 지상군이 투입되었다. 사막을 휩쓸고 유유히 지나가는 미군의 모습을 지켜보며 세계는 큰형님(Big Brother, 조지 오웰의 소설 『1984년』에 나오는 무소불위의 독재자)이 지배하는 새로운 시대가 열렸음을 실감했다.

바로 그해 12월 31일 소련은 70여 년의 짧은 생애를 마치고 공중분해되었다. 소련의 운명을 재촉한 것은 8월에 일어난 공산당 내 반개혁 세력의 쿠데타였다. 그들은 고르바초프가 휴가를 떠난 사이 권력을 장악하고 페레스트로이카 노선을 전면 폐기하려 했다. 그러나 모스크바에는 고르바초프보다 훨씬 더 개혁 지향적인 강적이 남아 있었다. 소련 연방 중 하나인 러시아 공화국의 대통령이던 보리스 옐친이었다. 옐친은 공산당에 등을 돌린 여론에 힘입어 쿠데타를 진압하고 소련을 전면적인 자본주의의 길로 몰고 갔다. 휴가 중 쿠데타 소식을 들은 고르바초프는 모스크바로 돌아가 소련을 유지하겠다는 뜻을 밝혔지만, 옐친은 고르바초프마저 퇴진시키고 소련을 해체시켰다. 소련을 구성했던 15개 공화국 중 11개국은 러시아를 중심으로 한 독립국가 연합을 결성했고, 나머지 4개 공화국은 각자의 길을 가기로 했다.

고르바초프는 1990년 소련의 첫 번째이자 마지막 대통령으로 선출된 데 이어 세계 평화에 기여했다는 평으로 노벨 평화상까지 받았다. 그러나 그는 자신이 걸어 놓은 저주의 마법에 스스로 걸려들어 쓸쓸히 퇴진했다. 그와 함께 자본주의에 대한 대항마로 진보의 기치를 높이 들었던 소련은 동유럽의 동맹국들과 함께 집단 자살의 길을 선택하면서 길지 않은 70여 년의 생을 마감했다.

보수 대연합의 등장

중국에서 톈안먼 사건이 일어나고 독일에서 베를린 장벽이 무너지던 1989년, 한국에서는 어떤 일들이 일어나고 있었을까?

이 무렵 한국 사회는 마치 4·19 혁명 직후와 비슷하게 모든 분야에서

소련의 해체와 독립 국가 연합

들썩거리고 있었다. 1987년의 6월 항쟁과 7, 8, 9월 노동자 대투쟁의 성과를 이어받아 민주주의와 사회 평등을 실현하려는 욕망이 분출했기 때문이다. 신군부는 잘 꾸민 시나리오로 재집권에 성공했지만 대통령 자리에서 물러난 전두환은 처벌을 요구하는 민심에 쫓겨 설악산 백담사에서 은둔 생활을 해야 했다.

4·19 혁명 직후 조직되었다가 5·16 군사 정변으로 된서리를 맞았던 교원 노조는 전국 교직원 노동조합(전교조)으로 부활했고, 비전향 장기수*들도 감옥에서 풀려났다. 서경원 평화 민주당(평민당) 의원, 문익환 목사, 황석영 작가, 임수경 학생 등이 국가 보안법 위반을 무릅쓰고 북한을 방문했다.

＊비전향 장기수
간첩죄 등 사상범으로 투옥되어, 사상을 바꾸겠다는 전향서를 쓰면 풀어 주겠다는 회유를 받았으나 양심의 자유를 지키기 위해 끝까지 전향하지 않고 오랜 세월 감옥살이를 한 사람들. 1971년 유학생 간첩단 사건으로 투옥된 서준식이 비전향 장기수로는 1988년 처음 출소했다.

4·19 혁명 직후 "가자, 북으로! 오라, 남으로!"를 외쳤던 통일 운동의 맥을
이어받은 일이었다.

　　그러나 이러한 진보적 흐름이 순탄하게 진행된 것은 아니었다. 오히려
6·29 선언과 대통령 선거로 존재감을 보여 준 보수 세력의 강력한 대응으로
험난한 길을 걸어야 했다. 정부는 전교조에 대한 강경 대응 입장을 밝히고,
그해 9월까지 1,519명의 교사를 파면하거나 해임했다. 정부의 허가를 받지
않고 북한을 방문한 민간인도 처벌을 받았다. 서경원 의원은 투옥되어 의원
직을 빼앗겼고, 그가 속한 평민당의 김대중 총재마저 곤혹스러운 처지에 놓
였다. 문익환 목사와 임수경 학생은 모두 수감되고 공안 정국이 조성되었다.
같은 해 정주영 현대 명예 회장이 정부의 허가를 받고 북한을 방문한 일도
있었기 때문에 형평성 논란과 함께 강한 반발이 일어났다.

　　그렇다면 1989년의 이 같은 진보적 흐름은 어떻게 일어난 것일까?

　　사실 1987년 대통령 선거에서 야당 분열로 노태우 정권이 탄생한 직후

돌아온 통일의 꽃
북한을 방문한 뒤 남쪽으로 돌
아오기 위해 판문점에서 군사
분계선을 넘는 임수경과 문규
현 신부. 1989. 8. 16.

왕회장의 금의환향
정주영 현대 그룹 명예 회장이
소떼를 몰고 북쪽의 고향을 방문
하러 떠나기 직전, 임진각에서
열린 행사장에서 소를 잡고 손을
흔들어 보이고 있다. 1998.6.16.

에는 6월 항쟁의 성과도 물거품되는 것처럼 보였다. 민주주의 회복에 큰 기
대를 걸었던 국민은 패배 의식에 젖어 차갑게 돌아선 듯했다. 대통령 선거
직후인 1988년 4월 26일 실시된 국회 의원 총선거에서는 집권당인 민정당이
과반수를 차지할 것이라는 전망이 우세했다.

그러나 뚜껑을 열어 보니 전혀 다른 결과가 나왔다. 대통령 선거 패배
의 책임자로 퇴진을 요구받던 김대중, 김영삼 두 지도자가 각각 평민당과 통
일 민주당(통민당)을 이끌고 총선에 참여해 화려하게 되살아났다. 이들과 김
종필의 신민주 공화당(공화당)이 당선시킨 국회 의원 수가 민정당을 능가했
다. 이른바 여소야대* 정국이 형성된 것이다. 특히 김대중은 4·26 총선의
최대 수혜자였다. 당시 그는 대통령 선거에서 3위의 득표를 해 야당 분열에
더 많은 책임이 있다는 비난을 받고 있었다. 그런데 총선에서 그가 이끄는
평민당이 통민당보다 더 많은 의석을 차지해 제1 야당으로 올라서자 김대중
은 일약 여소야대 정국을 맨 앞에서 이끄는 지도자로 각광을 받게 되었다.

세 야당이 힘을 합쳐 집권 여당을 밀어붙이자 노태우는 곤경에 빠졌

＊여소야대
집권 여당의 국회 의원이
과반수에 못 미쳐 정국을
야당이나 야당 연합이 주도
하는 현상.

다. 노동 운동을 탄압하고 공안 정국*을 조성해도 터져 나오는 민주화와 평등의 목소리를 잠재우는 데는 한계가 있었다. 이대로 가면 다음 대통령 선거에서는 야당에게 권력을 내주고 노태우 자신의 안전도 보장할 수 없을 게 분명했다. 전두환은 친구인 노태우가 대통령인데도 국민의 원성을 견디지 못해 백담사로 유배를 떠나지 않았던가? 전두환은 거기서 그치지 않고 1989년 연말에 국회 5공·광주 특별 위원회 연석회의에 증인으로 불려 나와 의원들의 거센 질책과 질의에 시달리기도 했다.

이 같은 모습을 앉아서 보고만 있을 노태우와 민정당이 아니었다. 그들은 여소야대 정국을 무너뜨리고 정국의 판을 새로 짤 기회만 노리고 있었다.

'정치판이 계속 민주 대 반민주의 구도로 가면 자신들은 계속 죄인으로 몰리다가 이승만과 박정희의 길을 가게 될지도 모른다. 이 상황을 벗어나려면 정치판의 구도를 진보 대 보수로 바꿔 보수적인 야당 정치인들을 끌어들여야 한다.'

이것이 노태우와 참모들의 생각이었다. 때마침 베를린 장벽이 무너지고 냉전 질서가 붕괴하는 거대한 변화가 일어나고 있었다. 진보의 상징이던 소련과 동유럽이 시장 경제로 빨려 들어가는 모습을 보면서 노태우는 자신을 중심으로 한국의 보수 세력을 결집시킬 생각을 했다. 일본의 자유 민주당(자민당)처럼 거대한 보수 정당을 만들어 한국에서 이제 막 기지개를 켜기 시작한 진보 세력을 압박하는 구도를 만들자는 것이었다.

그는 먼저 제1 야당 총재인 김대중에게 손을 벌렸다. 민정당과 평민당이 합당해서 거대 보수 여당을 만들면, 노태우는 군부 독재의 원죄로부터 벗어나고 나머지 야당과 진보 세력을 쉽게 고립시킬 수 있다고 판단한 것이다. 그러나 김대중은 이를 거부했다. 그의 지지 기반인 민주화 운동 세력과 호남이 군부 독재 세력과 야합하는 것을 허용하지 않을 게 뻔했기 때문이다. 그러자 노태우는 김영삼에게 손을 내밀었다. 김영삼은 그 손을 잡았다. 김영삼도 소련에서 시작된 세계사의 거대한 변화를 감지하고 있었다. 현실적인 판단도 작용했다. 여소야대 정국이 계속되면 다음번 대통령 선거는 제1 야당 총재인 김대중에게 유리하게 흘러갈 것이 분명했다. 그렇다면 차라리 노태우의 제안을 받아들여 거대 여당의 일원이 된 다음 자신이 차기 대권 주자로 나서는 게 나을 수도 있었다.

여소야대 국회가 신군부의 비리를 단죄하기 위한 한바탕 굿판을 벌인 뒤 새해가 밝았다. 1990년 1월 22일 노태우는 제2 야당인 통민당뿐 아니라 제3 야당인 공화당까지 끌어들여 거대 보수 여당인 민주 자유당(민자당)을 출범시켰다. 총 299명의 국회 의원 가운데 218명이 이 당에 모여들었다. 마음만 먹으면 헌법도 바꿔 치울 수 있는 압도적인 다수였다. 앞날이 창창해 보였던 김대중은 졸지에 소수 야당의 지도자로 전락했다.

그러나 국회 밖의 광범위한 민주화 운동 세력을 포함한 구도로 보면 김대중은 여전히 판세를 좌우할 수 있는 지도자였다. 왜냐하면 평민당이 민자당에 합류하지 않고 야당으로 남으면서 민주 대 반민주 구도가 유지될 수 있었기 때문이다. 김대중은 국회에서는 비록 소수파 정치인으로 전락했지만 큰 틀에서 보면 신념을 지킨 정치인으로 민주화 운동 세력의 중심이 될 수 있었다.

1980년대 민주화 운동 세력에는 자본주의를 옹호하는 보수 세력과 자

김대중 대통령 당선자
김대중 대통령 당선자가 국회 본관 앞에서 열린 국민회의 자민련 양당 대통령 당선 환영 행사에서 당원들을 향해 손을 들어 인사하고 있다. 1997.12.19.

본주의에 비판적인 진보 세력이 모두 포함되어 있었다. 노태우는 자신의 목을 조여 오는 이 좌우 연합 전선을 깨고 보수적 민주화 세력을 자기편으로 끌어들이려 한 것이다. 이것을 거부한 김대중의 선택은 명분뿐 아니라 실리에서도 밑지지 않았다. 바로 다음 번 국회 의원 총선거에서 민자당 의석은 과반수에도 미치지 못하는 149석으로 확 줄었고, 평민당은 단독으로 개헌을 저지할 수 있는 97석을 확보했다. 국민은 인위적으로 민주 대 반민주 구도를 허물려는 노태우의 속셈을 간파해 표로써 심판한 것이다. 이후 보수 여당 대표로 변신한 김영삼과 민주화 세력을 대표하게 된 김대중은 1992년과 1997년의 대통령 선거에서 각각 당선되어 한 차례씩 대한민국을 이끌게 된다.

이처럼 페레스트로이카가 휩쓸고 지나가던 1990년대에도 한국에서는 진보 진영과 보수적 민주화 세력의 연합 전선은 여전히 정치의 중심에 있었다. 그러나 1980년대 말에 막 피어나 발랄한 모습을 보이던 진보 진영의 힘은 시간이 갈수록 위축되어 갔다. 그들이 대안으로 생각했던 사회주의 국가들이 속절없이 무너지고 자본의 힘이 전 세계를 휩쓸고 있는데, 한 나라 안에서 그들이 할 수 있는 일은 그리 많지 않았기 때문이다.

✝ 우리별 1호

1992년 8월 11일 오전 8시 8분(한국 시각)에 프랑스 령인 가이아나 쿠루 우주 기지에서 발사한 한국의 첫 번째 인공위성.

이로써 대한민국은 22번째 위성 보유국이 되었다. 우리별 1호는 지표면 촬영 장치를 통해 최초로 한반도 영상을 찍는 기록을 남겼다. 또한, 우리별 1호에 탑재된 디지털 데이터 축적 및 전송 통신 시스템으로 남극 세종 기지의 연구원들과 한국에 있는 과학자들 사이에 하루에 두 차례 위성 통신을 이용한 편지를 주고받을 수 있었다. 그뿐만 아니라 방사선량 측정 센서들을 이용해 우주 환경을 분석함으로써 연구 분야를 확대하기도 했다.

세계 무역 기구가 출범하고
외환 위기가 닥치다

인터넷의 진화와 세계화의 질주

냉전 시대의 산물로 발명되었다가 냉전이 끝나자 급속도로 활성화되고 확산된 것이 있다. 인터넷이다. 컴퓨터와 컴퓨터를 연결해 정보를 공유하는 인터넷의 역사는 1957년으로 거슬러 올라간다. 그해에 소련이 최초의 인공위성인 스푸트니크 호를 쏘아 올리자 깜짝 놀란 미국 정부가 군사적 대응 장치로 컴퓨터 네트워크를 개발한 것이다.

이미 말한 것처럼 우주 개발 전쟁은 핵무기 개발 전쟁이었다. 우주로 더 빨리, 더 멀리 날아가는 인공위성을 개발하는 것은 적국을 향해 더 빨리, 더 효과적으로 핵탄두를 실어 나를 미사일을 개발하는 것과 같았다. 생존을 건 이 경쟁에서 소련이 한발 앞서 간 것이다.

초조해진 미국은 1962년 국방성 아래 ARPA(고등 연구 계획국)란 기관을 만들어 소련의 핵 선제공격을 받았을 때 미국의 미사일과 핵탄두를 계속 통제할 수 있는 방법을 연구했다. 그 결과 핵 공격을 받아 미국의 핵 시휘부가 파괴되더라도 다른 곳에서 핵무기 반격 명령을 내릴 수 있도록 지휘부를 분산시킬 필요가 있다는 결론이 내려졌다. 연구자들은 서로 다른 곳에 떨어져 있는 컴퓨터들을 연결해 네트워크를 구성하자는 제안을 했다.

1969년 ARPA는 네 군데 대학 컴퓨터를 연결해 최초의 컴퓨터 네트워크를 만든 뒤 ARPANET(알파넷)이라는 이름을 붙였다. 이것이 최초의 인터넷이었다. 이후 각 연구 기관의 컴퓨터를 서로 연결해 연구자들이 정보를 교환하고 공동 연구를 진행하며 인터넷을 키워 갔다. 1972년에는 이메일 프로그램이 개발되고 1973년에는 효율적이고 빠른 데이터 전송을 위한 프로그램이 개발되기 시작했다. 그리고 1981년 미국 국립 과학 재단National Science Foundation이 민간 연구 기관을 위한 CSNETComputer+Science Network을 만들면서 인터넷은 민간용으로도 개발되고 사용되기 시작했다.

인터넷이 일반인을 위한 정보망으로 확산되기 시작한 것은 1990년대 들어 냉전이 끝나는 것과 맥을 같이한다. 인터넷 기술은 본래 소련의 핵 위협에 대응하기 위해 만들어졌던 것이므로 냉전이 계속되는 동안에는 그 기술의 보안이 철저하게 유지되었다. 그러나 동유럽 사회주의가 몰락하고 소련의 핵 위협이 사라지자 인터넷은 군과 정부의 통제로부터 벗어났다. 특히 인터넷을 활용해 이익을 얻고 싶었던 사업자들은 발 빠르게 움직였다. 그들은 사적 이윤을 추구할 수 없는 공공 인터넷 망 대신 1992년 따로 인터넷 협회를 구성하고 CIX(Commercial Internet Exchange)라는 상업용 인터넷 망을 구축했다.

1994년 피자헛이 인터넷으로 배달 서비스를 시작했고, 최초의 사이버 은행인 퍼스트 버추얼First Virtual이 인터넷에서 금융 업무를 시작했다. 이처럼 인터넷을 상업에 이용하는 방식은 빠른 속도로 전 세계에 퍼져 나갔다. 한국에서도 한국 통신이 1994년 6월에 최초로 인터넷 상용 서비스를 개시했다. 16세기 영국에서 영주들이 양털을 팔아 돈을 벌기 위해 마을 공동 소유였던 땅에 목책을 두르고 양을 키우던 인클로저 운동처럼, 현대의 자본가들

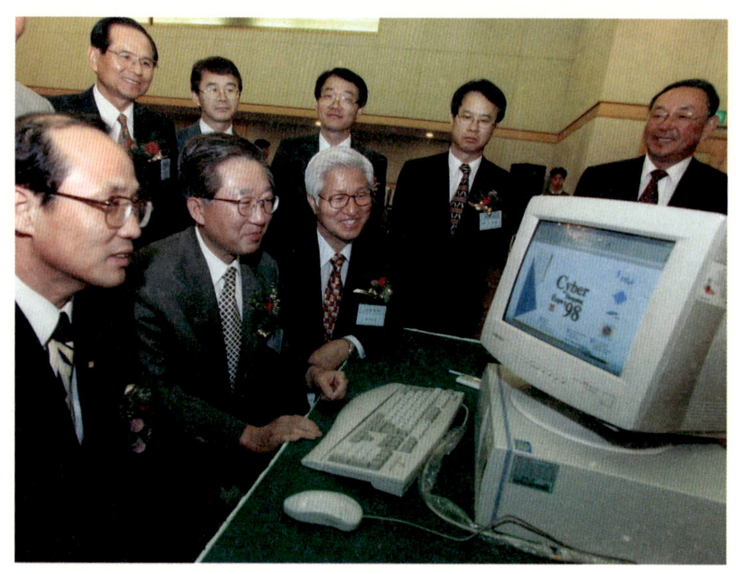

전자 상거래
사이버 쇼핑 엑스포 시연회
서울 타워 호텔에서 열린 전자 상거래 이용 확산을 위한 「사이버 쇼핑 엑스포 '98」 시연식에 참석한 인사들이 컴퓨터를 이용, 직접 전자 상거래를 시연해 보고 있다. 사진 좌측부터 장영달 의원, 배순훈 정통부 장관, 이상희 의원. 1998.9.23.

＊도쿄 라운드
1973~1979년 일본 도쿄에서 진행된 GATT 체제하의 다자간 무역 협상. 공산품과 농산물의 관세를 내리고 비관세 장벽을 제거하기 위한 협정이 이루어졌다. 이 협정은 '1980년대 세계 무역의 헌법'으로 불렸으나, 개발 도상국의 이익을 배려하지 않는다는 이유로 선진국들만 서명했다. 결국 문제의 해결책은 우루과이 라운드로 넘어갔다.

은 신속하고 효율적으로 돈을 벌기 위해 무주공산無主空山이던 인터넷 세상에 칸막이를 치고 장사를 하기 시작한 것이다.

초고속 인터넷 망이 세계 곳곳에 거미줄처럼 깔리면서 지구에는 지역과 지역 사이의 거리가 아무런 문제도 되지 않는 거리의 소멸 현상이 나타났다. 교류와 교역의 시간은 경이적으로 단축되었다. 정치적으로도 자본의 진입을 차단하는 국가들이 상당수 사라졌기 때문에 누구든 마음만 먹으면 세계의 어느 시장으로나 빛의 속도로 접근할 수 있게 되었다. 무역은 점차 인터넷 교역이나 전자 상거래로 바뀌어 갔다. 이처럼 정보 통신 기술의 혁명은 세계 시장을 하나로 묶고 자본과 상품이 국경을 넘어 자유롭게 넘나들 수 있는 세계화의 흐름에 엄청난 탄력을 붙여 주었다.

세계화의 씨앗은 1498년 포르투갈의 바스쿠 다 가마가 인도 항로를 발견하면서 열린 열강의 식민지 쟁탈전이었다. 포르투갈, 스페인, 네덜란드, 영국 등은 앞다투어 식민지 개척에 나섰다. 그 결과 동서양과 신대륙이 따로따로 발전하던 세계는 서유럽 중심으로 급격히 통합되었다.

그런데 이러한 열강의 식민지 쟁탈전은 결국 두 차례의 세계 대전으로 비화했다. 제2차 세계 대전이 끝나자 각국은 파괴된 세계 경제를 재건하기 위해 GATT · IMF 체제를 출범시켰다. 국제적인 협조를 바탕으로 무역 자유를 실현하고 각국의 통화 가치가 안정되도록 하자는 것이 이 체제의 목표였다.

그러나 GATT 체제에서 일반 관세 협정과 도쿄 라운드＊를 비롯한 다자간 무역 협정이 몇 차례 체결되었으나 폭넓은 세계 무역 자유화는 이루어지지 않았다. 여러 나라의 관세 장벽과 비관세 장벽*이 철거되거나 완화되지 않았기 때문이다. 또 자본의 국제 이동을 원활하게 하기 위해 양자간·다자간 협정이 체결되었으나 이 또한 쉽게 이루어지지 않았다.

이처럼 미완의 시도를 거듭하던 세계화가 질주의 발판을 마련한 것이 1993년 12월 타결된 우루과이 라운드와 1994년 4월 출범한 WTO(세계 무역 기구) 체제였다. GATT를 대신한 WTO 체제는 1995년 1월 1일부터 효력을 발생했다.

WTO는 그 이름에서도 알 수 있는 것처럼 GATT와 같은 '협정'이 아니라 회원국들의 무역 행위를 직접 규제할 수 있는 '기구'였다. 이 기구에 속한 나라들의 재무 장관들은 최소한 2년에 한 번씩은 모여 세계 무역을 규제해 오던 관세 장벽과 비관세 장벽을 없애거나 완화시키기 위한 방안을 논의하기로 했다. 사회주의 체제가 무너진 상황에서 모든 나라의 시장은 WTO를 통해 거대한 단일 시장으로 통합되는 발걸음을 내딛기 시작했다.

한편 미국과 유럽의 선진국들은 WTO를 통해 보편적인 세계 시장을

WTO 반대 집회
용산 전쟁 기념관 앞에서 열린 WTO 반대 집회에 14개국 백여 명의 남반구 노조 연대 회의 대표들이 참석, WTO 분쇄를 주장하고 있다. 2001.11.9.

북미 자유 무역 협정
펠리페 칼데론 멕시코 대통령
(왼쪽), 조지 W. 부시 미국 대
통령(가운데), 그리고 스티븐
하퍼 캐나다 총리(오른쪽)는
북미 자유 무역 협정(NAFTA)
이 1조 달러에 가까운 경제적
이익을 창출할 것이라 주장했
다. 1992년 12월 조인하고
1994년 1월 발효되었다. 이 지
역은 인구가 4억 명에 육박하
고 GNP가 6조 달러를 넘는 거
대한 시장으로 유럽 공동체
(EC)를 능가한다.

만들어 내려는 노력과는 별도로 북미 자유 무역 협정(NAFTA), 유럽 공동체(EC)처럼 지역 시장을 묶기 위한 시도도 함께 해 나갔다. WTO가 세계 전체를 하나의 경제권으로 묶기 위한 큰 틀이라면, 이러한 자유 무역 협정(FTA)은 특정한 나라들끼리 공동 시장을 형성하는 보조적인 틀이다.

이렇게 다각적인 방향으로 전개되는 세계화를 주도한 것은 물론 신자유주의를 내세운 서방의 정부와 다국적 기업들이었다. 신자유주의는 세계를 일사불란하고 정리된 형태로 이끌어 가는 이데올로기가 아니다. 신자유주의는 오히려 끊임없는 환율 변동, 주가 변동, 가격 변동과 같은 불안정 위에서 대기업과 다국적 기업이 춤출 수 있게 한다. 세계화가 진척되면 될수록 세계는 더욱 더 불안정해져 누가 언제 금융 자본의 사냥감이 될지 모르는 정글 속으로 빨려 들어가게 되어 있었다. 한국도 그러한 세계에서 예외가 아니었다.

외환 위기의 급습

1987년 6월 항쟁이 6·29 선언으로 일단락된 뒤 한국 사회의 중심에는 노동자들이 등장했다. 7, 8, 9월에 걸쳐 민주 노조의 설립을 요구하는 대파업이 전국에서 일어났다. 3개월간 3,458건의 파업이 일어났고, 이 파업에 120만 명이 참가했다. 천 명 이상이 일하는 대기업 342개 중 209개 공장, 5백 명 이상이 일하는 중규모 공장 943개 중 303개 공장에서 파업이 일어났다. 이러한 파업의 결실로 3개월간 전국에서 무려 1,060곳의 노조가 새로 설립되었다.

대파업은 오늘날의 민주 노총과 같은 전국적 지도 조직도 없이 자연 발생적으로 일어났다. 심지어는 단위 사업장 내의 지도부조차 없었다. 노조를 설립하자고 일어난 대파업이니 제대로 된 조직이 있을 리 없었다. 조직되어 있지도 않았던 노동자들이 이처럼 엄청난 성과를 이룩한 까닭은 무엇이었을까?

6월 시민 항쟁으로 형성된 정치 민주화의 분위기가 군사 독재 아래에서 아무 권리도 누리지 못하던 노동자들에게 용기를 주었기 때문이다. 박정희 개발 독재 시대부터 노동자들은 저임금과 무권리에 시달리면서 소위 '수출 역군'으로만 일했다. 그렇게 해서 '한강의 기적'이라 불리는 놀라운 경제 성장이 이루어졌지만, 노동자들은 여전히 배고프고 천대받았다. 이들이 언제까지나 가만히 있지만은 않으리라는 것은 자명했고, 그것은 1980년 서울의 봄이 시작되던 시점에 이미 싹이 트고 있었다. 그러다가 6월 항쟁을 계기로 거대한 폭발이 일어났던 것이다.

대파업의 결과 한국 노동자들은 이전과 비교할 수 없는 조건과 대우를 누리게 되었다. 수많은 민주 노조들이 생겨나 노동자들의 기본권을 지켜 준 것은 물론이요, 해마다 20퍼센트 수준의 임금 인상을 쟁취할 수 있었다. 1990년대 들어 전체 노동자의 임금은 몇 년 전에 비해 두 배 가까이 올랐다.

국회 세계 무역 기구(WTO) 비준 동의안 표결
국회에서 본회의를 열어 세계 무역 기구(WTO) 협정 비준 동의안 이행 특별법을 표결하고 있는 모습. 1994.12.17.

민주 노조들은 1990년 1월 5만 명으로 전노협을 결성해 전국적인 연대를 시작했고, 5년 만인 1995년 12월에는 전국 민주 노동조합 총연맹(민주 노총)을 만들었다. 민주 노총은 60만 조합원을 가진 막강한 조직으로 성장해 노동자의 사회적, 정치적 영향력을 확대해 나갔다.

군사 독재 정권은 노동 운동을 사회주의 운동과 동일시하여 무조건 탄압했고, 자본가들도 노동 운동이 일어나면 경제 발전이 방해를 받는다고 주장해 왔다. 그러나 1987년 대파업 이후의 현실은 정반대였다. 한국의 경쟁력은 유신 독재가 한국 경제에 동맥 경화 현상을 유발했던 1970년대 후반부터 심각하게 정체되었다. 그러나 1987년 이후 한국의 생산력은 빠르게 되살아났다. 1990년대 후반에는 경제 규모가 세계 11위에 이를 정도로 상승했다. 민주주의와 국가 생산력이 비례한다는 것은 한국에서도 진리였던 셈이다.

6월 항쟁과 7, 8, 9월 대파업은 한국을 세계인이 존경하는 나라로 우뚝 세웠다. 1990년대는 전 세계에서 노동 운동과 노동자의 권리가 퇴보하던 시기였으나, 한국만은 강력한 노조의 성장과 더불어 노동자들의 발언권이 커져서 많은 나라로부터 경외의 시선을 받았다.

민주화의 진전과 노동 조건의 개선, 그리고 지속적인 경제 성장은 한국인에게 낙관적인 전망을 안겨 주었다. 1980년대에만 해도 한국이 선진국 수준의 경제에 도달하리라는 것은 꿈에 불과했다. 그러나 1990년대에는 그것이 더 이상 꿈만은 아닌 것 같았다. 이러한 낙관론을 상징적으로 보여 주는 것이 김영삼 대통령의 문민정부가 1996년 말 경제 협력 개발 기구(OECD)에 가입한 일이었다.

1992년 말 김영삼 대통령은 3당 합당을 통해 거대 여당을 형성한 민자당의 대통령 후보로 나서 김대중 민주당 후보와 정주영 국민당 후보의 3파전에서 승리해 그 이듬해인 1993년 집권했다. 5 · 16 군사 정변 이후 30여 년만에 군인 출신이 아닌 민간인 정치인이 집권했다고 해서 김영삼 정부는 '문

한국 노동조합의 효시는 1945년 12월 결성된 조선 노동조합 전국 평의회(전평)였다. 그러나 미 군정은 좌익 계열이 주도하는 전평을 불법화하고, 1946년 3월 우익계 노동조합인 대한 독립 촉성 노동 총연맹(대한 노총)의 탄생을 도왔다. 전평은 1946년 경성 철도 공장 노동자들의 농성으로 시작된 9월 총파업에 적극 참여했으나, 미 군정은 경찰력을 동원해 이를 무자비하게 진압했다. 이 과정에서 전평은 약화되고 대한 노총의 세력이 급격히 커졌다.

1948년 대한민국 정부가 수립되면서 대한 노총은 유일한 합법 노조로 인정되었다. 대한 노총은 1954년 4월 대한 노동조합 총연합회(대한 노총)로 이름을 바꾼 뒤 자유당 정권의 전위대로 활동하다가 5·16 군사 정변으로 해체되었다. 군사 정권은 4·19 혁명 직후 나타난 교원 노조를 비롯한 민주 노조 설립 운동을 탄압하고, 1961년 8월 '재건 조직 위원회'를 구성해 하향식으로 한국 노동조합 총연맹(한국 노총)을 결성하도록 유도했다. 1960년대와 1970년대에 경제 개발이 진행되면서 노동자의 수가 급격히 늘어났지만, 재벌 중심의 경제 구조 아래에서 빈부 격차가 심해지고 노동자들의 권리는 훼손되었다. 이에 따라 임금 인상, 근로 조건 개선, 민주 노조 결성 등을 요구하는 노동자들의 투쟁이 일어났지만, 독재 정권의 수족이 되어 움직이는 한국 노총은 노동자들의 요구를 반영하지 못했다.

1987년 대파업을 계기로 한국 노동 운동은 새로운 시대를 맞이했다. 현대 중공업, 현대 자동차, 대우 조선 등 대기업을 중심으로 노동 운동이 조직적이고 장기적인 양상을 띠었다. 이 과정에서 한국 노총을 대체하는 전국적 노동 운동 단체를 세우려는 노력이 나타나 1990년 1월 전국 노동조합 협의회(전노협)가 결성되기에 이르렀다. 또한 사무직 종사자와 교사 등 화이트칼라 노동자들도 사무 금융 노동조합 연맹, 전국 교직원 노동조합(전교조) 등을 조직해 이 같은 흐름에 합류했다. 1993년 6월에는 전노협, 업종 회의, 현대 그룹 노조 협의회(현총련), 대우 그룹 노조 협의회(대노협) 등이 모여 전국 노조 대표자 회의(전노대)를 결성했다.

이로써 한국 노동계를 지배하던 한국 노총의 단일 체제는 결정적으로 흔들렸다. 1995년 11월 전국 민주 노동조합 총연맹(민주 노총)이 출범한 뒤 한국의 노동 운동은 한국 노총과 민주 노총의 양대 축을 중심으로 이루어지고 있다.

민주노총 대의원 대회

전노협 창립 준비위 결성 대회

국회 본회의 OECD 가입 비준 동의안 표결 처리

국회는 1996년 11월 26일 오후 본회의를 열어 여야 긴 논란을 빚어 온 경제 협력 개발 기구 (OECD) 가입 비준 동의안을 기립 표결로 통과시켰다.

민정부'라 불리었다.

OECD는 1961년에 모습을 드러낸 선진국 중심의 경제 협력 클럽으로 개발 도상국에 대한 원조와 자유 무역의 확대 등을 도모하고 있었다. 한국이 29번째 회원국이라는 점에서도 알 수 있듯이 반드시 국민 소득이 높은 선진국만 가입하는 클럽은 아니지만, OECD에서 논의되거나 결정된 사항은 WTO, IMF 등 세계 경제 기구의 정책으로 채택되는 사례가 많았다. 따라서 OECD 가입은 한국의 경제적 지위를 안팎으로 과시하기에 안성맞춤인 이벤트였다.

한국은 OECD에 가입하면서 경상 무역 외 거래 자유화 규약, 자본 이동 자유화 규약 등을 준수하지 않으면 안 되었다. 이러한 규약은 당시까지만 해도 한국에서는 비교적 낯선 신자유주의 세계화에 기초한 것이었고, 이를 준수할 때 한국에는 적지 않은 경제적 충격이 올 수 있었다. 사실 신자유주의 경제는 1990년대 한국 사회에서 소리 소문 없이 그 위력을 발휘하는 중이었다. 그러나 선진국의 꿈에 젖어 있던 한국인은 코앞에 어떤 위험이 다가오고 있는지 깨닫지 못한 채 하루하루를 보내고 있었다.

신자유주의 경제의 핵심은 시장에 대한 국가의 개입을 최소화하고 자본에 무한한 자유를 주는 데 있다. 한국에서도 이 같은 신자유주의 경제를 추진하려는 움직임은 일찍부터 있어 왔지만, 본격적으로 시도된 것은 1990년대 들어서였다. 국가의 시장 개입을 단적으로 보여 주는 것이 '5개년 경제 개발 계획'과 같은 국가 차원의 정책인데, 1993년부터는 이것도 없어졌다.

1995년에는 자본과 무역의 완전 자유화를 목표로 하는 WTO가 출범했는데, 여기에는 한국도 적극적으로 참여했다. WTO는 쌀 개방 등 농업 분야의 개방을 포함하는 우루과이 라운드에서 오랜 논의 끝에 나온 결과물이었다. 한국이 쌀 시장을 개방하면 미국, 중국 등으로부터 값싼 쌀이 쏟아져 들어와 한국 농업을 빈사 상태로 몰고 갈 것이 뻔했다. 그래서 농민들은 우루과이 라운드를 빗대어 '우르르 꽝 라운드'라고 말하기도 했다. 당장 큰일 난 것은 농업이었지만, WTO 가입은 사실 농업뿐 아니라 한국 경제 전반이 신자유주의 경제 체제 속으로 편입되기 시작했다는 신호탄이었다.

1996년 말에는 신자유주의 노선에 따라 정리 해고를 법적으로 가능하게 하는 노동법 개정이 시도되었다. 신자유주의란 노사 공존의 틀을 깨고 노동에 대한 자본의 일방적 승리를 관철시키는 것이기도 했기 때문이다. 이에 대해 민주 노총은 총파업으로 맞섰다. 국민의 지지 속에 20여 일간 총파업이 계속되자 김영삼 정부는 결국 노동법 개정을 포기하고 말았다. 이 승리로 한국의 민주 노총은 전 세계 노동 운동계의 찬사를 받았다. 그러나 민주 노총이나 이를 지지한 한국인 모두 그들의 승리가 세계사적으로 얼마나 중요한 것인지는 잘 모르고 있었다.

노동법 개악을 저지한 지 얼마 안 되어 한국 경제는 곳곳에서 이상 징후를 보이기 시작했다. 한보 철강을 시작으로 1997년 한 해 동안 대기업 12곳이 부도를 내고 무너졌다. 국내외를 가리지 않고 무분별하게 빚을 내어 사업을 키워 가던 대기업들이 한꺼번에 무너져 내린 것이다. 국가가 중심이 되어 은행을 통해 기업을 지원하던 시스템에 이상이 발생하면서 일어난 사건이었다. 그런데 문제의 심각성은 은행의 유동성*이 고갈되었다는 점이었다. 왜 이런 사태가 발생했는가?

당시 30대 재벌의 평균 부채 비율은 자기 자본의 5배를 넘었다. 이렇게 빚이 많은 재벌들이 연쇄 부도를 내자 돈을 빌려 준 금융 기관들도 부실 덩어리가 됐다. 이전 같았으면 국가가 개입해 기업들의 방만한 경영을 규제하거나 정리했을 것이다. 그러나 당시 정부는 OECD에 가입하느라고 준비도 안 된 상태에서 자본 시장을 개방해 문제를 더 크게 키웠다. 자본 시장을 개방한 덕분에 외국 자본이 흘러 들어왔지만, 유감스럽게도 이들 외국 자본의 상당수는 생산을 늘리고 노동자를 많이 고용하는 것이 아니라 언제든 단물만 빼먹고 나갈 수 있는 국제 투기 자본이었다.

사태가 이 지경에 이를 때까지 정부도 국민도 그 심각성을 몰랐다. 1997년 말 들어 주가가 폭락하고 환율이 급등하기 직전에도 정부는 "경제의 펀더멘털(기초)이 좋아 위기가 아니다."라고 강조했고, 언론도 위기를 경고하지 않았다. 한국 경제가 그대로 망가지도록 미국, 일본 등의 우방이 내버려 두지는 않을 것이라는 믿음도 있었다. 그러나 미국 정부와 자본은 냉정했다. 파산 직전에 이른 한국 경제에 대해 외환을 공급하기는커녕 투자한 자금마저 속속 빼내 갔다.

한국 정부는 같은 해 타이에 경제 위기가 닥쳤을 때 이를 지원했던 일본에 손을 벌렸다. 일본도 한국에 돈을 꾸어 주는 데 아무런 문제가 없었다. 그러나 미국은 일본이 한국을 도와주는 것에 난색을 표명했고, 이에 따라 일본도

부도 후 방치된 한보 철강 장비
B지구의 압연 열연 장비가 90%의 공정 상태에서 부도로 공정이 중단되는 바람에 먼지만 잔뜩 쌓여 있다. 1999.5.25.

한국의 위기에 눈을 감았다. 미국이 위기에 빠진 한국에 시종일관 보인 태도는 국제 통화 기금(IMF)에 구제 금융을 신청하라는 것이었다. 그러한 태도의 뒤에는 IMF가 한국의 경제 구조를 신자유주의 경제 체제에 맞게 바꿔 놓을 것이라는 계산이 깔려 있었다.

1997년 11월 21일 김영삼 정부는 끝내 미국의 권유대로 IMF에서 돈을 빌리기로 했다고 발표했다. IMF 관계자들은 긴축 재정, 고금리 정책, 기업 구조 조정 등 강도 높은 조치를 조건으로 내걸고 580억 달러의 구제 금융을 제공하기로 한국 정부와 합의했다.

그러는 동안에도 주가는 400선이 무너져 1년 만에 반 토막이 났고, 금리는 25퍼센트 넘게 폭등했으며, 환율도 달러당 1,700원대로 치솟았다. 이듬해 민주 노총은 노사정 협의회에 나가 1년 전 그토록 힘들게 저지했던 정리 해고의 도입에 찬성하고 말았다. 이에 따라 수많은 노동자들이 합법적으로 해고되어 거리로 나앉았고, 1987년 이래 힘겹게 쟁취했던 노동자들의 권리는 살아남은 일부 정규직 노동자들의 권리로 축소되어 버렸다. 1년 전의 위대한 승리가 "어, 어" 하는 사이에 물거품이 되고 말았던 것이다.

1997년 외환 위기는 1990년대 내내 지속되던 한국인의 선진국 꿈을 짓밟아 버렸다. 1980년대에도 이와 같은, 아니 이보다 더 큰 위기를 겪었지만 그때의 한국인은 미래에 대한 낙관적

얼마를 빌려 줄까?
국제 통화 기금(IMF) 금융 환율 실무 협의단이 재정 경제원에서 긴급 자금 지원 조건 및 규모 결정을 위한 금융 관련 자료 검토 작업을 하고 있다. 1997.11.25.

"주부들의 힘으로 경제 위기 극복하자!"
IMF로부터 금융 지원을 받을 정도의 심각한 위기로 내몰린 나라 경제를 살리기 위해 전국 주부 교실 중앙회 소속 주부 대표 6백여 명이 서울 중구 조흥 은행 본점 강당에서 나라 경제 살리기 결의 대회를 마친 후 '헤픈 씀씀이 가정 경제 파탄내고 나라 경제 망친다'는 등의 구호가 적힌 피켓을 들고 근검절약 캠페인을 하고 있다. 1997.12.4.

**우리 모두 금 모아 나라를 살립
시다**
대우 센터 로비에서 열린 나라
경제 살리기 위한 금 모으기
운동에 시민들이 갖고 있던 반
지, 목걸이, 장신구 등을 가지
고 나와 참여하고 있다.
1998.1.3.

인 전망을 잃지 않았다. 그러나 이번에
는 달랐다. 민주주의와 경제 성장을 동
시에 이룩한 나라로 존경받던 나라의
자부심은 전 세계의 조롱거리로 뒤바
뀌었다. 무엇보다 한국인 스스로 깊은
좌절을 겪으면서 자신감을 상실한 것
이 IMF 경제 위기의 최대 손실이었다.

물론 경제 위기를 맞았다고 해서
모든 것이 나빴던 것은 아니다. 신군부의 적통을 이어받은 김영삼 정권이
이 위기를 초래했기 때문에 국민은 그해 12월에 치러진 15대 대통령 선거에
서 새 정치 국민 회의의 김대중 후보를 당선시켜 주었다. 대한민국 헌정 사
상 최초로 선거에 의한 정권 교체가 이루어진 것이다.

그러나 한국인이 이러한 민주주의의 성과를 자축할 수 있는 분위기는
아니었다. 이미 IMF의 지원을 받기로 한 상태에서 너무나도 엄중한 과제가
새 정부와 국민의 어깨를 짓눌렀다. 김대중 대통령 당선자는『대중 경제론』
이라는 책을 쓰기도 한 경제 전문가였다. 대중 경제론은 말 그대로 국민 경
제를 최우선에 두는 경제 이론이었으나, IMF 관계자들이 요구하는 것은 그
것과는 거리가 멀었다. 국민의 생존권과 일자리를 보장하기는커녕 일부 국
민을 희생하더라도 한국 경제를 세계화의 흐름에 맞도록 구조 조정하라는
것이었다. 김대중은 기로에 섰지만 고민할 시간은 길게 주어지지 않았다.
그는 IMF와 국제 금융 자본가들의 충고를 받아들여 한국 경제를 신자유주
의 세계화에 맞도록 수술하기로 결정했다. 민주화를 위한 대장정이 신자유
주의 경제 체제로 인해 역전되는 상황이 21세기를 앞둔 한국 국민을 덮치고
있었다.

만델라는 남아프리카 공화국에서 평등 선거 실시 후 뽑힌 최초의 대통령이다. 대통령으로 당선되기 전에는, 아프리카 민족 회의(ANC)의 지도자로서 남아프리카 공화국 옛 백인 정권의 인종 차별에 맞선 반아파르트헤이트 운동을 지도했다.

1962년 반역죄로 체포되어 종신형을 선고받고 복역하다 26년 만인 1990년 2월 11일에 출소했다. 1994년 4월 27일 실시된 선거에서 만델라는 62퍼센트를 득표하여 남아프리카 공화국 최초의 흑인 대통령으로 취임했다. 그는 진실과 화해 위원회(TRC)를 결성하여 용서와 화해를 강조하는 과거사 청산을 실시했다. TRC는 성공회 주교인 데스몬드 투투 주교가 참여했고, 수많은 과거사 관련 자료들을 수집하여 조사했다. 인종 차별 시절 흑인들의 인종 차별 반대 투쟁을 화형, 총살 등의 잔악한 방법으로 탄압한 가해자가 진심으로 뉘우친다면 사면했다. 나중에는 경제적인 보상이 이루어지기도 했다. 또한 피해자 가족들의 요청에 따라 피해자 무덤에 비석을 세워 줌으로써, 아파르트헤이트 시절의 국가 폭력 피해자들이 잊혀지는 일이 없도록 했다. 현재 유네스코 친선 대사로 일하고 있다. 그의 저서 『자유를 향한 긴 여정』은 「뉴욕 타임스」가 뽑은 20세기 최고의 책에 선정되었다

넬슨 만델라 전 남아공 대통령 방한
1993년 노벨 평화상 수상자인 넬슨 만델라 전 남아프리카 공화국 대통령이 김포 공항을 통해 방한. 반기문 외교 통상부 차관(오른쪽)의 영접을 받고 있다.

03

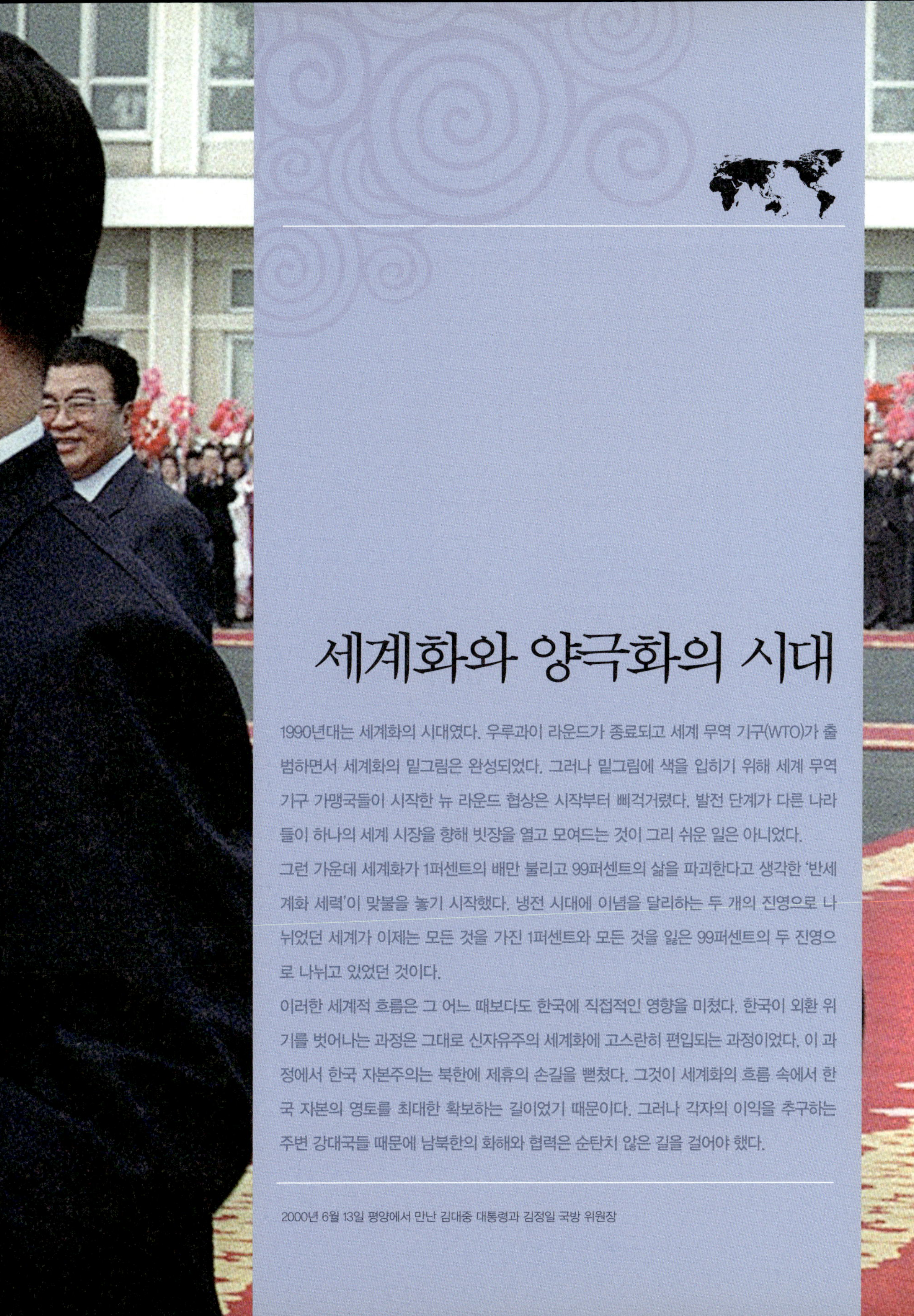

세계화와 양극화의 시대

1990년대는 세계화의 시대였다. 우루과이 라운드가 종료되고 세계 무역 기구(WTO)가 출범하면서 세계화의 밑그림은 완성되었다. 그러나 밑그림에 색을 입히기 위해 세계 무역 기구 가맹국들이 시작한 뉴 라운드 협상은 시작부터 삐걱거렸다. 발전 단계가 다른 나라들이 하나의 세계 시장을 향해 빗장을 열고 모여드는 것이 그리 쉬운 일은 아니었다.

그런 가운데 세계화가 1퍼센트의 배만 불리고 99퍼센트의 삶을 파괴한다고 생각한 '반세계화 세력'이 맞불을 놓기 시작했다. 냉전 시대에 이념을 달리하는 두 개의 진영으로 나뉘었던 세계가 이제는 모든 것을 가진 1퍼센트와 모든 것을 잃은 99퍼센트의 두 진영으로 나뉘고 있었던 것이다.

이러한 세계적 흐름은 그 어느 때보다도 한국에 직접적인 영향을 미쳤다. 한국이 외환 위기를 벗어나는 과정은 그대로 신자유주의 세계화에 고스란히 편입되는 과정이었다. 이 과정에서 한국 자본주의는 북한에 제휴의 손길을 뻗쳤다. 그것이 세계화의 흐름 속에서 한국 자본의 영토를 최대한 확보하는 길이었기 때문이다. 그러나 각자의 이익을 추구하는 주변 강대국들 때문에 남북한의 화해와 협력은 순탄치 않은 길을 걸어야 했다.

2000년 6월 13일 평양에서 만난 김대중 대통령과 김정일 국방 위원장

세계화가 질주하는 가운데
남북한 정상이 만나다

1999년 11월 30일, 미국 서부의 아름다운 도시 시애틀에서 제3차 세계 무역 기구(WTO) 각료 회의가 화려한 개막을 앞두고 있었다. 이번 회의는 세계 무역 기구를 출범시킨 우루과이 라운드에 이어 세계화의 핵심 쟁점들을 조율하기 위해 '뉴 라운드'를 시작하는 무대였다.

뉴 라운드의 필요성이 제기된 것은 1996년 싱가포르에서였다. 이곳에서 제1차 회의를 가진 세계 무역 기구 각료들은 세계화의 현안에 대해 의견을 나누었다. 국가 간 자본과 상품 이동이 완전히 자유롭게 이루어지게 하려면 무엇보다도 정부 조달*의 투명성이 확보되어야 한다는 의견이 제출되었고, 투자와 무역이 원활히 이루어져야 하며, 자유로운 경쟁이 보장되어야 한다는 의견도 나왔다. 싱가포르 회의에서 논의된 이러한 문제들을 '싱가포르 이슈'라고 한다. 세계 무역 기구가 출범할 때의 장밋빛 전망에 비하면 이런 현안들을 해결하는 방안에 대한 각국의 입장은 너무나 달랐다. 그래서 세계 무역 기구가 지향하는 자유 무역 체세는 그다지 쉽게 달성될 것 같지 않아 보였다. 이에 각국 대표들은 우루과이 라운드를 잇는 뉴 라운드 협상을 시작하기로 합의했으며, 시애틀 각료 회의는 그러한 협상의 시작이었다.

시애틀 각료 회의는 처음부터 삐걱거렸다. 참가국들 사이의 이견 때문에 그런 것이 아니었다. 세계 무역 기구 체제가 주도하는 세계화를 반대하는 시위대들이 세계 곳곳에서 모여들어 회의 개최를 차단하고 나섰기 때문이다. 노동조합, 농민 단체, 환경 단체, 여성 단체, 인권 단체 등 수백여 개의 비정부 기구(NGO)*와 아나키스트 등 4만여 명에 이르는 시위대가 새벽 5시부터 움직이기 시작했다. 그들은 행사장으로 향하는 도로에서 거대한 인간 사슬을 만들고 "세계 무역 기구 해체"를 외치기 시작했다. 이 시위는 베트남 전쟁에 반대하는 시위 이래 최대 규모였다. 궁지에 몰린 미국 정부는 주 방위군까지 투입해 최루탄과 고무탄을 쏘며 시위를 진압해야 했다. 또한 극렬한 시위에 놀란 회의 참가자들은 끝내 아무런 합의에도 이르지 못했다.

세계화와 반세계화

시애틀 시위는 세계 무역 기구가 주도하는 신자유주의적 세계화를 반대하는 사람들과 그들의 생각을 만천하에 드러냈다.

"신자유주의 세계화는 각국 정부와 시민 사회가 국가 경제에 개입하지 못하게 함으로써 소수의 초국적 기업과 금융 자본에게만 이익이 돌아가게 하려는 것이다. 그렇게 되면 노동자와 빈민은 고삐 풀린 자본이 벌이는 이익 추구 놀음 앞에 무방비 상태로 당할 수밖에 없다. 국제적으로도 부자 나라와 가난한 나라 사이의 격차가 더 벌어질 수밖에 없다."

'시애틀 대전'이라고까지 불린 대규모 시위 이후 '반세계화 운동'은 본격적으로 불이 붙었다. 시애틀에서 자신들의 힘과 명분을 확인한 사람들은 신자유주의적 세계화가 논의되는 곳이면 어디든 따라다니면서 딴죽을 걸기 시작했다. 2000년 4월 1만 5천 명의 인간 사슬이 미국 워싱턴에서 열린 세계은행(IBRD)·국제 통화 기금(IMF) 춘계 회의장을 포위했다. 그해 9월 체코

프라하에서 열린 세계 은행–IMF 연차 회의는 거친 시위를 유발해 '프라하의 봄 이후 최악의 사태'라는 말까지 들었다. 2001년 4월 캐나다 퀘벡에서 열린 미주美洲 정상 회담, 6월 스웨덴 예테보리에서 열린 유럽 연합 정상 회담도 시위대의 집중포화에서 벗어날 수 없었다. 그해 7월 이탈리아 제노바에서 열린 G8 정상 회담*에서는 시위대 한 명이 경찰에 의해 살해되는 사태까지 발생했다.

이처럼 격렬한 반세계화 운동의 역풍을 맞아 세계화 추진 세력은 고뇌하며 중얼거렸다. "도대체 어디에서 회의를 해야 한다는 말인가?"

2001년 6월 세계 은행은 에스파냐의 바르셀로나에서 열릴 예정이었던 국제 개발 회의를 취소하고 인터넷을 이용한 온라인 회의를 열겠다고 발표하기에 이르렀다.

한편 반세계화 운동 세력은 2001년 1월 다보스 포럼*을 계기로 적극적인 연대를 모색하기 시작했다. 세계화에 반대하는 정치인, 노동 운동가, 시민 운동가 등 백여 개국 1만 5천여 명은 스위스 다보스에서 세계 경제 포럼이 진행되는 동안 브라질의 포르투 알레그레에서 자기들끼리 세계 사회 포럼을 갖고 연대를 다졌다. '시애틀 대전'처럼 세계화를 추진하는 회의 장소에 모여들어 이를 방해하는 시위를 벌이는 데에서 그치지 않고, 아예 지구 반대편에 따로 모여 신자유주의 세계화를 대체할 수 있는 대안적 질서를 논의하기에 이른 것이다.

이후부터 다보스 포럼이 개최지를 바꿔 가며 열릴 때마다 세계 사회 포럼 역시 지역을 달리해 개최되었다. 이곳에 모이는 반세계화 운동 세력의 면면은 매우 다양했다. 우선 선진국이 추진하는 세

다포스 포럼 개막
2007.1.24. 오후 스위스 다보스에서 열린 세계 경제 포럼(WEF) 주최 다보스 포럼 개막식에서 앙겔라 메르켈 독일 총리가 개막 연설을 하고 있다.

멕시코 사파티스타
2007년 7월 19일 멕시코 치아파스 사파티스타 민족해방군 대원들의 집회

계 질서를 전면 부정하고 완전히 다른 대안을 모색하는 정치 세력과 무장 조직을 꼽을 수 있다. 두건을 쓴 미남 혁명가로 잘 알려진 마르코스가 부사령관으로 있는 멕시코 사파티스타 민족 해방군*이나 포르투 알레그레를 세계 사회 포럼의 개최지로 제공한 브라질의 룰라 대통령 등이 대표적인 정치 세력이었다.

반세계화 운동의 대명사처럼 불리는 아탁(ATTAC)*을 비롯해 주빌리 2000, 코퍼럿 워치 등 비정부 기구는 자유 무역에 긍정적 측면이 있다는 것은 인정하지만 신자유주의적 세계화가 아닌

'인간의 얼굴을 한' 세계화를 추진해야 한다고 주장했다. 민족이나 국가끼리 고립되어 살자는 것이 아니라 세계화 세력이 주장하는 것과는 다른 세계화를 지향한다는 것이었다.

각양각색의 반세계화 운동 세력들은 불균등 발전, 빈부 격차, 환경·노동 문제 등 세계화의 문제점을 폭로하고, 기존 사회 체제에 절망한 민중의 저항 의식도 끌어안으려 했다. 그들의 과제는 단지 신자유주의 세력을 비판하는 데에서 그치지 않고 대안 세력으로서 스스로를 힘 있는 정치 조직으로 끌어올리는 일이었다. 세계 인구 1퍼센트와 99퍼센트의 대결이 본격적으로 시작되고 있었던 것이다.

한국 사회의 변화와 남북 정상 회담

1990년대 초에 '워싱턴 컨센서스'라는 말이 있었다. 미국의 정치 경제학자인 존 윌리엄슨이 1989년 자신의 저서에서 라틴 아메리카 등 개발 도상국에 대한 경제 개혁 처방을 제시하면서 이 처방에 붙인 이름이다. 그의 처방은 한마디로 미국의 신자유주의 경제 체제를 개발 도상국으로 확산시켜야 한다는 것이었다. 이러한 '워싱턴 컨센서스'는 1990년대 초 IMF와 세계 은행의 전문가들, 미국 내 정치 경제학자들, 행정부 관료들의 논의를 거쳐 정립됐다.

워싱턴 컨센서스는 미국의 자본과 기업이 진출하기 쉽도록 개발 도상국의 경제 체제를 뜯어고쳐 미국의 이익을 증진시키려는 술수라는 비판도 받았다. 워싱턴 컨센서스가 제안하는 개발 도상국 경제의 구조 조정 프로그램에는 어떤 것들이 있을까?

우선 정부가 민간 경제에 개입하지 못하도록 정부 예산을 줄인다. 자본 시장과 외환 시장은 당연히 자유화해서 외국 자본이 쉽게 들어올 수 있도록 한다. 관세를 낮춰 외국 상품의 수입을 쉽게 하는 것은 물론이다. 국내 우량 기업을 외국 자본이 인수하거나 합병할 수 있도록 법을 바꾼다. 심지어는 전기, 물처럼 국민의 생존과 직접 관련된 분야의 국가 기간산업도 민영화시켜 외국 자본이 접근할 수 있도록 한다. 그렇게 되면 외국 자본이 개발 도상국 국민의 기본 생활까지 통제할 수 있게 된다.

더욱이 워싱턴 컨센서스는 개발 도상국에 외환 위기가 발생해도 이를 곧바로 수습하지 말고 더욱 심화시키라고 제안하고 있다. 그래야 해당 국가에 구조 조정을 요구할 기회가 생긴다는 것이다. 또 이러한 구조 조정을 이루려면 기존의 보수 정권보다는 중도 개혁 성향의 정권이 집권하는 것이 좋다고도 제안한다. 그래야 많은 국민이 그것을 개혁으로 인식하고 기업과 노조의 반발도 최소화할 수 있다는 것이다. 이러한 발상은 1980년대 레이건, 대처 등 보수 정권이 신자유주의 개혁을 추진했다가 적지 않은 반발에 부딪

친 경험에서 나온 것이었다.

이 내용은 1990년대 한국에서 일어난 상황을 이해하는 데 도움을 준다. 1987년 6·29 선언 이후 들어선 노태우, 김영삼 정권은 제5 공화국 정권과 달리 비교적 유연하게 신자유주의적 정책 개혁을 추진해 나갔다. 그러나 이들 정권은 어디까지나 신군부와 보수 야당의 결합으로 생겨났기 때문에 기존의 국가 주도 경제를 신자유주의자들의 입맛에 맞게 바꾸는 데에는 한계가 있었다.

그러던 참에 한국에 외환 위기가 일어나자 미국은 그 위기가 극단으로 치달을 때까지 방치했다. 결국 김영삼 정권은 IMF에 구제 금융을 요청할 수밖에 없었고, IMF는 구제 금융을 대가로 강도 높은 구조 조정을 요구했다. 때마침 대통령 선거가 실시되어 보수 정권이 퇴진하고 중도 개혁 정권이라 할 수 있는 김대중 정권이 들어섰다. 김대중 정권은 IMF의 요구를 수용해 한국 경제를 신자유주의적으로 개편해 나갔다.

1998년 1년 동안 6만 8천여 개의 사업체가 문을 닫을 만큼 강도 높은 구조 조정이 이루어졌고, 매월 10만 명이 새롭게 직장을 잃을 정도로 대대적인 정리 해고가 단행되었다. 이 과정에서 특히 집중적인 구조 조정의 대상이 된 것은 금융 부문이었다. 외국인의 주식·채권 투자를 전면 허용하고, 외국인 지분 한도를 100퍼센트까지 풀어 주며, 인수 합병(M&A)을 자유롭게 할 수 있도록 제도를 바꾸어 외국 자본이 활동할 수 있는 폭을 넓혀 주었다.

김대중 정부의 구조 조정은 한국 사회를 크게 바꾸어 놓았다.

고용 안정 쟁취 노동자 대회
1998년 4월 22일 오후 서울 종묘 공원 앞 광장에서 전국 금속 산업 노동조합 소속 노동자 3백여 명이 모여 일방적인 구조 조정 반대와 정리 해고 저지 및 중앙 교섭 쟁취를 위한 금속 노동자 결의 대회를 열고 있다.

한국 경제는 1년여 만에 살아나기 시작했으나 그것은 1990년대 초의 발랄했던 한국 경제가 아니었다. 노동자들에게 어느 정도 소득 분배가 이루어지던 상황으로부터 후퇴해 부익부 빈익빈의 양극화가 진행되었으며, 노동자들은 정규직과 비정규직으로 갈라졌다.

김대중 정부는 IMF의 요구에 따라 신자유주의적 세계화를 받아들이는 한편 한국 자본의 영토를 북한으로 넓히기 위해 적극적으로 노력했다. 앞에서 살펴본 것처럼 1990년대 이후 세계화의 흐름 속에는 WTO가 주도하는 범세계적 시장 통합의 물결도 있었고, FTA와 같은 지역 시장 통합의 물결도 있었다. 이런 흐름 속에서 한국 자본도 제5 공화국 이래 지역적 영토를 넓히기 위해 노력했다. 노태우 정부가 의욕적으로 추진한 북방 정책*은 그런 대표적인 예이다. 그러나 한국 자본에게 지역적으로 가장 가깝고 매력적인 시장은 따로 있었다. 말도 통하고 부지런하고 손재주도 좋은 노동자들이 살고 있는 북한이었다.

1972년 7 · 4 남북 공동 성명이 남북한 정권의 생색내기로 끝난 뒤 남북 관계는 오랜 긴장 국면의 지속이었다. 그러나 1980년대 들어 역대 한국

북방 정책 국제 학술 회의
1991.10.10. 뉴월드 호텔에서 한중소 협회 주최로 열린 '서울 올림픽 유치에서 남북 유엔 동시 가입까지, 북방 정책 10년' 국제 학술 회의.

'김일성 사망' 호외 보는 시민
들 1994.7.9.
김일성 북한 주석의 사망을 알
리는 호외가 시내에 뿌려지자
길을 가던 시민들이 발걸음을
멈추고 호외를 읽고 있다.

정부는 적극적으로 남북 관계 개선을 추구했다. 그것도 1970년대까지의 방식과는 달리 양측 정상이 직접 만나는 남북 정상 회담을 선호했다.

1985년 북한의 김일성 주석은 전두환 대통령과 만날 가능성을 내비치기도 했으나 안팎의 정치 상황 때문에 성사되지 못했다. 문민정부를 표방한 김영삼 대통령은 1993년 2월 김일성 주석과 만날 뜻을 비쳤고, 김일성은 1994년 6월 카터 전 미국 대통령을 통해 이를 수락했다. 그러나 그해 7월 김일성 주석이 갑자기 죽자 문턱까지 갔던 정상 회담은 무산되고 말았다. 그뿐만 아니라 김일성 조문을 둘러싸고 국내 정계에서는 파문이 일어나고 공안 정국이 조성되는 바람에 남북 관계는 도리어 차갑게 얼어붙고 말았다.

이후 북한은 심각한 기근과 재해에 휩싸여 수십만 명이 목숨을 잃는 초유의 위기에 직면했다. 한국도 외환 위기를 겪으며 극복의 안간힘을 쏟고 있었다. 그런데 이러한 위기는 오히려 남북을 더욱 접근시키는 계기로 작용했다. 1998년 집권한 김대중 대통령은 지속적으로 남북 관계 개선을 주장해온 정치인으로, 남북통일 문제는 그의 전공이라 해도 과언이 아니었다. 어느 정도 외환 위기의 급한 불을 껐다고 판단한 2000년 3월, 김대중은 독일을 방문한 자리에서 북한을 경제적으로 도울 준비가 되어 있다는 '베를린 선언'을 발표했다. 김일성 주석의 뒤를 이어받은 김정일 국방 위원장은 이에 긍정적으로 화답했다. 한국 현대사의 숙원인 최초의 남북 정상 회담이 구체적인 일정으로 떠오른 것이다.

그로부터 3개월 만인 6월 13일, 김대중 대통령은 공군 1호기 편으로 평양 순안 공항에 도착했다. 오전 10시 27분이었다. 비행기 앞문이 열리자 김 대통령은 트랩 아래 자리한 김 위원장과 눈인사를 나누며 함께 박수를 쳤다. 김 위원장이 직접 공항까지 마중 나온 것은 최대의 예우였다. 비행기를 내려간 김 대통령은 김 위원장과 두 손을 맞잡고 반갑게 인사를 나눴다. 약 20분간 이어진 공항 환영 행사가 끝나자 두 정상은 링컨 컨티넨탈 리무진를 타고 숙소인 백화원 영빈관으로 이동했다. 길가에 늘어선 60만 명의 평양 시민은 꽃술을 흔들며 남쪽에서 온 대통령을 열렬히 환영했다.

만찬 때 두 정상이 한 환영사와 답사는 최초의 남북 정상 회담에 임하는 두 정상의 의도를 비교적 잘 보여 준다. 김정일 위원장은 "망국과 분열로

'우리의 소원'을 합창하는 양측 대표들
김대중 대통령과 김정일 국방 위원장 및 양측 대표단이 2000년 6월 15일 오후 백화원 영빈관 1호각에서 열린 대표단 환송 오찬에서 박지원 장관의 제의로 손에 손을 잡고 '우리의 소원'을 합창하고 있다.

이어진 20세기 민족사는 외세의 간섭과 그에 영합한 뿌리 깊은 사대주의의 후과"라며 민족의 주체성을 강조한 반면, 김대중 대통령은 무한 경쟁의 21세기에 "국제 경쟁에서 살아남으려면 우리 민족도 남북이 하나 되어 힘을 합쳐야 한다."라고 세계화의 시대적 조건을 강조했다.

불과 1년 전 제1차 연평 해전*으로 충돌했던 남북 관계가 화해의 길로 들어선 것은 극적인 변화였다. 여기에는 김대중 대통령이 의욕적으로 추진해 온 '햇볕 정책'이 큰 역할을 했다. 햇볕 정책이란 용어는 한 사내의 옷을 벗기려면 세찬 비바람을 몰아치는 것보다 따뜻한 햇볕을 가득 쬐는 게 더 효과적이라는 이솝 우화에서 유래한 것이다. 북한을 개방으로 이끌려면 대결 정책보다 화해와 협력을 추진해야 한다는 뜻이다.

햇볕 정책의 취지에서도 나타나는 것처럼 남북 정상 회담은 무엇보다 경제적인 이유에서 성사되었다. 한국 자본은 북한의 값싸고 질 좋은 노동력

북한 경비정 침투
서해 연평도 인근 북방 한계선(NLL) 인접 지역에서 발생한 남북 함정의 교전에서 해군 고속정(오른쪽)이 선제공격을 하는 북한 경비정(왼쪽)과 충돌하고 있다. 1999.6.17.

＊제1차 연평 해전
1999년 6월 15일 북한 경비정이 북방 한계선을 넘어 들어와 남북 간에 교전이 벌어졌다. 6·25 전쟁 직후 미군이 일방적으로 설정한 북방 한계선(NLL)을 문제 삼기 위해 북한이 일으킨 충돌로 해석되고 있다. 2002년 6월 29일에도 같은 지역에서 제2차 연평 해전이 벌어졌다.

(주)신원 개성 공단의 북한 직원들
2005년 5월 26일 남북 경협 사업의 상징인 개성 공단에 준공한 (주)신원 공장에서 일하는 북한 직원들의 손놀림이 분주하다.

과 결합해 시장을 넓히고자 했고 북한은 식량난을 비롯한 경제 위기의 타개책으로 이를 수용한 것이다. 이런 남북 간의 화해와 협력을 상징적으로 보여 주는 것이 금강산 관광과 개성 공단이었다. 한국의 기업가 가운데 북한 진출을 가장 의욕적으로 추진한 정주영 현대 그룹 명예 회장은 1989년 1월 소 떼를 이끌고 북한을 방문해 금강산 공동 개발에 합의했다. 우여곡절 끝에 1998년 11월 18일 드디어 한국인의 금강산 관광이 시작되었다. 해로와 육로로 전개된 금강산 관광은 남북 정상 회담으로 가는 레드 카펫이었다.

남북 정상 회담이 끝나자마자 양측은 실질적인 경제 협력의 첫 단계로 개성 공업 특구를 추진하는 데 합의했다. 여기에도 역시 현대 그룹이 나섰다. 험난한 협상 끝에 개성 공단은 김대중 대통령의 임기 말인 2002년 12월 공식 착공되었다. 우여곡절을 거치면서 세계화에 포섭된 한국이 우여곡절 끝에 자신의 생존과 시장 확보를 위해 북한을 끌어들이는 데 성공한 것이다.

김대중 대통령과 김정일 국방 위원장은 분단 역사상 처음으로 열린 정상 회담이 서로 이해를 증진시키고 남북 관계를 발전시키며 평화 통일을 실현하는 데 중대한 의의를 가진다고 평가하고 다음과 같은 선언에 합의했다. 이 선언을 '6·15 선언'이라 부른다

1. 남과 북은 나라의 통일 문제를 그 주인인 우리 민족끼리 서로 힘을 합쳐 자주적으로 해결해 나가기로 하였다.

2. 남과 북은 나라의 통일을 위한 남 측의 연합 제안과 북 측의 낮은 단계의 연방 제안이 서로 공통성이 있다고 인정하고 앞으로 이 방향에서 통일을 지향시켜 나가기로 하였다.

3. 남과 북은 올해 8·15에 즈음하여 흩어진 가족, 친척 방문단을 교환하며 비전향 장기수 문제를 해결하는 등 인도적 문제를 조속히 풀어 나가기로 하였다.

4. 남과 북은 경제 협력을 통하여 민족 경제를 균형적으로 발전시키고 사회·문화·체육·보건·환경 등 제반 분야의 협력과 교류를 활성화하여 서로의 신뢰를 다져 나가기로 하였다.

5. 남과 북은 이상과 같은 합의 사항을 조속히 실천에 옮기기 위하여 빠른 시일 안에 당국 사이의 대화를 개최하기로 하였다.

9 · 11 테러의 공포가
한국과 세계를 강타하다

테러와의 전쟁과 미국 패권주의의 위기

미국은 영국과 벌인 식민지 해방 전쟁 이후 자기 나라에서 외세와 전쟁을 벌인 적이 없다. 제2차 세계 대전 때 일본이 하와이에 공습을 퍼붓자 미국은 대대적인 보복에 나섰다. 전쟁이 끝날 무렵에는 일본의 히로시마와 나가사키에 원자 폭탄 세례까지 퍼부었다. 냉전이 계속되는 동안에도 미국은 한국, 베트남 등에서 끊임없이 전쟁을 벌였지만 본토는 안전했다. 소련이 미국을 겨냥한 대륙간 탄도 미사일을 수없이 만들었어도 사용할 기회는 없었다.

하물며 냉전이 끝나고 미국이 유일 초강대국으로 떠오른 마당에 미국 본토가 누군가의 공격을 받는다는 것은 상상도 할 수 없는 일이었다. 미국은 세계를 지배하는 경찰국가의 기능을 강화해 곳곳에서 무력을 행사했다. 이라크 침공이 그것이었고, 옛 유고슬라비아 연방의 민족 분규에도 개입했다. 그러는 가운데 WTO를 내세워 자본과 상품이 자유롭게 오가는 지구촌을 건설하고 신자유주의 세계화를 완성하는 것이 미국의 목표일 터였다.

그랬던 미국이 본토를 공격당하는 놀라운 사건이 일어났다. 미국의 시

애틀에서 열린 WTO 각료 회의가 반세계화 시위대의 공격을 받아 실패한
지 2년 후, 많은 미국인을 태운 민간 항공기 4대가 일제히 뉴욕의 세계 무역
센터와 워싱턴의 국방부 청사를 공격했다. 미국에 대한 무차별 테러를 위해
훈련된 테러리스트들이 민간 항공기를 납치해 미국의 심장을 찌르는 흉기로
돌변시킨 것이다.

✝ 유고슬라비아 민족 분규

옛 유고슬라비아 사회주의 연방은 세르비아, 크로아티아, 보스니아 · 헤르체고비나 등 민족과 종교를 달리하는 여러 공화국으로 이루어져 있었는데, 동 유럽 사회주의권의 붕괴와 더불어 이들이 분리 독립하는 과정에서 피비린내 나는 민족 분규가 일어났다. 특히 유고 연방의 중심국인 세르비아의 슬로보단 밀로셰비치 대통령은 '발칸의 도살자'라 는 말을 들을 정도로 크로아티아 인과 보스니아 인 그리고 코소보 지역의 알바니아 인에 대해 끔찍한 인종 청소(다른 민족을 철저히 제거하는 정책)를 자행했다. 이 중 세르비아 · 크로아티아 분쟁은 분리 독립을 선언한 크로아티아와 세르비아 사이에 일어난 분쟁으로 1992년 종결되어 크로아티아가 독립했다. 보스니아 분쟁 역시 보스니아 인들의 독립 요구에 세르비아가 개입해 일어난 분쟁인데, NATO의 개입으로 마무리되어 보스니아 · 헤르체고비나가 독립했다. 코소보 분 쟁은 세르비아에 속한 코소보 주에서 주민의 다수를 점한 알바니아 인이 분리 독립을 요구하면서 일어난 분쟁으로 장 기간 지속되다가 역시 NATO 군의 개입으로 분쟁이 완화되어 자치주가 되었고 2008년에는 분리 독립하기에 이른다.

　　그것은 2001년 9월 11일이었다. 미국에서 전화번호 911은 한국의 119처럼 긴급 구조를 요청하는 전화번호이다. 하필이면 그 전화번호에 해당하는 날에 아랍의 테러 단체인 알 카에다는 미국 본토 공격을 감행했다. 4대의 항공기를 납치해 그중 2대가 목표물을 타격해 110층짜리 세계 무역 센터 쌍둥이 빌딩이 무너졌다. 오각형이라서 펜타곤이라 불리는 국방부 청사도 피해를 보았다. 4대의 항공기에 타고 있던 승객 266명은 전원 사망하고, 국방부 청사에서 사망하거나 실종된 인원은 125명에 달했다. 무너져 내린 쌍둥이 빌딩에서 죽거나 실종된 사람은 2천 5백~3천 명이었다.

　　'미국 대폭발 테러 사건'으로 명명된 이 사건은 세계의 운명을 바꿔 놓았다. 대통령에 취임한 지 얼마 안 된 공화당의 조지 W. 부시 대통령은 미국인 앞에서 테러리스트에 대한 보복을 다짐했다. 대폭발이 일어난 지 채 한 달도 안 된 10월 7일 부시는 '테러와의 전쟁'을 선포하고 아프가니스탄을 침

공했다. 이슬람 원리주의 세력인 탈레반이 지배하는 이 나라가 알 카에다의 지도자 오사마 빈 라덴을 숨겨 주고 있다는 것이 이유였다. 세계는 공포에 사로잡혀 미국의 강경한 전쟁 정책을 그저 지켜보아야만 했다.

오사마 빈 라덴
파키스탄 아보타바드의 저택에서 텔레비전을 시청하고 있는 빈 라덴.

부시는 2002년 이란, 이라크, 북한을 '악의 축'으로 규정하고 이들 나라의 독재자들을 끝까지 응징하겠다는 협박을 서슴지 않았다. 제2차 세계 대전을 일으킨 독일, 이탈리아, 일본을 '추축국'이라고 불렀는데, '악의 축'은 거기서 유래한 말이다. 아프가니스탄에 이어 언제든지 이들 세 나라가 미국의 공격을 받을 수 있는 상황이었다. 미국이 서아시아와 동북아시아에서 동시에 전쟁을 벌여 승리한다는 '윈윈(win win) 전략' 시나리오도 쏟아져 나왔다.

2003년 3월 미국은 이라크의 후세인 대통령을 겨냥해 다시 한 번 전쟁을 일으켰다. 후세인은 그해 12월 미군에 의해 체포되어 3년 후 사형당했다.

미군에 의해 체포, 수감된 사담 후세인
사담 후세인의 마지막 모습이기도 하다.

미국은 이라크가 대량 살상 무기를 보유하고 있으며 테러 집단을 지원한다고 주장하며 이라크 침공에 동맹 국가들을 동원했다. 그러나 미국이 후세인 정권을 무너뜨리고 수도인 바그다드를 점령한 뒤에도 이라크에서는 대량 살상 무기가 나오지 않았다. 결국 미국은 대폭발 테러 사건을 빌미로 삼아 일방적인 군사적 우세를 내세워 석유 자원의 보고를 좌지우지하려 했다는 의심을 살 수밖에 없었다.

미국의 정치 군사적 일방주의는 경제적 일방주의를 동반했다. '시애틀 대전'에서 WTO 각료들을 곤혹스럽게 했던 반세계화 운동 세력은 주춤거렸다. 미국이 테러와의 전쟁을 시작한 지 한 달 만인 2001년 11월, 카타르 정부의 안락한 보호를 받으며 이 나라 수도 도하에 모인 WTO 대표들은 시애틀에서 실패했던 뉴 라운드 협상을 공식 출범시켰다. 여기서 채택된 선언문은 '도하 개발 어젠다(DDA)'라고 불렸다. 왜 우루과이 라운드까지 사용해 오던 '라운드(협정)'라는 명칭을 버리고 '개발 어젠다(의제)'를 사용했을까? 여기에는 그해에 가입한 중국 등 개발 도상국의 이해관계를 고려해 함께 논의한다는 뜻이 담겨 있었다.

도하 개발 어젠다의 목표는 우루과이 라운드에서는 다루지 않던 비농산물, 서비스, 지적 재산권 등을 자유 무역 질서에 포함시키는 것이었다. 도하에 모인 각료들은 4년 뒤인 2005년까지 합의에 이르자고 시한을 정했다. 그 일정표대로 협상이 이루어지면 전 세계의 무역 장벽은 거의 완벽하게 제거될 예정이었다. 테러와의 전쟁을 깔끔하게 마무리 짓고 자유로운 세계 시장을 완성한다는 거창한 계획이 수립된 것이다.

그러나 미국을 중심으로 한 세계화 세력이 자신의 계획을 밀어붙이는 동안 반대 진영은 놀고 있는 것이 아니었다. 2003년 9월 멕시코의 휴양 도시 칸쿤에 모인 WTO 각료들은 시애틀에 이어 다시 한 번 세계에서 모여든 농민과 시민 단체의 반대 시위에 둘러싸였다. 이경해 전 한국 농업 경영인 중앙 연합회(한농연) 회장이 도하 개발 어젠다에 반대하며 할복자살한 것은 이때의 일이었다.

칸쿤에 모인 WTO의 각국 대표들은 심각한 견해 차이를 드러냈다. 결국 이들은 2005년 시한까지 1년 남짓밖에 안 남은 시점에서 아무런 선언도 채택하지 못한 채 회의를 마무리해야 했다.

반세계화 진영의 대응은 날카로워졌다. 아탁의 베르나르 카상 의장은 '테러는 반미, 반세계화는 반미, 고로 반세계화는 테러'라는 기만적인 삼단 논법을 깨뜨려야 한다고 주장했다. 미국을 중심으로 추진되는 '테러와의 전쟁'에 반대하는 것이 반세계화 진영의 주요한 전략이 되었다. WTO 반대, 제3 세계 부채 탕감이 중심이던 반세계화 진영의 의제에 '반전'이라는 항목이 추가된 것이다. 이후 미국의 전쟁이 확대되면 확대될수록 전 세계적으로 일어나는 반전 시위의 규모도 점점 커져 갔다.

다보스에서 개최하는 세계 경제 포럼에 대항해 1차 회의를 열었던 세계 사회 포럼은 2002년 1월에도 브라질 포르투 알레그레에서 2차 회의를 성공적으로 개최했다. 반세계화 진영 내 여러 단체들의 연대를 모색하고 이슈를 통합하면서 이 회의는 반세계화 운동의 전략적 중심으로 떠올랐다. 이 회의가 폐막식에서 채택한 '신자유주의와 군사주의에 저항하고 평화와 사회 정의를 촉구하는 선언문'은 세계화 대 반세계화의 대립 구도가 무엇인지를 분명히 알려 준다.

이경해 전 한농연 회장이 내걸려던 플래카드
2003.9.10. 멕시코 칸쿤 WTO 각료 회의 항의 시위 도중 할복 자살한 이경해 전 한농연 회장이 메고 있었던 'WTO 반대, 투쟁'이라고 적힌 머리띠와 경찰 저지선에 걸려고 시도했었던 플래카드.
플래카드는 'WTO 협상에서 농업 부문을 제외시켜라'는 뜻의 영문이 적혀 있다.

"'테러와의 전쟁'이라는 이름 아래 전 세계에서 시민적, 정치적 자유가 공격받고 있다. 아프가니스탄에 대한 보복 전쟁이 다른 지역으로 확대되면서 미국과 그 동맹국들은 세계를 대상으로 영구 전쟁을 벌여 지배를 강화하려 하고 있다……. 신자유주의적 경제 모델은 노동자의 권리와 생존권을 파괴하고 해고, 임금 삭감, 살인적 노동을 강요한다. 경제 위기에 직면한 각국 정부는 공기업을 민영화시키고 사회 복지 예산을 축소하며 노동권을 약화시키면서도 늘 불경기에 시달리고 있다. 이러한 사실은 신자유주의가 내놓은 성장과 번영의 약속이 거짓임을 드러낸 것이다."

2005년까지 마무리하려던 도하 개발 어젠다는 갈수록 깊어지는 선진국과 개발 도상국의 의견 차이로 인해 2010년대에 접어들어서도 타결될 기미를 보이지 않고 있다. 미국은 아프가니스탄과 이라크에서 벌어진 전투에서는 승리했지만, 전쟁에서는 패배했다는 평가를 받고 있다. 전쟁에 너무 많은 비용을 지출한 미국은 경제력에서 크나큰 타격을 받았다. 9·11 테러를 빌미로 정치적 경제적 주도권을 쥐고 세계화를 완성할 기회를 잡았지만, 세상은 뜻대로 돌아가지 않았다. 오히려 세계의 분열은 커졌고 미국은 군사적, 경제적으로 쇠약해지는 기미를 보였다. 그 끄트머리에서 일어난 것이 2008년의 경제 위기였고, 이 위기는 신자유주의와 미국의 패권을 향해 울리는 조종弔鐘이었다.

2000년대 들어 미국의 금융 기관은 소득이 비교적 낮은 계층에 서브프라임 모기지론(주택 구입을 위한 대출)을 앞다퉈 판매했다. 그 과정에서 부동산 거품이 일어나고 대출금을 갚지 못하는 사람들이 늘어나면서 금융 기관도 잇따라 파산했다. 이것이 미국을 넘어 전 세계를 뒤흔든 경제 위기로 이어진 것이다. 1970년대 이래 미국의 기업과 투자가들이 산업을 발전시킬 생각은 하지 않고 환 투기, 주식 투자, 부동산 투기 등으로 돈을 벌려고 한 데서 비롯되었다. 돈이 생산적인 데 투자되지 않고 복잡한 금융 상품에 몰리다 보니 환율이 요동치고 주식과 부동산 가격이 실제보다 부풀어 올랐다. 그러다 보니 빚을 갚지 못하는 사람과 기관이 속출하고 이들에게 돈을 빌려 준 금융 기관이 잇달아 무너지면서 금융 중심의 경제 체제가 무너진 것이다. 세계 각국은 위기를 벗어나기 위해 다양한 방법을 모색하고 있지만, 속 시원한 해결책은 마련되지 못하고 있다.

멀어지는 남북한과 한·미 FTA

9·11 테러는 한국에도 직격탄을 날렸다. 무엇보다 한국 경제의 지역적 보호막을 만들기 위해 시작한 대북 화해 정책이 직접적인 영향을 받았다.

최초의 남북 정상 회담이 있었던 2000년은 여러 가지로 분위기가 좋았다. 한때 북한을 공격*하려고 했던 미국의 클린턴 대통령도 임기 말에 중국에 대한 화해 제스처의 일환으로 평양을 방문하려 했다. 그러나 그해 미국의 대통령 선거에서 공화당의 부시 후보가 민주당의 고어 후보를 이기자 상황이 달라졌다.

부시는 미국에 고분고분하지 않은 세력에게 관용을 베풀 생각이 없는 지도자였다. 그가 이슬람 세계와 북한에 대해 고압적인 태도를 취하자 그에 대한 반격으로 일어난 것이 9·11테러였다. 이를 계기로 부시는 더욱 공격적이 되어 테러와의 전쟁을 벌여 나갔다. 북한은 이미 1990년대 초에 핵무기

*미국의 북한 공격 시나리오
1994년 클린턴 대통령은 핵무기를 개발하고 있는 북한을 응징하기 위해 영변 핵시설을 폭격하려고 했었다. 그때 카터 전 대통령이 평양을 방문해 김일성 주석과 회담하면서 사태는 급격히 진정되었다.

를 개발하다가 미국과 제네바 협정을 맺고 경수로를 지원받는 조건으로 핵 개발을 포기한 바 있었다. 그런데 부시 정권은 북한이 새로운 핵무기를 개발 하려 한다는 의혹을 제기하면서 이 나라를 이라크, 이란과 함께 '악의 축'으 로 규정했다. 이에 따라 미국이 제네바 협정에 따라 경수로를 지원할 것이라 고 기대하기 어려워졌다.

이런 환경에서 김대중 대통령은 통일 대통령이 되고 싶다던 평소의 소 망을 이루지 못하고 자리에서 물러났다. 그의 후임으로 같은 민주당의 노무 현 후보가 당선되었지만, 그가 대북 화해 정책을 이어 나가기에는 대외적인 환경이 무척 나빠지고 있었다.

노무현 대통령의 임기가 시작된 2003년, 북한은 핵 확산 금지 조약 (NPT)*에서 탈퇴했다. 미국이 제네바 협정을 지키지 않았다는 것이 이유였 다. 한국은 발칵 뒤집혔다. 미국, 중국, 일본 등 주변 강대국들도 우려의 시 선을 보냈다. 북한이 핵 보유 국가가 되면 동아시아 정세가 극도로 불안정해 질 것이 뻔했다. 미국 군사 전문가들이 제아무리 '두 개의 전쟁'이 가능하다

북한 경수로 공사 현장
2000년 3월 13일 공개한 북한 경수로 건설 공사 현장

고 큰소리쳐도 이라크에서 발목이 잡혀 있는 미국이 중국을 배후에 둔 북한을 공격하기란 현실적으로 어려웠다. 결국 북핵 문제를 외교적으로 풀기 위한 주변 국가들의 회담이 열렸다. 남북한과 미국, 중국, 일본, 러시아를 포괄한 6자 회담이 한반도 문제를 푸는 방법으로 자리 잡게 된 것이 이때였다.

그러나 북한 정권을 제거해야 한다는 사명감에 사로잡힌 부시 대통령이 적대 정책을 근본적으로 거두어들이지 않는 한 북한이 핵무기 개발을 포기할 가능성은 없었다. 핵을 내세워 미국의 위협을 상쇄해야 조금의 쉴 틈이 생겨 붕괴한 경제를 재건할 기회가 생기기 때문이었다.

6자 회담이 5차까지 이어지면서 지척거리던 2006년 북한은 마침내 풍계리 실험장에서 핵 실험을 하고 말았다. 핵 실험의 진위 여부와 규모를 놓고 미국 정보기관이 촉각을 곤두세웠다. 온갖 설이 난무했으나 북한이 핵무기를 갖게 된 것은 분명했다. 한반도를 둘러싼 국제 정세는 갈수록 험악해졌다. 이렇게 되자 한국 사회에서도 남북 경제 협력을 비판하는 목소리가 거세졌다. 그리고 북한이 한국 자본의 영토로 들어올 가능성은 점점 희박해져 갔다.

바로 이러한 시기에 노무현 대통령은 경제 협력의 패러다임을 크게 바꾸어 미국과의 한·미 자유 무역 협정(FTA)을 추진했다. 앞에서 밝힌 것처럼 자유 무역 협정은 WTO가 전 세계적인 무역 자유화를 진행하는 것과 발맞추어 일정한 지역이나 국가들이 개별적으로 무역 자유화 협정을 맺는 것을 말한다. 미국은 이미 북미 자유 무역 협정을 통해 캐나다와 멕시코를 자신의 경제권에 끌어들여 놓고 있었다. 미국의 다음 목표는 라틴 아메리카 전체를 포괄하는 아메리카 대륙의 경제 통합이었다. 여기에 한국과 자유 무역 협정을 맺는다면 미국은 태평양 지역을 포괄하는 거대 경제권의 디딤돌을 놓을 수 있었다. 그러한 태평양 경제권은 새롭게 떠오르는 중국을 견제하는 경제 공동체의 역할을 하게 될 것이 틀림없다고 미국은 판단했다.

미국이 한·미 자유 무역 협정에 임하는 의도가 이와 같았다면, 한국의 노무현 대통령이 생각하는 한·미 자유 무역 협정의 효과는 무엇이었을까? 노무현 대통령은 기본적으로 김대중 대통령의 대북 화해 정책을 계승하면서 중국과도 원활한 관계를 맺어 한국을 동북아시아 경제권의 허브*로 자리매김하려는 생각을 가지고 있었다. 그래서 자유 무역 협정도 미국보다는 중국과 먼저 맺으려 한 것으로 알려졌다. 그러나 한·중 자유 무역 협정은 연구 검토 단계에서 진전을 보지 못했고, 북한과도 핵무기 문제로 사이가 틀어져 버렸다. 이때 노무현 대통령은 먼저 미국과 자유 무역 협정을 맺은 뒤 중국과도 이를 추진해 양대 강대국 사이에서 균형추의 역할을 하자고 판단한 것으로 보인다.

그러나 노무현 대통령이 한·미 자유 무역 협정을 추진한 것은 국민 정서에 비추어 볼 때 뜻밖의 행보였다. 노무현 대통령의 참여 정부를 지지한 국민 상당수는 21세기 들어 미국이 보이는 태도에 깊은 반감을 가지고 있었다. 노무현 대통령이 탄생하는 데 큰 역할을 했던 2002년 말의 촛불 집회도 그러한 한국인의 민족주의 정서와 깊은 관계를 갖고 있었다.

2002년 6월 13일 전국이 한·일 월드컵으로 들떠 있던 시기에 경기도 양주에서 두 명의 여중생이 미군 장갑차에 깔려 죽었다. 이 사건은 한국에서 일어난 미군 범죄가 늘 그랬듯 가해자인 미군을 처벌하지 못한 채 흐지부지될 뻔했다. 그런데 장갑차를 몰던 미군 병사가 처벌을 피해 귀국해 버리자 한국인의 분노는 폭발했다. 그해 11월 인터넷에 두 여중생을 추모하는 촛불이 켜지더니 이내 서울 광장을 비롯한 전국 곳곳의 오프라인 광장으로 수많은 시위 군중이 손에 촛불을 들고 몰려나왔다. 이들은 미군 범죄를 제대로 처리하지 못하도록 되어 있는 주둔군 지위 협정(SOFA)*의 개정과 미국의 사과를 요구했다.

한국인의 반미 감정은 우루과이 라운드 이래 미국이 한국 경제의 발전을 지원하지 않을 뿐 아니라 도리어 농산물 시장 개방 압력 등으로 제 이익

＊허브hub
데이터 통신에서 신호를 여러 개의 다른 선으로 분산시켜 내보낼 수 있는 장치. 여기서 뜻이 넓어져 국제 교류의 중심이 되는 곳을 일컫게 되었다.

＊SOFA Status of Forces Agreement
국제법과 국제 관례상 외국 군대는 주둔하는 나라의 법률 질서에 따라야만 한다. 다만 외국 군대는 주둔하는 나라에서 수행하는 특수한 임무의 효율적 수행을 위해 두 나라 법률의 범위 내에서 일정한 특권과 면제를 제공받게 되는데, 이는 파견국과 체류국 간에 주둔군 지위 협정(SOFA)의 체결로 보장된다. 현재 미국은 한국을 비롯해 일본, 호주, 그리스 등 40여 개 국가와 SOFA를 맺고 있다.

여성 단체의 여중생 사망 위로 및 SOFA 개정 촉구 시위
21개 여성 단체 대표자들이 2002년 12월 5일 세종 문화 회관 앞에서 효순, 미선 양의 넋을 기리고 SOFA 개정을 요구하는 집회를 열고 있다.

＊2008년 노무현의 뒤를 이어 취임한 이명박 대통령은 미국을 방문해 미국이 한미 자유 무역 협정의 전제 조건으로 제시한 미국산 소고기 수입에 최종적으로 동의했다. 그러자 한국인의 분노는 폭발했다. 갓 취임한 대통령의 퇴임까지 거론되었다. 이 사태의 원인 역시 한·미 자유 무역 협정으로 대변되는 신자유주의적 세계화였다.

만 챙긴다는 사실 때문에 이미 대중적으로 확산되어 있었다. 미국이 주도하는 신자유주의적 세계화가 한국 민중의 삶에 미치는 파괴적인 영향을 많은 사람들이 이미 절감하고 있었던 것이다.＊

노무현 대통령은 임기 중에 한·미 자유 무역 협정의 협상을 거의 마무리 지어 놓고 물러났다. 그러나 이 협상은 한국과 미국 양쪽에서 모두 공격을 받았다. 그리고 미국의 요구에 따라 재협상에 재재협상까지 거쳐야 할 운명이 기다리고 있었다.

반면 한국에서 이 협정에 반대하는 목소리는 처음부터 철저히 무시되었다. 그와 동시에 유럽 연합(EU)과 자유 무역 협정을 맺기 위한 협상도 시작되어 한·미 자유 무역 협정보다 먼저 발효되었다. 그 뒤를 이어 한미 자유 무역 협정도 광범위한 국민적 반대 속에 2012년 봄 마침내 발효되기에 이르렀다.

세계 무역 기구(WTO)가 추진하는 도하 개발 어젠다가 표류하는 가운데 한국은 점점 더 미국이 주도하는 자유 무역 질서 속으로 깊이 빠져들어 가고 있었던 것이다.

✝ 도하 개발 어젠다(DDA)와 자유 무역 협정(FTA)

2001년 카타르 수도 도하에서 출범한 '도하 개발 어젠다'는 세계 무역 기구 회원국이 모여 전 세계 차원의 자유 무역 질서를 논의하는 다자간 무역 협상이다. 2005년까지 합의를 이끌어 낸다는 목표를 세웠지만, 미국을 중심으로 하는 선진국과 중국을 중심으로 하는 개발 도상국 사이의 이견으로 표류 중이다.

자유 무역 협정은 '도하 개발 어젠다'라는 다자간 장치와는 별도로 당장 자유 무역에 동의하는 나라나 지역끼리 맺는 양자간 협정이다. 자유 무역 협정을 맺는 나라끼리는 언제 이루어질지 모르는 '도하 개발 어젠다'와는 별도로 서로에게 시장을 개방하고 투자를 자유화하게 된다. 도하 개발 어젠다가 성사되면 150개국이 넘는 나라들이 함께 참여하는 범세계적 무역 질서가 형성되겠지만, 자유 무역 협정은 협정 당사국들끼리만 통용되는 규칙에 따라 자유 무역을 하게 되는 것이다.

한국은 유럽 연합, 미국과 자유 무역 협정을 맺음으로써 세계 1, 2위를 다투는 거대 시장에 관세와 비관세 장벽 없이 접근할 기회를 얻게 되었다. 그러나 그와 동시에 이들 거대 경제권의 자본 및 기술과 대등한 경쟁을 벌여야 하므로 상대적으로 약한 처지에 있는 한국의 산업은 보호막 없이 약육강식의 법칙 위에 노출될 수밖에 없다. 특히 미국보다 현저한 열세를 보이고 있는 농업과 의료, 법률 등 서비스 산업은 몰락하거나 성장의 기회를 잃을지도 모른다는 위기감이 고조되었다.

세계 경제의 주도권을 놓고 중국과 경쟁하고 있는 미국은 오스트레일리아, 동남아시아 각국, 일본 등과 환태평양 경제 동반자 협정(TPP)이라는 자유 무역 협정을 맺으려 하고 있다. 중국 주변에 포진하고 있는 이 나라들과 자유 무역 협정을 맺음으로써 중국을 경제적으로 포위하려는 전략이다. 한·미 자유 무역 협정도 넓게 보면 이 같은 미국의 세계 전략과 맥을 같이한다. 이처럼 21세기 세계 경제는 세계 무역 기구가 성립하던 1995년에는 예측할 수 없었던 미국과 중국의 주도권 경쟁과 2008년 세계 경제 위기라는 변수 속에 안개 속 행보를 보이고 있다.

WTO 본부 앞을 점거한 농민 시위대
한국과 노르웨이, 스위스, 일본의 농민 시위대가 2005년 7월 26일(현지 시간) 오전 스위스 제네바 WTO 본부 앞의 로터리를 점거, DDA(도하 개발 어젠다)에서 수입국 영세 농민들의 이해를 적극 반영할 것을 촉구하고 있다.

'시장의 질주와 남북한'을 나오며

1980년대는 전 세계에서 신자유주의의 공세가 본격화되는 시기였다. 미국의 레이건과 영국의 대처를 앞세운 자본가들은 사회주의와 노동 운동에 거센 십자 포화를 퍼부었다. 국경을 넘나드는 자본의 질주를 가로막던 민족주의 국가들과 사회주의 국가들이 그 앞에서 잇달아 두 손을 들었다. 하필이면 이러한 시기에 한국 사회에서 자본을 견제하고 노동의 자유를 부르짖는 변혁 운동이 본격화되었다는 것은 역사의 아이러니였다.

뒤늦게 불붙은 한국의 노동 운동은 폭발적인 에너지를 뿜어냈다. 소련과 동유럽 사회주의가 몰락하고 전 세계에서 자본이 승리의 깃발을 높이 들던 1990년대, 한국은 노동자의 기운이 상승하고 있던 몇 안 되는 나라 가운데 하나였다. 그러나 1990년의 3당 합당이 상징하는 것처럼 한국의 정치 지형은 이미 세계사의 흐름을 타고 급격히 보수화되고 있었다.

미국이 주도하는 신자유주의의 물결에 한국이 본격적으로 휩쓸린 것은 1997년의 외환 위기 때였다. 국가 주도의 한국 경제를 뜯어고쳐 외국 자본이 쉽게 넘나들도록 하고 노동자의 권리를 대폭 축소시킨 신자유주의 개혁이 속도를 냈다. 이러한 흐름을 주도한 것이 사상 최초로 선거를 통해 정권 교체를 이룩한 김대중 정부라는 사실도 역사의 아이러니였다. 이후 10년간 중도적 민주 개혁 정부는 한국 사회의 민주화에 기여한 것 이상으로 신자유주의의 정착과 양극화의 진전에 기여한 정부가 되고 말았다.

21세기 들어 신자유주의의 시대는 위기에 처해 있다. 그러나 신자유주의를 대체할 새로운 시대의 패러다임은 아직 모습을 드러내지 않고 있다. 그것은 어떤 형태로든 '1퍼센트의 부자와 99퍼센트의 가난한 사람들'이라는, 신자유주의가 가져온 절망적 구도를 극복하는 지향을 가질 것이다. 무엇보다 중요한 것은 이런 지향에 걸맞은 의지와 능력을 가진 사람들이 한국사에서도 주도권을 가져야 한다는 점이다. 한국 현대사를 괴롭혔던 세계사와의 괴리와 그에 따른 '역사의 아이러니'는 우리 국민이 이미 진절머리나게 겪은 일이기 때문이다.

월 가를 점령한 시위대
2011년 9월 26일(현지 시간) 미국 뉴욕 맨해튼의 월 스트리트에서 '자본의 논리'에 항의하는 시위대가 뉴욕 증권 거래소(NYSE)를 향해 거리 행진을 하고 있다. '월 가를 점령하라(Occupy Wall Street)'라는 이름의 집단 농성에 2주째 돌입한 시위대는 기업의 탐욕과 사회적 불평등에 반대하는 구호를 외쳤다.

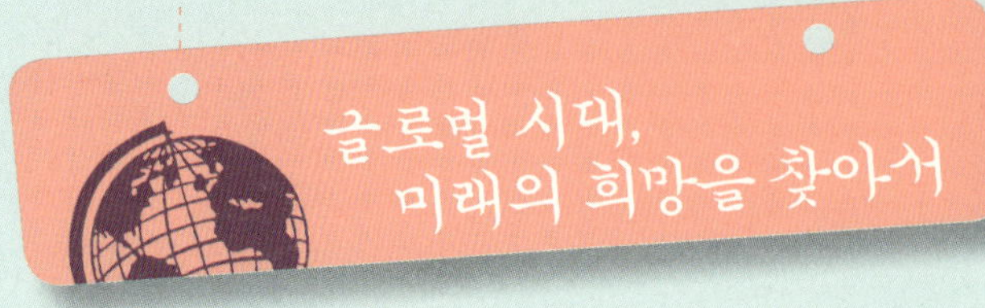

인류 역사를 뒤돌아보는 것은 바로 현재 우리의 좌표를 설정하기 위함이다. 역사는 우리에게 그 좌표의 양축을 자유와 평등이라고 가르치고 있다. 그런데 오늘의 세계는 자유라는 X축과 평등이라는 Y축을 중심으로 순조롭게 나아가고 있는가라는 질문에 대해 "그렇다."라고 답하는 것을 망설이게 하고 있다. 그 이유는 여러 가지이겠지만 가장 근본적인 것은 인간의 탐욕을 부추기는 사회 구조 때문이라고 답할 수 있을 것이다. 더불어 살고자 하는 인간의 본성을 왜곡하는 체제는 오랜 세월 멍에처럼 인간 사회를 따라다녔다. 그리고 소수의 권력자나 재산가가 인류 사회의 현재를 지배하는 현실을 극복하지 못하는 한 이 멍에는 결코 벗겨지지 않을 것이다.

그러면 우리는 어떤 미래의 희망을 가져야 하는가? 인류 앞에 놓인 큰 과제 몇 가지를 통해 그 답을 찾아보자.

기아와 빈곤, 억압과 착취는 사라지게 할 수 없는가?

지금 세계화의 물결은 거스를 수 없는 역사의 흐름이다. 그러나 누구를 위한 세계화인가라는 문제로 들어가면 불편한 진실들과 마주치게 된다. 본문에서도 여러 차례 지적했듯이 지금 세계화의 가장 큰 문제는 신자유주의로 대변되는 1퍼센트의 세계화인가 세계 사회 포럼이 추구하려는 99퍼센트의 세계화인가로 대별될 것이다.

"나만, 우리나라만 잘 살면 된다."라는 생각이 전자의 논리라면 "모두, 그리고 함께 잘 사는 것이 중요하다."는 것은 후자의 논리이다. 오늘 우리가 누리는 식탁의 풍성함 뒤에는 멀리 아프리카 난민의 기아나 가까이 북한 어린의 배고픔이 자리 잡고 있다. 그리고 이것이 정당한 누림인지 아니면 자신도 모르게 취한 부당한 이득인지를 고민해야 한다.

"인류를 이끌어 가는 사람은 소수의 능력자이다."라는 것이 전자의 논리라면 "더

많은 사람의 지혜가 모여야 더 좋은 사회를 이룰
수 있다."라는 것은 후자의 논리이다. 그러므로
우리 앞에 놓인 진정한 과제는 '한국이 강대국으
로, 내가 부자로 되는 세상'인지 '얼굴도 모르는
소말리아의 어린이와 함께 웃는 세상'인지를 판
가름해야 한다. 그리고 99퍼센트의 힘이 모인다
면 다른 이의 자유를 억누르거나 다른 이의 가난
과 배고픔을 강요하는 불편한 세상은 사라질 것
이라고 희망해 보자.

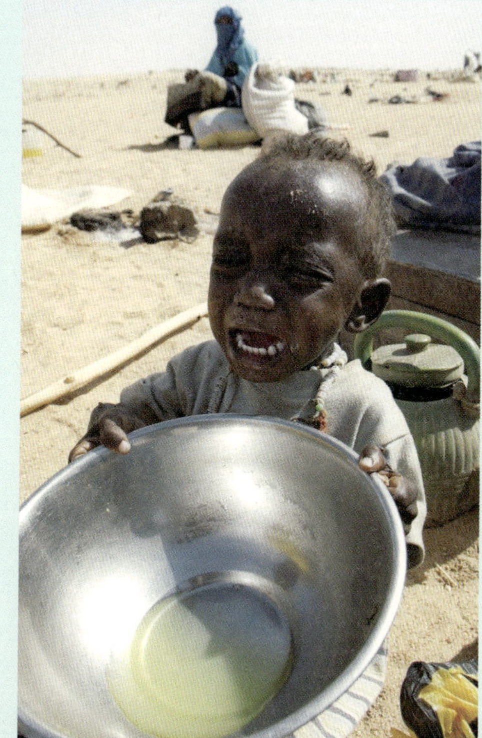

영양실조에 걸린 어린이
소말리아에는 최악의 가뭄이 덮쳐 5세 이하 어린이 2만 9천여 명
이 기아 등으로 목숨을 잃은 것으로 추산되고 있다.

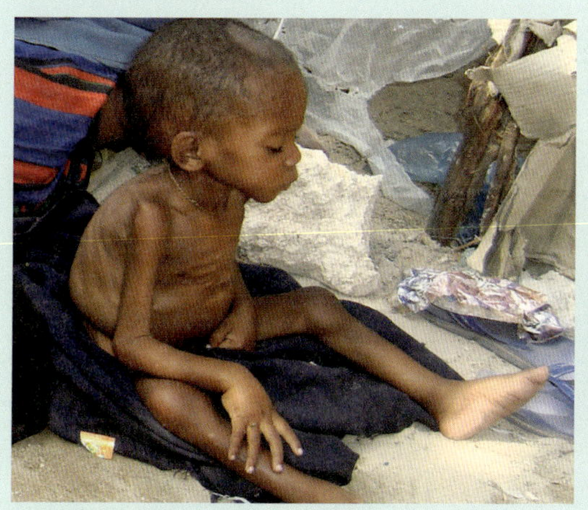

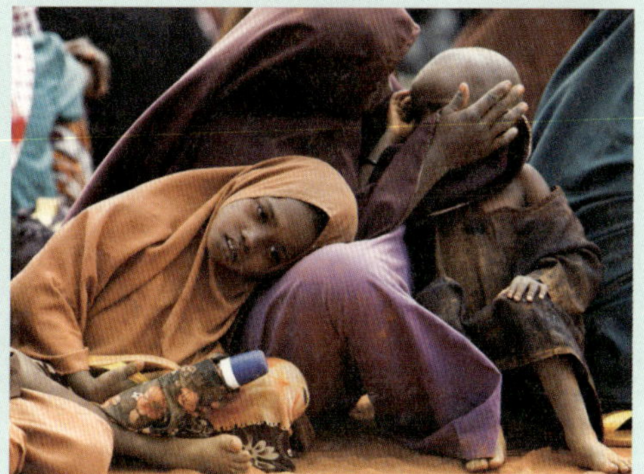

폭력과 전쟁은 사라질 수 없는가?

인류 역사에서 전쟁을 벌인 기간이 전쟁이 없던 기간보다도 길다고 한다. 그만큼 인간의 역사는 전쟁의 역사이기도 하기 때문에 전쟁이란 사라질 수 없는 것이라고 주장하는 사람이 있다. 그리고 그 근거로 내세우는 것이 인간 본성에 내재된 폭력성이다.

하지만 자세히 살펴보면 인간이 다른 이에게 폭력을 행하거나 다른 나라나 다른 민족과 전쟁을 벌이는 주된 원인은 먹을 것이나 권력을 독차지하려는 탐욕 때문이다. 그런데 오늘날과 같이 생산력이 발전된 사회에서도 여전히 폭력이나 분쟁이 일어나는 이유는 무엇일까? 특정 집단이나 개인의 이해관계 때문이다. 강대국의 패권주의, 다른 신앙을 인정하지 않는 종교적 배타성, 이념적인 맹신, 배타적 국수주의, 무기 생산 업자의 돈벌이나 석유 자본의 독점욕 등이 전쟁의 주된 원인이었다.

한반도는 분단된 양쪽 사회의 이념적 지향이 달랐기 때문에 6·25와 같은 동족상

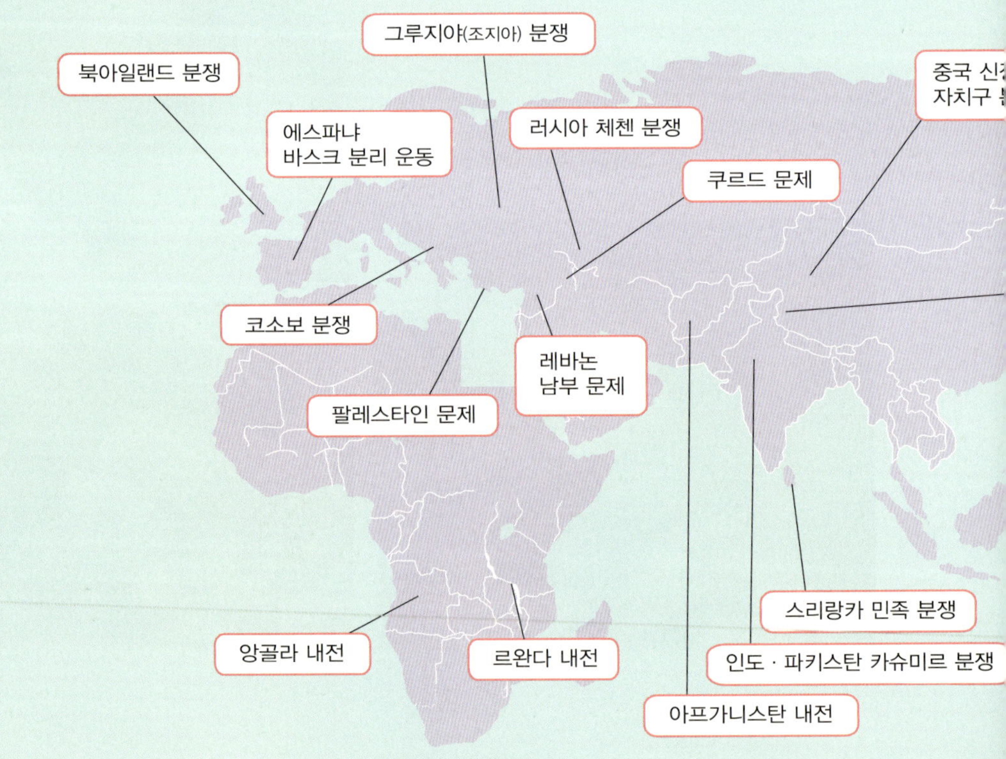

잔을 겪었을 뿐 아니라 언제든지 전쟁이 일어날 수도 있는 '휴전' 상태에 있는 곳이다. 더구나 미국은 북한을 '악의 축'으로 분류하고 북한을 선제공격하는 시나리오까지 만든 적이 있다. 이처럼 우리 민족 내부에서뿐 아니라 외부에서도 이해관계가 불일치하면 전쟁으로 치달을 수 있는 것이 우리의 현실이다.

그러면 인류가 폭력이나 전쟁을 사라지게 할 방법은 없는 것인가? 이 역시도 기아와 빈곤, 억압과 착취라는 문제와 동일하다. "세상을 내 맘대로 움직이고 싶다."라는 생각을 가진 1퍼센트가 있는 한 폭력과 전쟁은 언제든 일어날 수 있다. 그러므로 평화를 지향하는 99퍼센트가 전쟁 없는 세상을 만들기 위한 제도적 장치나 다른 생각이나 민족에 대한 상대적 관용의 정신을 갖는 것만이 해결책이라 하겠다.

인간과 자연은 공존할 수 없는가?

지구 종말이라는 말이 공공연하게 나올 정도로 지금 지구는 환경 오염 문제로 몸살을 앓고 있다. 무분별한 개발과 탐욕으로 인해 일어난 자연의 재앙이 곳곳을 위협하고 있는 것이 현실이다. 사막화의 광범한 진행, 온난화로 인한 극지방 등의 빙하 붕괴, '지구의 허파'로 불리는 아마존 열대 우림의 파괴, 석유 등 자원의 고갈, 유해 식품의 범람이나 새로운 질병의 등장 등등.

여기에 핵 발전소나 핵무기 등에 의한 대량 살상의 위기까지 지구의 위기는 날로 심각해지고 있다. 문제는 지구가 지금 사는 사람들만의 지구가 아니라 미래의 자손들까지 살아야 하는 곳이라는 점에 있다. 그러나 미국 등 패권주의 국가나 중국 같은 개발 도상

하천인지 사막인지
최악의 가뭄으로 태백, 정선, 삼척 등 강원 남부 지역의 식수원인 삼척시 하장면 광동 댐 상류 골지천이 사막으로 변했다. 태백시 삼수동 삼수령에서 발원하는 골지천은 광동 댐의 최대 지류이다. 2009.2.9.

사막화가 진행 중인 몽골
몽골의 수도 울란바토르에서 서쪽으로 250킬로미터 부근 어버르 항가이의 넓은 초원 한 가운데에 자리 잡은 엘셍 타사르하이 모래사막. 고비 사막에서부터 북쪽으로 길게 이어진 모래 지대 중 북쪽 부분에 위치한 2800제곱킬로미터 넓이의 모래 사막으로 북쪽 방향으로 사막화가 진행중이다. 2010.5.11.

사라져 가는 투발루 공화국
지구 온난화로 해수면이 높아져 사라질 위기에 있는 남태평양의 투발루 공화국.

국은 환경 문제를 모른 척하기 일쑤이고 이윤 추구에 혈안이 된 자본가들 역시 이 문제를 도외시하고 있다.

이 역시도 해결은 불가능한 것일까? 정답은 인간의 탐욕을 줄이는 것밖에 없다. 보다 편하고 보다 많이 먹고 보다 많이 누리려는 1퍼센트의 욕심을 버리지 않는 한 인류의 미래는 암담할 것이다. 자연 친화적이고 지속 가능한 생산물로의 대체나 환경 보호도 '나눔의 정신'에서 나오는 것이다. 더불어 살려는 99퍼센트의 나눔 정신이 없다면 문제의 해답은 없다고 하겠다.

만년설이 녹으면서 해수면은 날로 상승하고 있다.

	1946년~1959년	19960년~1979년
KOREA	1946년 제1차 미·소 공동 위원회 1947년 유엔 한국 위원단 구성 1948년 대한민국 정부 수립 　　　5·10 총선거 실시 　　　제주 4·3 사건 　　　여수·순천 사건 1950년 6·25 전쟁 1953년 휴전 협정 조인 1957년 우리말 큰 사전 완간	1960년 4·19 혁명, 장면 내각 수립 1961년 5·16 군사 정변 1962~1966년 제1차 경제 개발 5개년 계획 1963년 박정희 정부 성립 1965년 한·일 협정 조인 1970년 새마을 운동 시작 　　　경부 고속 국도 개통 1972년 7·4 남북 공동 선언 　　　남북 적십자 회담 　　　10월 유신 1973년 6·23 평화 통일 선언 1979년 10·26 사태
CHINA & JAPAN	1947년 중국, 국·공 내전 1949년 중화 인민 공화국 성립 1954년 일본, 자위대 창설 1958년 중국, 인민 공사 운동 시작 1959년 중국·인도 국경 분쟁	1960년 일본, 미·일 신안전 보장 조약 체결 1966년 중국, 문화 대혁명 1969녀 중·소 국경 분쟁 1971년 중국, 유엔 가입 1972년 미국·중국, 정상 회담 1973년 중국, 비림비공 운동 전개 1976년 중국, 마오쩌둥 사망 1977년 중국, 덩샤오핑 복귀 1978년 미국·중국, 국교 정상화
GLOBAL	1946년 파리 평화 회의 1947년 미국, 마셜 플랜 발표 　　　소련, 코민포름 결성 1947년 인도, 독립 선언 1948년 이스라엘 공화국 성립 　　　제1차 중동 전쟁 　　　소련, 베를린 봉쇄 1949년 북대서양 조약 기구 성립 1950년 국제 연합, 한국 파병 1952년 미국, 수소 폭탄 실험 성공 발표 1955년 바르샤바 조약 기구 성립 　　　아시아·아프리카 회의 개최 1957년 유럽 경제 공동체(EEC) 조인 1957년 소련, 인공위성 스푸트니크 발사 1959년 유럽 경제 공동체 성립	1962년 미국, 쿠바 봉쇄 1963년 아프리카 통일 기구 성립 1964년 베트남 전쟁 발발 1967년 제3차 중동 전쟁 시작 　　　유럽 공동체 발족 1968년 체코슬로바키아, 민주화 선언 　　　핵 확산 방지 조약 체결 1969년 아폴로 11호 달 착륙 1973년 동·서독 유엔 동시 가입 　　　제4차 중동 전쟁 　　　베트남 정전 협정 성립 1979년 소련, 아프가니스탄 침공

<table>
<tr><th>1980년~1989년</th><th>1990년~1999년</th><th>2000년~</th></tr>
<tr><td>

1980년 5 · 18 광주 민주화 운동
1981년 전두환 정부 성립
1983년 KAL기 피격 참사
1985년 남북 고향 방문단 상호 교류
1986년 서울 아시아 경기 대회
1987년 6월 민주 항쟁
1988년 노태우 정부 성립
　　　　　제24회 서울 올림픽 개최
1989년 헝가리 · 폴란드 등 동구권 국가와
　　　　　수교

</td><td>

1990년 한 · 소 수교
1991년 남북한 유엔 동시 가입
1992년 한 · 중 수교
1993년 금융 실명제 실시
　　　　　김영삼 정부 성립
1994년 김일성 사망
1995년 지방 자치제 실시
1996년 OECD가입
1997년 IMF경제 위기
1998년 김대중 정부 출범
　　　　　금강산 관광선 현대 금강호
　　　　　첫 출항

</td><td>

2000년 제차 남북 정상 회담
　　　　　6 · 15 남북 공동 선언
2001년 여성부, 국가 인권 위원회 출범
2002년 제17회 FIFA 한 · 일 월드컵 개최
2003년 노무현 정부 출범
2005년 APEC 정상 회의 개최
2006년 반기문 유엔 사무총장 취임
2007년 제2차 남북 정상 회담
　　　　　태안 기름 유출 사건
2008년 국보 1호 숭례문 화재 발생
　　　　　이명박 정부 출범

</td></tr>
<tr><td>

1984년 중국 · 영국, 홍콩 반환 일정 합의
1987년 대만 계엄령 해제
1989년 중국, 톈안먼 민주 항쟁 시위

</td><td>

1993년 중국, 장쩌민 국가 주석 취임
1995년 일본, 고베 대지진

</td><td>

2001년 일본, 역사 왜곡 중학교 교과서 등장
2004년 일본, 이라크 파병
2008년 중국, 제29회 베이징 올림픽 개최
2011년 일본, 대지진 발생

</td></tr>
<tr><td>

1980~1988년 이란 · 이라크 전쟁
　　　　　　　폴란드, 자유 노조 결성
1982년 이스라엘, 레바논 침공
1985년 소련, 고르바초프 서기장 취임
1986년 체르노빌 원자력 발전 사고
1987년 미 · 소 중거리 핵무기 폐기 협정
1989년 베를린 장벽 붕괴

</td><td>

1990년 독일 통일
　　　　　이라크, 쿠웨이트 침공
　　　　　고르바초프 · 부시 정상 회담
1991년 걸프 전쟁 발발
1992년 소비에트 연방 해체,
　　　　　독립 국가 연합 출범
　　　　　동유럽 공산권 붕괴
1993년 우루과이 라운드(UR) 타결
　　　　　북미 자유 무역 협정 체결
　　　　　유럽 연합(EU) 출범
1995년 세계 무역 기구(WTO) 출범
1997년 영국, 중국에 홍콩 반환
1999년 유럽 단일 통화 유로 사용
　　　　　시작

</td><td>

2001년 미국, 세계 무역 센터 테러 참사
2003년 미국, 이라크 공격
　　　　　미국, 아프가니스탄 공격
2005년 이산화탄소 배출 규제를 위한 도쿄
　　　　　의정서 발효
　　　　　조류 인플루엔자 발생

</td></tr>
</table>

도판 출처

6·25 전쟁 때 대동강 철교_연합뉴스 / 해방의 기쁨_한국학 중앙 연구원 / 모래로 만든 얄타 회담 정상들_연합뉴스 / 뉘른베르크 국제 재판_wikipedia / 원자 폭탄 투하_wikipedia / 소련군과 함께 북한에 돌아온 김일성_wikipedia / 임시 정부 요인 환국 기념회_wikipedia / 신탁 통치 지지 대회_민족문화대백과사전 / 신탁 통치 반대 시위_wikipedia / 미·소 공동 위원회_wikipedia / 덕수궁 석조전_한국학 중앙 연구원 / 대한민국 정부 수립 경축 대회_정남용 / 박헌영과 여운형_wikipedia / 김성수와 송진우_wikipedia / 제주 4·3 항쟁_wikipedia / 중화 인민 공화국을 선포하는 마오쩌둥_wikipedia / 남한행을 선택한 반공 포로_한국학 중앙 연구원 / 서울 수복_민족문화대백과사전 / 인천에 상륙한 유엔군_wikipedia / 인민군의 공격_연합뉴스 / 6·25 전쟁 때 피란민_연합뉴스 / 압록강을 넘어오는 중국 인민 지원군_민족문화대백과사전 / 휴정 협정 조인_민족문화대백과사전 / 피란민 행렬_연합뉴스 / 6·25 전쟁 때 구걸하는 아이들_연합뉴스 / 국립 4·19 민주 묘지_doopedia / 인도차이나 전쟁에서 정찰중인 프랑스 군_wikipedia / 호치민_wikipedia / 수카르노_wikipedia / 반둥 회의장_wikipedia / 반민 특위로 끌려가는 친일파_wikipedia / 버스째 연행되는 국회 의원들_뉴스뱅크이미지 / 사사오입 개헌_민족문화대백과사전 / 나세르_wikipedia / 은크루마_wikipedia / 스푸트니크 호 모형_wikipedia / 피델 카스트로_wikipedia / 체 게바라_wikipedia / 4·19 학생 시위_민족문화대백과사전 / 경무대를 떠나고 있는 이승만_민족문화대백과사전 / 4·19 혁명 이후 질서 회복을 주장하는 시위대_wikipedia / 바츨라프 광장_doopedia / 쿠바 그란마 기념관 B26 폭격기 잔해_다음 블로그 50대 편안한 해외 여행 / 흐루쇼프와 케네디_wikipedia / 베를린 장벽을 건설하고 있는 모습_wikipedia / 죽음의 띠_wikipedia / 장면_wikipedia / 장도영과 박정희_wikipedia / 5·16 조리 돌림_wikipedia / 장준하_wikipedia / 흐루쇼프_wikipedia / 농업 대약진 운동 가운데 참새 잡기 권장 포스터_wikipedia / 1966년 미군 UH-1D 헬리콥터_wikipedia / 고엽제 살포하는 미군 헬리콥터_wikipedia / 마틴 루터 킹의 연설 모습_연합뉴스 / 프라하의 봄_wikipedia / 중국을 공식 방문한 닉슨_wikipedia / 푸에블로 호_wikipedia / 3선 개헌 반대 시위_민족문화대백과사전 / 제1차 남북적십자 회담_민족문화대백과사전 / 우드스탁 페스티발_연합뉴스 / 박헌영_wikipedia / 톈안먼 광장의 인민 영웅 기념비_뉴스뱅크이미지 / 경부 고속 도로 개통_연합뉴스 / 전태일 영정을 안고 있는 어머니_뉴스뱅크이미지 / 통일 주체 국민회의_민족문화대백과사전 / 김대중 납치 사건_연합뉴스 / 포항 제철 전경_연합뉴스 / 마오쩌둥_wikipedia / 카터_wikipedia / 류사오치_wikipedia / 저우언라이_wikipedia / 4인방 공개 재판_연합뉴스 / 마거릿 대처 수상_연합뉴스 / 새마을 운동_민족문화대백과사전 / 인혁당 관련자 선고 공판_연합뉴스 / YH 무역 여공들의 시위_뉴스뱅크이미지 / 부·마 민주 항쟁_연합뉴스 / 폴 포트_wikipedia / 민주노총 결의대회_연합뉴스 / 광주 민주화 운동_뉴스뱅크이미지 / 호메이니_wikipedia / 지구 종말 시계_wikipedia / 광주 민주화 운동_연합뉴스 / 삼청 교육대_연합뉴스 / 레이건과 고르바쵸프_wikipedia / 부산 미 문화원 방화 사건_뉴스뱅크이미지 / 사북 항쟁_뉴스뱅크이미지 / 구로 지역 동맹 파업 지지 대회_연합뉴스 / 신한 민주당 창당 대회_연합뉴스 / 서울 대학교 제42회 졸업식 시위_연합뉴스 / 박종철 군을 물고문 한 남영동 대공 분실_연합뉴스 / 박종철을 살려내라_연합뉴스 / 이한열 장의 행렬_연합뉴스 / 6·29 선언 전 시위 집회_연합뉴스 / 체르노빌 원자력 발전소_wikipedia / 88서울 올림픽 선수단 입장_연합뉴스 / 베를린 장벽의 해체_연합뉴스 / 걸프전_wikipedia / 돌아온 통일의 꽃_연합뉴스 / 왕회장의 금의 환향_연합뉴스 / 김대중 대통령 당선자_연합뉴스 / 우리별 1호_민족문화대백과사전 / 전자 상거래 사이버 쇼핑 엑스포 시연회_연합뉴스 / WTO 반대 집회_연합뉴스 / 북미 자유 무역 협정_연합뉴스 / 국회 세계 무역 기구 비준동의안 표결_연합뉴스 / 민주노총 대의원 대회_연합뉴스 / 전노협 창립 준비위 결성 대회_연합뉴스 / 국회 본회의 OECD 동의안 표결 처리_연합뉴스 / 부도 후 방치된 한보 철강 장비_연합뉴스 / 얼마를 빌려 줄까?_연합뉴스 / 주부들의 힘으로 경제 위기 극복하자_연합뉴스 / 우리 모두 금 모아 나라를 살립시다_연합뉴스 / 넬슨 만델라_연합뉴스 / 김대중 대통령과 김정일 국방 위원장_연합뉴스 / 다포스 포럼 개막_연합뉴스 / 멕시코 사파티스타_연합뉴스 / 고용 안정 쟁취 노동자 대회_연합뉴스 / 북방 정책 국제 학술 대회_연합뉴스 / 김일성 사망 호외_연합뉴스 / 남북 정상회담 양측 대표들_연합뉴스 / 북한 경비정 침투_연합뉴스 / 개성 공단의 북한 직원들_연합뉴스 / 9·11 테러_연합뉴스 / 오사마 빈 라덴_wikipedia / 사담 후세인_wikipedia / WTO 반대 플래카드_연합뉴스 / 북한 경수로 공사 현장_연합뉴스 / SOFA 개정 촉구 시위_연합뉴스 / WTO 본부 앞을 점거한 농민 시위대_연합뉴스 / 월가를 점령한 시위대_연합뉴스 / 영양실조에 걸린 아프리카 어린이 3컷_연합뉴스 / 하천인지 사막인지_연합뉴스 / 사막화 진행 중인 몽골_연합뉴스 / 사라져 가는 투발루 공화국_연합뉴스 / 해수면 상승_연합뉴스 / 파키스탄, 가뭄으로 갈라진 땅_연합뉴스

도서출판 풀빛은 모든 자료의 출처를 찾기 위해 최선을 다했습니다. 누락이나 착오가 있으면 다음 쇄를 찍을 때 수정하도록 하겠습니다.